SEGUNDO ANO DE VIDA
UMA COMPREENSÃO PSICANALÍTICA

Dados Internacionais de Catalogação na Publicação (CIP)
(Câmara Brasileira do Livro, SP, Brasil)

Perez-Sanches, Manuel

Segundo Ano de Vida: Uma compreensão psicanalítica/ Manuel Perez-Sanches; tradução de Centro de Estudos Psicanalíticos Mãe-Bebê-Família; revisão técnica Roseli C. Marques Costa, Marisa P. Mélega – São Paulo: Casa do Psicólogo, 1998.

Título original: Una comprensión psicanalitica del 2º año de vida.
Bibliografia.
ISNBN 85-7396-027-2

1. Bebês - Desenvolvimento2. Bebês - 2. Bebês Psicologia 3. Pais e bebês - 4. Psicanálise infantil
I. Costa, Roseli C. Marques. II. Mélega, Marisa P. III. Título.

98-3421   CDD-155.422

Índice para catálogo sistemático
1. Bebês : Desenvolvimento : Observação Psicanalítica
         Psicologia infantil   155.422

EDITOR
Anna Elisa de Villemor Amaral Güntert

EDITOR-ASSISTENTE
Ruth Kluska Rosa

REVISÃO
Berenice Baeder

Projeto Gráfico
Relevo Studio Digital

Editoração Eletrônica
José Pappalardo

Capa
Pery Barbosa Pereira

Manuel Pérez-Sánchez

SEGUNDO ANO DE VIDA
Uma compreensão psicanalítica

TRADUÇÃO
Centro de Estudos Psicanalíticos
Mãe - Bebê - Família

REVISÃO TÉCNICA
Roseli C. Marques Costa
Marisa P. Mélega

Casa do Psicólogo®

Titulo original: *Una comprensión psicanalitica del segundo año de vida*

© 1998 Casa do Psicólogo® livraria e Editora Ltda.

Reservados os direitos de publicação em língua portuguesa à
Casa do Psicólogo Livraria e Editora Ltda.
Rua Alves Guimarães, 436 - CEP 05410-000 - São Paulo - SP
Fone: (011) 852-4633   Fax: (011) 3064-5392
E-mail: casapsi@uol.com.br
http://www.casapsicologo.com.br

É proibida a reprodução total ou parcial desta publicação, para qualquer finalidade, sem autorização por escrito dos editores.

Índice

7   Introdução à edição espanhola

9   Introdução à edição brasileira

11   CAPÍTULO 1

13 MESES
- A identidade da criança no início do segundo ano
- Elementos para a identidade (independência pessoal, outros incentivos para o desenvolvimento e seus obstáculos)
- Algumas identificações diferenciais do papel da mãe, do pai e dos irmãos para a constituição da identidade

33   CAPÍTULO 2

14 MESES
- A criança amplia seu mundo (possibilidades e dificuldades da ampliação)
- O sono como possibilidade de recuperação mental
- A brincadeirta de "pôr" e "tirar" como possibilidade de criação de um espaço mental
- Ampliação da área de brincadeira e incorporação do pai
- Atitudes perigosas da criança (os acidentes infantis)
- A confiança do menino em si mesmo, incrementada por uma percepção mais ampla e tranqüilizadora do mundo externo.

59   CAPÍTULO 3

15 MESES
- Em direção a uma maior independência; outras pessoas podem ocupar o lugar dos pais (a capacidade de pensar e o desenvolvimento do caráter)
- A criança recorre a tipos primitivos de contenção
- Distanciamento da mãe e aproximação do pai

77   CAPÍTULO 4

16 MESES
- Reconstrução da unidade originária
- A criança desenvolve métodos de adaptação à perda (levar e trazer, ir e vir, unir e separar)
- Diferença entre controlar e ser independente
- A função da mão e a situação no banho
- O pensamento como processo de adaptação
- Brincadeira e incremento da capacidade de concentração (fatores constitucionais e adquiridos)
- Os efeitos de um breve abandono (a regressão)

105   CAPÍTULO 5

17 MESES
- Incentivos ao desenvolvimento
- Imitação e aprendizagem
- O aprendizado do controle esfincteriano
- Dificuldades na etapa oral acarretam problemas na etapa anal

121 CAPÍTULO 6
18 MESES
- Efeitos de uma primeira ausência do observador sobre a mãe
- Buscando caminhos. A utilização da cabeça e a aprendizagem
- Os presentes do observador e as implicações emocionais na criança e na família
- O observador amplia as relações da criança
- A criança assegura seu desenvolvimento tentando imitar seus irmãos
- A comunicação da criança com o observador facilita o aparecimento de uma certa linguagem
- O menino interessa-se por seu pênis

147 CAPÍTULO 7
19 MESES
- A significação profunda da linguagem
- O mecânico, o rotineiro, o bidimensional
- Os processos de cisão
- Cisão e integração
- A mãe sexualiza a relação

169 CAPÍTULO 8
20 MESES
- Identificação adesiva e bidimensionalidade. Identificação introjetiva e tridimensionalidade. (O papel das pernas na separação e na perda)
- Conflito edípico
- A primazia genital

183 CAPÍTULO 9
21 MESES
- A superação da fobia ao banho
- Mundo interno e mundo externo (noção de interioridade e a capacidade para experimentar)
- Autonomia do desenvolvimento mental
- Progressos na linguagem

203 CAPÍTULO 10
22 MESES
- Tolerância à frustração
- Imitação e identificação
- Violência em relação a mudanças e separação

219 CAPÍTULO 11
23 MESES
- A consciência de si mesmo: a identidade

225 CAPÍTULO 12
24 MESES
- Início do maternal: o desenvolvimento da linguagem e a elaboração da separação

Introdução à edição espanhola

Logo após a publicação de meu livro *Observação de bebês. Relações emocionais no primeiro ano de vida*, em 23 de julho de 1983, enquanto celebrávamos o XXXIII Congresso Internacional de Psicanálise, em Madri, recebi a triste notícia da morte de Esther Bick. O interesse que ela dedicou ao trabalho de observação de bebês e crianças e o entusiasmo que me transmitiu estimularam-me a prosseguir com a tarefa de escrever acerca da observação do segundo ano de vida, contribuindo, assim, para difundir algo mais sobre seu pensamento.

Várias pessoas, atraídas pela qualidade emocional e o vigor das relações de Carlos, a criança com quem realizamos o estudo do primeiro ano, desejavam conhecer sua evolução posterior. Outras manifestaram que poderia ser útil falar sobre a observação da criança com maiores possibilidades de expressão.

Todas essas razões me levaram a empreender o trabalho de busca do fio condutor em torno do qual pudesse expor as observações e articulá-las em forma de livro. Isso me permitiria, também, expressar algumas das idéias surgidas como fruto do trabalho da observação de bebês e crianças. Com o objetivo de manter, na experiência de observação de bebês e crianças, a singularidade e originalidade que propôs Esther Bick, limitei referências bibliográficas e comparações com outras escolas.

É oportuno dizer algumas palavras sobre a técnica de observação de bebês, para que se possa ler este volume independentemente do anterior. O observador realiza uma visita semanal de uma hora de duração à família. O objetivo é observar a família na qual se desenvolve a criança. O registro posterior a cada visita há de ser o mais fiel e global possível. É necessário que o observador se sinta incluído em grau suficiente dentro do seio familiar, o bastante para experimentar o impacto emocional sem sentir-se comprometido a desempenhar os papéis que a ele se atribuem, tais como: conselhos, demonstrar sua aprovação ou desaprovação, poder aceitar — inclusive sem intervir — o sofrimento de ver a mãe não fazer corretamente sua função. O observador deve encontrar uma posição que permita a realização de sua tarefa e introduza a menor distorção possível no ambiente.

A observação é útil para ver o desenvolvimento de uma criança e as relações com a família e seu meio. Também permite aprender a observar e sentir sem se apressar a teorizar, desprendendo-nos de idéias pré-concebidas sobre a melhor ou pior maneira de lidar com as crianças. Valendo-nos da noção de que cada criança tem uma maneira própria de se desenvolver e estabelecer uma relação com sua mãe, seu pai e seu ambiente, tornamo-nos mais flexíveis em nossos princípios de educação infantil.

A leitura atenta das observações pode ajudar na compreensão de muitas condutas, sentimentos e emoções, não apenas das crianças, mas também, e de forma especial, do paciente adulto em análise.

Omitimos muitos comentários do material para evitar desnecessárias repetições; alguns são evidentes e uma leitura cuidadosa pode elucidar seu significado; outros, que escaparam à nossa compreensão, o leitor poderá deduzi-los.

Gostaríamos de aclarar, também, que em muitas ocasiões falamos de mecanismos, emoções ou ansiedades que acontecem em épocas anteriores. Por exemplo, a introjeção é um mecanismo que começa com o nascimento, mas se reproduz sucessivamente em outros contextos, em outros níveis de evolução e maturação. Às vezes, retornamos a mecanismos ou defesas primitivas para tornar a progredir, e assim ao longo da vida.

Os últimos capítulos são mais curtos, devido ao menor número de visitas de observação realizadas, em função das férias da família.

Antes de terminar, quero expressar meu reconhecimento e gratidão a alguns companheiros dos quais recebi um suporte e estímulo especiais para esse trabalho de observação: Maria Pagliarani e Jolanda Galli (Itália), Anik Maufras du Chatellier, Didier Houzel, Jean e Florence Begoin (França), Alberto Hahn (Londres) e Carlos Knap (Brasil). Finalmente, queria agradecer a ajuda de minha família: meus filhos, com sua presença cálida e respeitosa, e minha mulher, a Dra. Victoria Subirana, por sua inestimável força afetiva e clareza de suas apreciações e comentários profissionais.

Manuel Pérez-Sánchez

Introdução à edição brasileira

Tenho a grande satisfação de apresentar a versão brasileira de *Observación de niños: una compreensión psicoanalítica del segundo año de vida*, de autoria do Dr. Manuel Pérez-Sánchez, sob o título *Segundo ano de vida: uma compreensão psicanalítica*.

O Dr. Manuel Pérez-Sánchez, psicanalista didata e fundador da "Asociación Bick España", com sede em Barcelona, teve uma experiência de observação de bebês, supervisionada por Esther Bick, muito marcante. Ele sentiu, desde então, ter recebido um precioso legado, que generosamente transmite até hoje.

Observar a relação que vai se estabelecendo entre pais e bebês desde seu nascimento até dois anos de idade é certamente uma das vivências mais importantes para o ofício do psicanalista.

É, por exemplo, um convite para exercer a "virtude" de escutar e não intervir, procurando alcançar estados de mente, durante a observação, livres de desejo e memória, críticas e julgamentos, valendo-se de contínuo escrutínio interno e continência emocional.

Observar um bebê em sua família é ter a oportunidade de estudar o "bebê fenomenológico" pelo método analítico de observação, e não apenas o "bebê psicanalítico", cuja descrição na literatura é fruto de reconstruções a partir da transferência infantil colhida na análise de adultos. Ter a oportunidade de ver o bebê interagindo oferece ao observador uma visão clínica, além da visão cotidiana que se possa ter do bebê.

Poucos são os trabalhos que tratam especificamente do segundo ano de vida sob o enfoque psicanalítico, embora vários abordem essa faixa etária através da psicologia do desenvolvimento (maturação, competências e outros).

O Dr. Pérez-Sánchez tratou de teorizar a partir dos dados que conseguiu em suas observações, fazendo um exercício interessantíssimo e muito ilustrativo, que ajuda o estudante a compreender conceitos analíticos, tais como: identificação adesiva, identificação projetiva, mundo interno, processos de cisão e integração. Tais conceitos são extraídos da observação de condutas de Carlos (o bebê observado) em seu contexto familiar, e o autor faz correlações clínico-teóricas muito convincentes.

A leitura dessas observações, semana a semana, resultou num verdadeiro histórico, através do qual podemos acompanhar o desenvolvimento da capacidade de pensar da criança, expresso em suas condutas lúdicas, manipulações, linguagem, etc.

O Centro de Estudos Psicanalíticos Mãe-Bebê-Família recebeu pela primeira vez, em 1988, o Dr. Manuel Pérez-Sánchez, quando tomamos contato com o seu trabalho. Foi especialmente convidado pela diretoria do Centro para ministrar seminários clínicos e teóricos juntamente com profissionais do Centro de Estudos. Permaneceu durante uma semana em São Paulo, trabalhando em conjunto com sua mulher, a Dra. Hafsa Chbani.

Temos o privilégio de apresentar para o público de língua portuguesa esse volume, que é referência para todos que se interessam e estudam a observação de bebês pelo método Esther Bick.

Agradeço a todos os meus ex-alunos do Curso de Observação da Relação Mãe-Bebê, que se encarregaram da tradução deste livro. Em ordem alfabética: Ana Rosa Campana de Almeida Pernambuco, Beatriz Miriam Moller Piccoli, Beatriz da Motta Pacheco Tupinambá, Daisy Maia Bracco, Fátima Maria Vieira Batistelli, Marli Claudete Braga, Maria Cecília Sonzogno, Maria da Graça Palmigiani, Maria Sílvia Regadas de Moraes Valladares, Olga Maria Figueiredo de Faria.

São Paulo, 3 de dezembro de 1997.

Marisa Pelella Mélega

CAPÍTULO 1

13 MESES

A identidade da criança no início do segundo ano

Em nossa obra anterior sobre o primeiro ano de vida[1], não estudamos, nem sequer mencionamos, o tema da identidade, mas, à medida que o trabalho de observação de bebês avançava, pudemos comprovar, cada vez mais, que a criança desde o seu nascimento conta com uma identidade suficientemente consistente para que possa configurar suas relações de objetos específicas e singulares, que mais tarde lhe permitirão enfrentar os complexos processos de seu crescimento mental. É óbvio que, dadas as características obscuras dos estados primitivos do desenvolvimento, pode ser mais fácil, a princípio, começar pelo estudo da identidade no segundo ano de vida. O caráter incipiente dessa identidade nos permitirá abordá-la como um fenômeno muito dependente do objeto e do seu ambiente. A falta de uma linguagem verbal, a escassez de espaço mental, os instrumentos corporais e psíquicos ainda inadequados, fazem com que o conceito de identidade tenha de ser definido em termos elementares e restritos. "Quem sou eu?", se pergunta o bebê ou a criança. A resposta pré-verbal que podemos deduzir do cuidadoso exame das observações será: "Eu sou o bebê da mamãe". Terminávamos nosso trabalho anterior[2], mostrando o bebê Carlos com sua família no lugar de veraneio, tentando identificar-se com outros bebês, como uma maneira de viver seu sentimento de identidade que proporcionava uma confortável satisfação. Depois das férias, na casa da cidade, esses sentimentos de identidade se põem em movimento, estimulados pela situação de mudança, ao mesmo tempo que todas as circunstâncias facilitavam o abrir caminho nesse sentido.

"Carlos, *doze meses e dezessete dias*. A mãe me recebe, diante dela está o menino que me olha sorridente, mas em seguida me dá as costas e se esconde entre as pernas da mãe. Ela insiste para que ele se aproxime de mim, ele me olha um instante e vira o rosto para se refugiar novamente em suas pernas. Indo para a sala de jantar, o menino começa a chorar, dando a impressão de estar receoso e de me sentir como um estranho. A mãe se senta e ele se acomoda entre suas pernas, de onde experimenta me olhar. Inicia uns passos de aproximação até mim, mas volta correndo aos braços da mãe. Ela o estimula para que venha comigo, mas ele se nega. Coloca-o sentado no chão e lhe dá um carrinho de metal, enquanto comenta que o movimento que Carlos faz com ele, empurrando-o com a mão, costuma ser acompanhado de um som que faz com a boca, imitando o ruído dos carros. Vem a irmã **B**, que me cumprimenta e se senta para acompanhar o menino. Em seguida o irmão **A**, que reclama a sobremesa para a mãe. O menino quer se levantar do chão e **B** o ajuda; ele caminha com bastante destreza de um lugar a outro. A mãe acrescenta que habitualmente ele se levanta sozinho do chão e anda com muita segurança, mas, como aqui em Barcelona a casa é nova para ele, o faz com menos facilidade que no campo. **A** pega o carro, impulsiona-o com a mão até o outro extremo da sala de jantar. O menino vai buscá-lo e traz até o irmão para que repita a mesma operação. Em uma das vezes, o carro se aproxima dos meus pés, ele vem tranqüilo e o recolhe. A mãe vai buscar a terceira irmã **C**, que dizia estar lavando os pratos, ao trazê-la comenta que esta menina é um diabinho, que ontem ela sozinha cortou o seu cabelo. Todos os componentes da família, com exceção desta última, estão muito tranqüilos vendo como o menino corre pela casa, andando ou brincando com o carro no chão, passando-o por cima do sofá, acompanhando-o com o ruído de sua boca (brr, brr). Em uma ocasião entra embaixo da mesa, em um lugar perto de mim, sem notar minha presença. A mãe manda os outros irmãos para a cama e eles vão de imediato sem reclamar, momento em que o menino joga o carrinho para dentro do cercado. Como a mãe acompanha as outras crianças, quer colocar Carlos dentro do cercado, ele resiste em entrar com movimentos de seu corpo, chorando e agarrando-se fortemente na rede. Diante dessa intensa reação, a mãe pega Carlos no colo, enquanto lhe diz que chora porque tem calor ou sono e deve estar cansado. **A** chama para que a mãe feche bem as janelas. Antes de a mãe ir para atender esse pedido, deixa o filho no cercado; neste momento seu choro é mais intenso e quando a mãe sai ele se joga contra a rede e cai no chão. Quando volta e o pega no colo, o menino grita e se agita de tal maneira que está a ponto de cair. A mãe volta a deixá-lo com o pretexto de ir buscar um copo de água, sendo a intensidade do choro e a raiva ainda maiores. Agarrando-se à rede, se movimenta violentamente até cair de novo, coloca-se de bruços e com a cabeça bate contra a rede. A mãe o coloca em pé no cercado e lhe dá água; ele se aquieta, mas ao terminar todo conteúdo do copo volta a chorar e atira longe uma sineta vermelha que a mãe tinha lhe dado. Chega o pai, cumprimenta-nos alegre e pergunta o que se passou com o menino para que chorasse dessa maneira; a mãe responde que há pouco estava muito contente, andando e brincando, mas que agora, aparentemente sem motivo, havia começado chorar. Ela pega o filho no colo sussurrando palavras carinhosas; ainda que a intensidade do choro diminua, não pára. O pai tira um chaveiro do bolso e lhe dá, o menino pára um instante, mas volta a chorar. O pai tenta de novo e sopra ruidosamente sobre o chaveiro e o menino esboça um sorriso levando-o à boca, o pai diz que não o faça porque é caca e ele chora novamente."

No início da observação Carlos faz uma tentativa de aproximação até mim, mas reage retirando-se. Recusa-se claramente a vir comigo e chora desconfiado. Poderíamos sugerir que ele me sente como alguém que vem para se unir com sua mãe, falar com ela, tirar-lhe seu interesse e roubar-lhe algo que é seu e lhe pertence. Esse sentimento é particularmente forte – como acertadamente a mãe parece detectar – ao ver-se menos seguro na cidade, como resultado da perda da casa de campo e pela mudança de ambiente. Com a mãe e sua casa, ele tem algo que lhe é próprio, poderíamos dizer que formam sua identidade, e por isso ele está tão próximo dela, apoderando-se dela e agarrando-a pelas pernas, sentindo qualquer pessoa desconhecida como estranha e perigosa. Quando está com seus irmãos e está feliz, é como se dissesse "Sou eu, brincando com **A** e com **B** atendendo-me", mas no momento em que eles se vão é como se perdesse o chão, ele cai sem contenção; fato que dramatiza e demonstra atirando o carrinho para dentro do cercado. Essa perda se torna insuportável quando a mãe o coloca dentro do cercado; agarrando-se fortemente à rede, chega a se perguntar "Quem sou eu?, porque perdi tudo e não sou ninguém". Diante de tal abandono se joga contra a rede, algo parecido a atirar-se pela janela. Nos braços da mãe se movimenta com tal violência que está a ponto de cair, seu desespero é mais forte do que os braços dela. Deixado de novo, cai ao chão e se bate[3]. A mãe volta e oferece água como remédio para acalmá-lo, mas depois de tomá-lo recai no choro e nada pode acalmá-lo. Atira a sineta vermelha que a mãe tinha lhe oferecido. O que poderia lhe dar contenção e suporte seria sua identidade, isto é "ser-o-bebê-da-mamãe". A contenção do pai não lhe serve de ajuda. É curioso que a mãe se dê conta de que o menino me percebe como um estranho; entende o efeito que produz nele a mudança do campo para a cidade e não pode compreender o sentido que tem para o menino a brusca alteração, ou a passagem, de "um-menino-feliz-brincando-com-seus-irmãos" ao menino abandonado em uma casa vazia e colocado, sem defesas, no buraco do cercado. Dizemos casa vazia, porque minha presença é ignorada, por exemplo, quando o carrinho vem aos meus pés; eu não sou mais que um lugar onde está o carrinho, de pessoa amigável tinha me convertido no homem mau, que pretendia roubar-lhe a mãe. Neste lugar "vazio" é presa da angústia, frente ao que protesta, chora, grita, se agita e se bate, até entrar em uma situação de pânico não contido, parecido a um pesadelo. A sensação num pesadelo é a de que a voz ou o grito não saem da garganta. Quando o menino grita e a mãe age como se não o ouvisse, é como se isso o levasse a acreditar que sua voz não sai da garganta, e neste momento entra numa situação de pânico, atirando-se contra a rede e ao chão, porque ao perder sua precária identidade perde tudo, ou para expressar com palavras de Bion: "Se fosse um bebê, experimentaria chorar. Se minha mãe não compreendesse meu choro, poderia assustar-me tanto com o barulho que ficaria calado e então ninguém, nem sequer eu mesmo, ouviria o choro".[4]

A situação continua a mesma no banho
"A mãe pega Carlos e leva-o para o banho. Pede ao pai que a acompanhe para ajudá-la, justificando que o filho não gosta da água como antes. Enquanto tira sua roupa, o menino faz movimentos bruscos com todo o corpo, e ao tentar colocá-lo no banho não deixa, por isso o pai tem que segurá-lo para que ela possa dar o banho. Em nenhum momento pára com seu choro desesperado. Ao terminar de vesti-lo, a mãe examina a boca de Carlos comentando que talvez o que o esteja perturbando sejam os dentes, e acrescenta que ultimamente está tendo diarréia; me pergunta se quando eu fui vê-los no campo ele já tinha; lembro-a de que ela mencionou que já havia passado. Como o menino continua chorando, a mãe comenta que ele pode estar chorando por ter sido deixado no cercado; eu assinalo que antes ele estava contente. Leva o

filho com o pai, que está vendo televisão, a visão das imagens o acalma um instante, mas retorna ao choro. A mãe lhe traz um iogurte, lhe dá e o menino cala, ao chegar no terço final se nega a continuar comendo."

Pensamos que a situação no banho é difícil, e isso se deve à perda de identidade sofrida anteriormente pelo menino, o que induz a mãe a solicitar a ajuda e o suporte do pai. Ela se dá conta dessa situação e se lembra de que ultimamente tinha diarréia e isso poderia ser uma mostra da inabilidade para se conter dentro dele mesmo; ao comprovar que eu escuto atentamente, ela se sente auxiliada, e é capaz de pensar acertadamente deduzindo que o choro era devido ao abandono, aceitando minha observação de que antes estava contente. O menino não quer terminar o iogurte, semelhante a outras vezes em que não queria terminar a mamadeira – que vinha ser como o segundo peito –, e não quer mais como defesa contra o sentimento doloroso de que se vai acabar, enquanto retirando-se antes não se depara com o final, o vazio, a ausência, em outras palavras: a perda da mãe e de sua identidade.

Elementos para a identidade (independência pessoal, outros incentivos para o desenvolvimento e seus obstáculos)

Como na observação anterior, começamos a delimitar a identidade, e a descrição dos fatos foi dramática. Será que a aquisição da identidade precisa vir sempre marcada por tanta dificuldade? Segundo Bion,[5] a dor não pode estar ausente da personalidade. É errôneo considerar a dor como um índice fiel dos processos patológicos, já que em parte essa dor está relacionada com o desenvolvimento (como reconhece a frase popular "dores de crescimento"). O crescimento é um fenômeno que parece oferecer dificuldades peculiares à percepção, seja do objeto que cresce (em nosso caso, o menino) ou do objeto que estimula esse crescimento (em nosso caso, a mãe e seu ambiente). Mas é conveniente poder diferenciar a dor de crescimento da dor desnecessária. Quem sabe, se a mãe tivesse compreendido antes e adequadamente, o menino teria sido poupado dessa experiência negativa, mas a vida também é feita dessas eventualidades.

Um dos elementos de que dispõe o indivíduo para recuperar sua identidade pode ser o sono. A impossibilidade de compreender uma série de estímulos dolorosos na vida de vigília pode ser elaborada através do sonho, como postula Bion[6] relacionando a capacidade do sonho com a diferenciação entre consciente e inconsciente. Poderíamos dizer que essa capacidade permitirá criar o mundo interno, ou um espaço mental que contenha objetos bons aptos para o crescimento. Assim deduzimos depois de observar o menino enquanto dormia.

"Carlos, *um ano e vinte e cinco dias*. A mãe me conduz até o dormitório, onde o menino está dormindo de bruços; a cabeça na metade da cama e o rosto para a parede, a mão direita para baixo e a esquerda para cima. A mãe me explica que o menino tinha dormido pouco à tarde e, como está resfriado, 'para que possa comer bem à noite o tinha colocado para dormir'. Vai pedir para a criança **A** que vá para cama e repreende **B** e **C**, que se deitaram há quarenta e cinco minutos e ainda estão acordadas. Em seguida, vem para me explicar que todas as crianças estão resfriadas e que amanhã deverá levá-los ao médico, e completa: 'O bebê começa a mostrar um gênio ruim. Por exemplo, o banho que antes tanto gostava agora não quer, quando tiro sua roupa e o coloco no banho, se mexe e se mostra histérico, inclusive é quase impossível lavar o seu bumbum na pia, porque tem muito medo de cair e não pára de se mexer; também para vesti-lo esperneia e reclama, como se quisesse que terminasse logo para ir correr, sem ter nenhuma paciência'. Em seguida passa a me falar de como joga bola e chuta; considera que isso é uma brincadeira dos maiores. O menino muda de expressão e olha na direção que estamos, abre os olhos, me olha e sorri (talvez ouça o som da nossa voz). Volta a abrir os olhos, ri, estende suas mãos por toda a cama, fecha os olhos, abre-os e desperta um pouco, olha para a mãe e sorri, sobe até colocar sua cabeça no ângulo superior direito do berço, fica de bruços virando de um lado para outro, colocando a mão debaixo do protetor que rodeia o berço. A mãe toca seus dedos que saem para fora e ele ri. Senta com grande habilidade, levantando com a cabeça o véu que protege o berço. Deitado sobre o colchão, de bruços e com a cabeça voltada para os pés do berço, move o rosto da direita para a esquerda alternadamente e estende os braços e pernas, esticando-se. B chama a mãe para pedir um lenço e o menino continua tranqüilo mexendo-se no berço. Quando a mãe volta, o menino tenta pegar o seu rosto através do véu, rindo, como se estivesse brincando e distraindo a mãe; logo volta a se jogar no berço e se deita de bruços, movendo a cabeça para cima e para baixo. Depois de realizar várias vezes o movimento de tentar alcançar o rosto da mãe através do véu, aparece no seu rosto e boca sinais de protesto, como se quisesse mostrar sua dificuldade para sair daquele aprisionamento. A mãe ri, chamando-o de filhote de leão, e solta a parte de baixo do véu, mas ele vai para a parte de cima do berço. Ela chama o filho para tirá-lo, mas ele permanece deitado. Para diminuir seus protestos, pega o menino e o leva até a sala de jantar. Quando vai colocá-lo no cercado, pergunta a ele: "você vai chorar?". Isso basta para que o menino comece a chorar. Ela coloca o filho sentado no chão e ele se levanta rapidamente para segui-la até a cozinha, onde vai buscar seus sapatos".

Na observação anterior mostrava-se descontente em me ver, mas hoje ao acordar sorri para mim. Inicialmente, podemos perceber sua capacidade de movimentação enquanto dorme e sua resposta ao som de nossas vozes. É como se durante o sono ele tivesse tido a capacidade de se recuperar e responder de uma maneira confiante, como a mãe presumia que dormindo ele poderia comer melhor. O sono pode ser um elemento que permite recuperar sua identidade e percebemos como o menino é capaz de ter domínio sobre todo o seu corpo. Pode mover-se na cama, subir e colocar a cabeça no ângulo supe-rior direito, virando-se de um lado para o outro, colocando a mão debaixo do protetor, etc., o que é muito bom nessa idade, porque toda essa mobilidade o faz sentir mais seguro, podendo desenvolver suas próprias habilidades. Assim, apesar de a mãe sair do quarto, ele permanece tranqüilo. O mais significativo é que toda mobilidade é dirigida para a mãe, porque esse é o incentivo para o movimento e o desenvolvimento. Conseqüentemente, e motivado por essa necessidade, quando ela volta ele tenta alcançar seu rosto, ainda que o véu se interponha como um obstáculo que o limita, mas ele suporta essa situação tranqüilamente e levanta o véu com sua cabeça. Consideramos que se não existisse certa tensão, ansiedade ou necessidade de ir até a mãe, não teria lugar nenhum desenvolvimento. Uma criança mimada, sempre no colo de sua mãe, não teria motivação alguma para transpor os obstáculos. Com o desenvolvimento mental e das habilidades corporais, ele pode vencer as barreiras e se dirigir para a mãe. Este é o ímpeto necessário para desenvolver instrumentos e pensar, por isso não se sujeita a permanecer aprisionado dentro do véu que cobre o berço. Quando a mãe tenta tirá-lo, ele não quer, mostrando que tem um certo grau de "independência", que a mãe respeita. Diante da intenção de deixá-lo no "buraco" do cercado, ele reage resolvendo não aceitar o enclausuramento; então começa a chorar. É como se não tivessem valo-rizado todos os elementos que formam parte de sua identidade, que são o desenvolvimento de seus instrumentos corporais, que lhe permite mover-se e dirigir-se até o objeto, dando-lhe a possibilidade de pensar e ser independente. Se é impedido ou encontra dificuldades nesse sentido, entra novamente na conhecida situação de pânico, na qual teme perder sua identidade, ou seja, volta a ser ninguém. A mãe responde com ambivalência diante dessas aquisições. Por um lado, reconhece a força e o vigor do ego de Carlos. Quando o chama de "filhote de leão", o considera um rapazinho que joga futebol, sabendo que está se desenvolvendo muito bem quando chuta bola; por outro lado, lembra que o menino reage ao ser despido, banhado ou vestido, protestando com atitude histérica. Ela não entende adequadamente a oscilação do medo do menino ao ser exposto à nudez sem proteção, ao ser aprisio-nado pelas roupas, ou ao ver que se limita sua mobilidade no banho ou no cercado. Uma flutuação que vai desde as ansiedades agorafóbicas às claustrofóbicas, qualificadas pela mãe de um sintoma histérico ou de manifestações de um gênio ruim – ou seja, sintomas psicopatológicos ou um traço de caráter – dizendo que são incompreensíveis. O que é incompreensível para a mãe é o medo da criança de que ela restrinja seus movimentos (como faz com os outros irmãos), mas também o temor de perdê-la de repente e ficar sem proteção, sem roupa, sem pele. O mesmo ocorreu na observação anterior, ao sair toda a família do aposento quando ele estava feliz e era contido por todos[7]. Dessa forma ela está lhe conferindo uma identidade falsa ou uma identidade patológica. Dizíamos que a mãe se comporta de forma ambivalente, inclusive depois de ter tido uma atitude compreensiva com o menino e entender seu desenvolvimento e independência, tenta colocá-lo no cercado, encurralando-o como quando o banha. Essa ambivalência é formada pelo medo e pelo desejo de que seu filho cresça, deixando de ser o bebê da mamãe para adquirir sua própria independência e identidade? Nos relatos seguintes assistimos a uma atitude semelhante.

"Durante este último trecho da observação o menino chora e protesta quando a mãe se senta no sofá para lhe calçar os sapatos. Tenta jogar-se do colo da mãe e arqueia seu tronco para trás (arco do círculo do histérico). A mãe sinaliza me mostrando, para que fique claro o que tinha me comunicado anteriormente. O menino chora tão intensamente que a mãe se levanta para acalmá-lo. Com ele no colo vai buscar a chupeta, que o menino recusa. A mãe argumenta que ele chora não porque tem sono, mas porque se sente mal devido ao resfriado, ou quem sabe estão saindo mais alguns dentes – *ainda que ela não possa vê-los* –, porque não fica quieto em nenhum momento. Nem pode cortar suas unhas porque ele não deixa. Irritado, o menino agarra o rosto da mãe e ela o deixa no chão, ameaçando sair e deixá-lo. Ele corre até a porta impedindo sua passagem, agarrando-se a suas pernas. Ela o toma de novo nos braços e tenta acalmá-lo; em seguida o deixa no cercado com a intenção de buscar água, para ver se ele se tranqüiliza. No cercado, o menino se retorce e grita. A porta se abre. É o pai que chega. Sorridente, ele pergunta o que se passa com o menino que o ouvia chorar desde o portão. Sem responder, a mãe o pega para lhe dar água, o menino acalma e ela se pergunta se seria sede o que ele tinha, mas ao terminar o conteúdo do copo volta a chorar. Aproxima-o do seu peito e aos poucos ele pára de chorar, e vai tocando cuidadosamente a gola e a borda da camisa da mãe, até relaxar."

A conduta que a mãe nos havia descrito se repete: ao tentar calçar seus sapatos, ele parece sentir como um encarceramento, tomando uma parte do corpo -- *os pés* -- pelo todo, por isso não quer. Ele se sente perseguido e entrar nos sapatos é semelhante a entrar em uma prisão.[8] O vaivém é entre estar atado, como se sentir encurralado no cercado, imobilizado no banho, aprisionado por seus sapatos, e o oposto: ficar sem roupa, pelado, desprotegido, quando a mãe quer ir para a cozinha. Tampouco deixa cortar suas unhas, porque é uma ansiedade parecida a de ser devorado ou comido. Em um momento ele se defende, inclusive, agredindo e agarrando o rosto da mãe, mas ao vê-la sair a impede. Finalmente, quando a mãe o pega adequadamente e o aproxima do peito, ele se acalma. Não se trata, portanto, de um transtorno psicopatológico ou de um traço de caráter da criança firmemente assentado, mas sim de uma reação aceitável à situação de perigo que ele ainda não consegue dominar. Ele reage com fúria, agarrando a mãe, logo depois impede que ela se vá e mais tarde aceita com ternura e confiança o suporte dos braços e o calor e conforto que vem do peito "bom"; ele conseguiu com seu esforço obter a mãe. Ele luta confiante por sua identidade e vemos de que maneira a identidade da criança desfaz as preconcepções da mãe ou suas teorias acerca do funcionamento da mente e do gênio do seu filho. De que maneira a identidade tem a energia e entidade suficientes para permitir que a personalidade retome suas forças e elementos, para que possam ser integrados no conjunto do crescimento de toda personalidade. É uma amostra do respeito que devemos ter pelo desenvolvimento de uma vida humana.

O que acontece com o pai?

"O pai vai ver o menino. Enquanto isso, a mãe me conta que C não está bem – *sua urina está vermelha, está resfriada e seu estômago dói* – e deverão levá-la ao médico amanhã. Hoje foram para abrir um abcesso infeccionado que A tinha no dedo. Vem o pai, senta-se no sofá e o menino olha para ele com um sorriso. A mãe pede ao pai que tome conta do filho enquanto ela vai preparar a sopinha. Contente nos braços do pai, o menino me olha sorridente. Toca na gola da camisa do pai. Quando o pai tenta que ele toque seu rosto do mesmo modo, o menino solta gargalhadas. Apesar de tudo, tem algo forçado e seu rosto mostra inquietude. Ao colocá-lo de pé sobre o sofá e sugerir-lhe que me olhe, começa a chorar intensamente, e então o pai comenta que é muito tímido. Ao pegá-lo nos braços ele pára de chorar. Vem a mãe com a sopa e pega o menino para alimentá-lo. Mas nos braços da mãe chora. Ela comenta o quanto ele gosta, agora, de estar com o pai. Ao fracassar a tentativa de lhe dar a primeira colherada, pede a seu marido que tente. O pai se mostra muito contente, mas o menino se nega a comer. A mãe desiste, colocando-lhe a chupeta. Conta-nos que às seis da tarde, quando viu C comer um sanduíche, se sentou na cadeira da sala de jantar como se fosse um menino maior e quis comer. Comeu uma fatia de pão com tomate, um pedaço de presunto e um queijinho quase inteiro. O pai também comenta que o menino não deve ter fome devido a esse lanche ou por estar resfriado. Completa, me contando como dava chutes na bola, fato que eu disse já saber através da mãe. Os pais falam da brusca mudança de temperatura. Ele diz saber muito bem por que agora não sua como antes no carro. Em seguida se dirige a sua esposa para lhe perguntar se colocou cobertores na cama, pois não se lembra. Ela responde que só colocou o lençol e a colcha, mas que à noite ele se apossa das cobertas e não deixa que ela fique coberta; por isso, e por estarem ficando maiores, seria conveniente dormirem em camas separadas. O pai responde com um sorriso amável à brincadeira da esposa. A mãe decide lavar um pouco Carlos e o leva até a pia. Ensaboa suas mãos, coisa que o agrada, mas não deixa que enxágüe seu rosto, fazendo um gesto de desagrado. A mãe o seca e começa a cortar suas unhas da mão esquerda ao mesmo tempo que lhe fala. Ele deixa. As três últimas unhas da mão direita são mais conflitivas, mas consegue entretê-lo colocando suas mãos na água. Vamos ao dormitório; uma vez sobre a cama, deixa a mãe colocar as fraldas e vestir um macacão, docilmente, sem perder a serenidade. Vai deitá-lo, mas como o lençol tem uma mancha de sangue de um mosquito, quer mudá-lo. Chama o pai, mas ele está ao telefone e não pode atendê-la; diante de um gesto da mãe, concordo em pegá-lo. O menino aceita e permanece quieto em meus braços. Chega o pai perguntando se ele quis vir comigo e completa que parece que sim, porque já me co-nhece, inclusive mais que a seus avós. Aponta o fato de que ele não me olha. Depois de um pouco, o menino começa a inquietar-se. Inclina o corpo indicando que quer ser pego pelo pai. Então ele pega o filho, com prazer. A mãe se aproxima para pegá-lo. Ante a negativa do menino, ameaça afastar-se e, logo a seguir, o menino se balança até ela. O pai comenta que ele sabe de tudo. Quando a mãe o coloca no berço, ele se põe em posição de dormir. No momento de terminar a observação, quando eu vou me despedir, ele se levanta."

A relação que o menino estabelece com a mãe é diferente da que é estabelecida com o pai. Em primeiro lugar, porque o menino precisa da "contenção" da mãe, sobretudo depois de ter enfrentado uma série de dificuldades na luta por uma identidade. A contenção que o pai lhe dá não é suficiente. Mesmo assim, tem uma atitude cordial e amigável com ele, em quem encontra ajuda e proteção. Como fica evidente quando chora ao ser posto de pé no sofá para que me olhe e se acalma ao recuperar seu colo. O déficit na capacidade de contenção também nos parece manifesto na impossibilidade de incorporar o alimento – oferecido simultaneamente pela mãe e pelo pai –, impedimento devido a uma falta de espaço interno; a mãe compreensiva, consciente em deixá-lo, alegando que já comeu à tarde. O que a mãe nos comunica, relatando que Carlos quer comer como C, é que o menino deseja ser maior como sua irmã e ter uma identidade igual a ela, e a finalidade desse esforço é pertencer ao grupo familiar. O pai, que está contente por tê-lo nos braços, quem sabe se sinta incomodado porque não aceita o alimento que lhe oferece e justifica súa negativa com o argumento de que já tinha comido ou de que está resfriado, mas lembrando um detalhe que se refere a sua identidade como rapazinho que joga futebol.

A importância, para o menino, da contenção que lhe oferece a mãe fica claramente expressa quando não chora no banheiro, nem protesta, e isso se deve ao fato de a mãe estar falando o tempo todo e, portanto, "contendo-o". O mesmo ocorre com as unhas, diferentemente do que ela nos contou sobre as dificuldades para efetuar todas essas operações. Neste momento o menino tem incorporado uma mãe que não o está "aprisionando", "cortando" ou "mordendo", mas sim que o "contém". Daqui em diante ele continuará sentindo-se melhor e permitirá que o vista, porque não vê na mãe uma conduta persecutória. Quando a mãe o deixa em meus braços, fica quieto, sem fixar o olhar em mim para sentir somente a contenção dos meus braços como se fossem os da mãe. Mas ao me olhar, o efeito da incorporação da mãe decresce, e ele passa a sentir um incômodo. Este não-olhar é uma defesa para evitar a dor que lhe produz haver perdido algo que corresponde à sua identidade.

Vemos como os pais criticam os avós por não virem ver as crianças, manifestando sua gratidão para o observador que os tem atendido assiduamente durante um ano e agora inicia o segundo ano com características semelhantes, considerado como um familiar próximo. Fica refletida no resto da observação a importância do observador para a mãe e para o pai; alguém que os visita regularmente, que não pede nada deles, que não os sobrecarrega com problemas, opiniões, juízos, conselhos ou orientações, como poderia fazer um familiar ou amigo. Pelo contrário, escuta suas preocupações – como hoje acerca da menina C – ou os temores a respeito dos sintomas histéricos ou traços de caráter de Carlos, prestando atenção ao que falam sobre o progresso, força ou identidade do menino.

Algumas identificações diferenciais do papel da mãe, do pai e dos irmãos para a constituição da identidade

Meltzer[9] considera que a função de contenção da pele, exposta por E. Bick, evidencia a diferença entre ter um continente externo e ter uma estrutura interna ou coluna vertebral. Mesmo assim leva em conta a idéia de mentalidade de grupo e do aparato protomental de Bion – desenvolvida por ele até a descrição de uma teoria do pensamento – para voltar a considerar a personalidade em função do grupo. Mesmo voltando a esse tema mais adiante, nos interessa perceber de que forma o menino da nossa observação está experimentando seu mundo externo familiar como um modelo que lhe permite construir seu mundo interno. Temos descrito Carlos percebendo sua identidade a partir do sentir-se o bebê da mamãe ou o menino que brinca e está com seus irmãos ou seu pai, e como se sente perdido e aterrorizado quando isso lhe falta. Na observação de hoje notamos um certo progresso.

"Carlos, *um ano e um mês*. Ao chegar ouço o menino atrás da porta dizendo "caca, caca". A mãe abre a porta, vejo o menino risonho diante dela e o cumprimento com um "olá". A mãe insiste para que ele me responda e ele pronuncia o "olá". Vem o resto dos irmãos e me cumprimentam. Nos dirigimos para a sala de jantar e a mãe me conta que ainda não tinha dado a janta para eles, porque hoje não tinham tido aula; tinham ido a uma festa e acabavam de chegar. O menino corre de um lado para o outro na sala, e as irmãs **B** e **C** o divertem com brincadeiras. Eu sento e a mãe se esforça para que o menino fique comigo e com **B**. Dá ao filho um cata-vento de brinquedo (um pau com uma roda em uma das extremidades) que ele faz girar acompanhando com o "brrr, brrr" de seus lábios. Quando a mãe vai para a cozinha, o menino a segue. Ela o faz voltar várias vezes para a sala de jantar. **B** mostra para a mãe uma boneca muito feia que ganhara na festa. O menino tenta pegá-la. A mãe pede a **B** que o entretenha enquanto ela vai dar a janta para **C**. O menino brinca com a roda, mas quando percebe que a mãe não está, vai até a cozinha; encontra a porta fechada, **B** o chama e ele atende. A menina **B** o entretém, de maneira brusca o pega nos braços, mas ele se solta chutando e protestando. **B** pega um grande medalhão que leva pendurado no seu pescoço e dá para ele. Carlos levanta o pau ameaçando e **B** sai com medo de que ele o golpeie. Dirige-se até mim, mas só me toca e sorri. O irmão **A** abre a porta do seu quarto e Carlos vai até lá. A mãe reclama na cozinha contra **C** que não quer comer. Ao ouvi-la o menino se aproxima da porta e choraminga, porque deseja entrar, mas se conforma quando **B** o chama e ele vem. Toca o telefone, **B** atende, parece ser a avó, e a mãe atende com o prato de carne cortado em pedaços, que continua dando a **C** enquanto responde ao aparelho. O menino se aproxima dela para pegá-lo, mas a mãe – com o fone entre a orelha e o ombro – continua dando comida a **C** e não pode atendê-lo, ao que o menino grita. Chega o pai com um pesado saco de batatas; a mãe, que já tinha terminado de falar ao telefone, se preocupa com o esforço que tinha feito o pai ao subir tantas escadas, e expressa seu medo de algum dia ele passar mal. O menino chora e se agarra às pernas do pai para que ele o pegue; ele o leva em seus braços até o sofá e o faz sentar-se ao seu lado, logo o coloca entre suas pernas, mas quando o menino vê que a mãe tinha ido até o quarto das irmãs e a porta está aberta, vai atrás dela. A mãe tira o menino de lá e fecha a porta, ele se atira no chão chorando; joga um pedaço de pão que tinha na mão, mas o recolhe em seguida e o leva à boca. Se aproxima do pai e me olha alegremente entre suas pernas. O pai comenta que, mesmo me olhando sorridente, o menino não se atreve a vir comigo. Eu argumento que há pouco havia me tocado de forma amistosa com a roda. Neste momento o menino se aproxima de mim e toca minha perna. Comento com o pai que parece ter entendido do que falávamos, mas ele me responde que não. Ao perceber que a porta do quarto do irmão **A** está aberta, se encaminha até ela; comentamos a grande habilidade e segurança com que anda em tão curto espaço de tempo".

No começo da observação, consideramos que o menino se relaciona com o mundo externo; seguindo a sugestão da mãe me cumprimenta dizendo "olá", mas antes de ouvir que alguém bate à porta diz a palavra "caca". Lembremo-nos de que esta palavra já foi usada por ele no final do primeiro ano (ouviu-a de seus pais quando colocava objetos na boca) utilizando-a como meio de comunicação, de obter algo em comum com os demais, e com o significado de incorporação. A atitude alegre e confiante de Carlos nos leva a pensar que a palavra "caca" é uma espécie de salvo-conduto que permite a alguém a entrada na casa – dentro de seu mundo –, alguém que parece ter relação com a figura do pai. Toda situação se refere à idéia de estar contente. Seus irmãos estavam em casa porque não tiveram aula, e ele parece estar feliz por contar com toda essa rede de relações que possibilita um suporte externo que interioriza, centralizando esse suporte na presença da mãe, de quem depende o tempo todo.

Durante a observação parece querer estabelecer conexões com cada um dos elementos da família, ainda que as portas se fechem. Aceita o contato com **B**, mas é importante perceber com que discriminação brinca com ela; não aceita que o pegue no colo, chuta e protesta, inclusive **B** tem medo da atitude de ameaça de Carlos, embora comigo o contato que faz por intermédio da roda em minha perna seja mais ameno. Não me sente como um perseguidor, mas sim fazendo parte do ambiente. A menina **C** – que hoje está em casa – reclama mais atenção. Reivindica seu antigo papel de bebê da mamãe, e por isso a mãe fica na cozinha a sós com a menina para que ela coma. No entanto, Carlos, que conta com o suporte familiar, dá a impressão de ter uma estrutura interna ou coluna vertebral mental bastante sólida que permite a falta da mãe por algum tempo. Também possui liberdade de movimento para ir de um lado para o outro. Já não acontece como antes, quando para conseguir a mãe tinha que contentar-se em segui-la com o olhar até que desaparecesse. Hoje sua destreza lhe permite, quando a vê ou ouve, ir até ela ou aproximar-se de onde ela está. Não conseguindo, recorre a uma substituta, a irmã; sabendo o tipo de relação que pode manter com ela, não aceita quando ela o pega no colo, numa atitude maternal. Tenta suprir as sucessivas frustrações e limitações – quando as portas estão fechadas ou o expulsam dos quartos – com a "contenção" do pai ou recorrendo ao pão que atira e recolhe para alimentar-se por si só.

Cabe sublinhar a relação que se estabelece entre o observador e o pai (anteriormente também pudemos perceber na mãe[10]), no sentido de que qualquer sugestão que parta do observador não pode ser aceita e é habitualmente rejeitada com um "não". Agora o pai responde depreciando a colocação do observador sobre a habilidade do menino para entender o que se fala dele, porque também para o pai o observador é um "continente" de quem pretende receber atenção e conta com seus ouvidos para ser escutado. O pai, como o bebê, necessita de um "continente" para manter sua identidade.

Entre outras razões, a identidade dos pais fica ameaçada pela importância que tem para a identidade de Carlos o papel diferencial da mãe, do pai e dos irmãos.

"A mãe decide dar-lhe o jantar e traz uma fatia de presunto, uma caixa de queijinhos e um pedaço de pão. O menino, sentado entre a mãe e o pai, começa a comer um pedaço de queijo ao mesmo tempo que fica tocando a mão do pai. Continua a comer o presunto cortado em pedaços. Comento que o menino come bem. A mãe responde que nestes dias nem tanto, devido aos antibióticos que foram administrados a todas as crianças por causa do resfriado. Isso tira o apetite deles, especialmente o de C. Conclui que ela não gosta de dar remédio para as crianças. O menino joga um pedaço de pão no chão, desce e chuta o pão. O pai me pergunta se eu tinha visto o filho chutar bola. Vai buscar uma bola de tênis que acaba de comprar e coloca no chão. Ao invés de dar um chute, o menino pega a bola e a põe por um instante no sofá para devolvê-la ao chão e de novo colocá-la no sofá. O pai comenta que, agora que queria me mostrar as aptidões do filho, ele não vai chutar. Mas em seguida Carlos coloca a bola no chão, dá vários chutes e vai atrás dela. A mãe afirma que o menino gostaria de uma bola de futebol e não essa pequena. O pai vai até o outro aposento e o menino o acompanha, a mãe reclama, porque dessa maneira ele não come. O pai desiste da brincadeira. Vai para o banheiro e, logo em seguida, para a cozinha, mas o menino o segue outra vez. Com maus modos a mãe o repreende por sua falta de sensibilidade em não perceber que estava atrapalhando. Depois disso, o pai fecha a porta da cozinha reclamando. A mãe completa que é ela quem tem de estar o dia todo agüentando o menino. A mãe pega Carlos e vai lhe dando o presunto que está no prato. Em seguida vem o pai, se senta no sofá e observa calado; mas como nesse momento o menino se engasga -- porque o pedaço de presunto é maior do que pode engolir -- o pai chama a atenção da mãe, advertindo-a para que dê porções menores. A mãe se desculpa contestando que não sabe como isso aconteceu. Oferece um pouco de água ao filho e termina de lhe dar o presunto. Em seguida lhe dá uma papinha de frutas. O menino ingere com prazer, enquanto a mãe vai segurando seus dedos da mão esquerda, o que faz o menino sorrir. O pai me pergunta por que não levo casaco já que está fazendo muito frio. Em seguida pergunta se eu vou votar amanhã, mostrando-me a cédula de voto. O menino tira a cédula de sua mão. O pai a pega de volta bruscamente e o menino chora. A mãe diz para ele devolver ao filho. O pai entrega outro papel a ele. Com isso o menino se acalma. Está na hora e decido ir embora."

No início da alimentação observamos uma cena interessante. O menino está entre o pai e a mãe, e enquanto ela o alimenta o menino fica mexendo na mão do pai. Ele está formando um par com a mãe, um par numa relação oral, na qual a mãe o está alimentando e o pai está excluído. Ele arruma um jeito de consolar o pai. É como se dissesse: "Você me deixa estar com a mamãe, mas eu também te quero e você não está só". Situação parecida com aquela em que estava com o pai e tocou meu joelho, comunicando-me com essa conduta: "Você também é bom, não se sinta rejeitado". Esse comportamento corresponde a manifestações primitivas de ansiedade edípicas pelo sentimento já experimentado de se acreditar excluído quando os pais se relacionavam entre si esquecendo sua presença.

Outro aspecto sugestivo aparece no momento em que o menino dá um chute no pedaço de pão. Poderíamos pensar que, uma vez satisfeito na relação com a mãe, o menino se sente completo em sua identidade oral mais primitiva e avança mais um passo em sua identidade ao contar com a presença do pai? Em primeiro lugar, quando o pai o incentiva a demonstrar suas aptidões com a bola, ele a leva várias vezes do sofá até o chão, com o que reproduz seus próprios movimentos na vida cotidiana (sentar no sofá e descer para o chão). Como se a bola fosse ele. Está ensaiando e encenando quem é ele. Só depois disso dá chutes na bola. Por um lado, o pai quer nos dizer que o menino gosta de futebol, tema de grande valor para ele, porque é o mesmo que deduzir que através dessa atividade eles têm algo em comum e se entendem. Por outro lado, a mãe se sente ferida ao pensar que agora ela já não é fundamental; demonstra pouca consideração pelo pai, dizendo que ele estava atrapalhando a alimentação do filho, quando na realidade o menino estava comendo bem. Parece que a mãe sente que estão lhe arrancando o menino e, em seguida a esse sentimento, reivindica que é ela quem o está todo dia atendendo. O pai a faz sentir-se culpada quando o menino engasga com o pedaço de presunto. Dá a impressão de que os pais discutem num nível infantil, com medo de que o menino possa preferir um ao outro. A realidade é que o menino precisa de ambos para conseguir uma identidade sólida. No final, o pai tem uma atitude maternal comigo ao se preocupar que eu possa passar frio. E ainda reforça sua identidade masculina, mostrando seu interesse por questões políticas. No entanto, nem tenho necessidade de responder a suas perguntas porque a mãe intervém rapi-damente. Por outro lado, a mãe recupera sua identidade maternal dando a papinha de frutas ao menino com atenção e esmero; o pai – um pouco ressentido – arranca do menino o papel do voto, Carlos chora, mas se recupera rapidamente.

---

1 M. Pérez-Sánchez. *Observación de bebés. Relaciones emocionales en el primer ãno de vida.* Barcelona, Paidós, 1981.
2 M. Pérez-Sánchez, op. cit.
3 Devido à violência de seus golpes poderíamos falar em tentativa de suicidio. Melanie Klein em "Contribuições à psicogênese dos estados maníacodepressivos" diz: "Também temos observado que as mutilações (em crianças) mesmo sendo leves ou intensas representam tentativas de suicídio empreendidas com meios insuficientes". Em *Contribuições da psicanálise.* Buenos Aires, Paidós, 1964.
4 W. Bion. *Seminários de psicanálise.* Buenos Aires, Paidós, 1978.
5 W. Bion. *Elementos de psicanálise.* Buenos Aires, Paidós, 1966.
6 W. Bion. *Aprendendo com a experiência.* Buenos Aires, Paidós, 1966.
7 A mesma situação incompreensível é observada com freqüência na análise de crianças ou adultos, que em algumas ocasiões enfrentam grande difi-

culdade devido à existência de duas tensões opostas oscilando ao mesmo tempo. Em um de nossos pacientes adolescentes, quando se produziu uma mudança que reassegurava sua identidade, apareceu seu temor ao crescimento como um medo de ficar exposto à solidão e ao nada, enquanto uma angústia que permanece sempre no mesmo lugar, aprisionada, enclausurada e sem possibilidade de movimento.

8 E. Bick (comunicação pessoal): "Ela me contou o caso de um psicótico de onze anos, que precisava sempre estar com os seus sapatos desamarrados, porque estar com eles amarrados significava estar em uma prisão, não podendo usá-los". O oposto ocorria em um dos casos que utilizou em seu trabalho sobre a pele. O menino, durante suas férias da análise, pedia constantemente para a mãe amarrar seus sapatos. Outra criança usava dois cintos para poder se sentir contido.

9 D. Meltzer. "Quaderni de psicoterapia infantile". *Autismo II*, Roma, Ed. Borla, 1982.

10 M. Pérez-Sánchez, *op. cit.*

CAPÍTULO 2

14 MESES

A criança amplia seu mundo
(possibilidades e dificuldades da ampliação)

Segundo Bion, quando duas pessoas entram em contato, é gerada uma tempestade emocional. Mas, a mãe e a criança realmente entram em contato, ou é a criança que se separa do ventre da mãe, de seus braços, de seu colo, para buscar significado e vida emocional independente no mundo externo?

Meltzer[1], referindo-se a Bion, comenta que devemos entender que a criança estabelece significado no interior do corpo da mãe, para encontrar uma continuidade de significados quando fora do corpo dela; diz também que o interesse pelo corpo da mãe não seria tanto um interesse pelo corpo do objeto, mas por um espaço onde ele tenha desenvolvido seu primeiro período de vida e ao qual tenta dar um sentido.

Assim, reconhecemos que existe um contato tempestuoso entre mãe e filho e uma vinculação física, ponto de partida para desenvolvimentos posteriores. Além disso, Meltzer[2] relembra a conhecida afirmação de Arquimedes: "Dai-me um ponto de apoio e moverei o mundo", indicando que o decisivo não é a alavanca, mas sim o ponto de apoio.

Do mesmo modo, a criança necessita de um ponto de apoio – que encontra nos braços da mãe – para explorar o mundo que a rodeia e estabelecer interiormente a força e o vigor suficientes para crescer, desenvolver-se e expandir-se.

Se a violência imposta pela separação desta vida primitiva experimentada no seio materno, no momento do nascimento ou em circunstâncias similares que se repetem ao longo da existência – como o desmame, o ser despojado do apego ao corpo da mãe, etc. – não é traumática, os instintos epistemofílicos da criança não sofrerão interferência – em seus desejos de saber e conhecer o mundo que o rodeia – com o anseio de conhecimento sobre seu lugar de procedência. Na observação de hoje, Carlos mostrará uma série de ensaios sobre afastamentos e aproximações, através de uma mobilidade que possibilita e dificulta essa expansão.

"Carlos, *um ano e oito dias*. Subo a escada e ouço a criança chorar, toco a campainha e ela silencia. Vem até a porta, bate com sua mão e diz: 'caca'. A mãe abre a porta, o menino se dispõe a sair, mas ao ver-me retrocede rindo e a mãe insiste repetidamente para que me cumprimente; o menino aproxima a mão várias vezes e afinal decide dá-la. Vamos para a sala de jantar, o menino vai na frente emitindo sons com a boca, o pai está dando o jantar para **C**. O menino corre de um lado para outro e sai da sala para o *hall* de entrada. A mãe se dirige para a cozinha e ele volta em nossa direção, para voltar a correr até o *hall* com grandes risadas. O pai, de pé, continua dando o jantar para **C** e se queixa de que começou já faz uma hora e ainda não terminou, porque é difícil que a menina coma sozinha. A mãe entra, apalpa o corpo do menino que responde com mais sorrisos e corridas. Em outro momento se aproxima da irmã **C**, ri para ela, a toca e estimula como se esperasse uma resposta. O pai deixa as últimas porções de comida de **C** para que a mãe lhe dê, instante em que a menina perde o equilíbrio e cai da cadeira ao chão; os pais riem e o menino corre para debaixo da mesa para averiguar o que está acontecendo. A mãe abre o quarto das meninas e comprova que **B** já está deitada, o menino a segue com grande alvoroço. A mãe mostra para ele uma calça que tem um cachorrinho desenhado, ele ri, corre de um lugar para outro, volta ao quarto das irmãs, bate na porta – que está fechada. Quando a abrem, entra e sai correndo para que não o peguem; agora é a mãe que o segue, ele se excita e corre mais. A mãe põe o dedo na sua boca, ele o morde deixando a marca dos dentes, ela diz que quando se exalta assim, morde com força. A mãe se encaminha para a cozinha para preparar o jantar dele e ele entra e sai mais de uma vez do quarto das irmãs. Estas brincam com ele fazendo ruído com a boca e ele aumenta o ritmo de entradas e saídas. A calça que a mãe havia mostrado para ele está nas costas do sofá, o menino a pega, presumimos que atraído pelos cachorrinhos vermelhos que a enfeitam, joga no chão e os cãozinhos ficam ocultos, desvira a calça para ver de novo a estampa e a entrega ao pai. Este protesta e a coloca no sofá, o menino volta a pegar e insiste em oferecer a peça ao pai. Caminha para a cozinha e o pai aproveita para jogar a calça atrás do sofá, afirmando que quando voltar não se lembrará mais dela. Entra e sai do quarto das irmãs, anda com muita segurança e cai muito poucas vezes no chão. Só em uma ocasião, quando brincava com a mãe, vai até o pai e tromba com o sofá; chora um momento. Dirige-se para a televisão para brincar com os comandos, mas o pai o impede e me diz que teve de tirar alguns deles, porque sempre mexia neles. Isso o preocupa, inclusive porque pode tomar um choque."

Inicialmente, Carlos reage à chamada do mundo externo; ao ouvir a campainha, pára de chorar e pronuncia a palavra já conhecida "caca". Desejando ampliar seus limites, tenta sair quando a mãe abre a porta. Agora, como em outras ocasiões, a palavra "caca" parece uma tentativa de utilizar linguagem de uma forma semelhante a que descrevemos no nosso trabalho anterior[3].

As transformações internas (fala interna) deveriam encontrar no mundo exterior um objeto com suficiente realidade psíquica e adequadamente diferenciado do self para que fosse necessária a vocalização desse processo interno, a fim de que se estabelecesse a comunicação. Aqui, a palavra "caca" é o nexo com o exterior. Exterior que ele examina com rapidez e acuidade, como um teste da realidade, sem lançar-se inconseqüentemente nos braços do desconhecido. Ele reage ao ver o observador afastar-se e toma o tempo necessário para poder estabelecer uma ligação comigo. Só nesse momento é que me dá a mão. Depois caminha na nossa frente emitindo vocalizações. Poderíamos dizer que minha incorporação na casa significa uma ampliação do espaço que ele procura ao sair. Eu não sou um novo elemento persecutório que acusa e restringe, mas alguém bom, que aumenta e completa sua família. A manifestação mais eloqüente é produzida quando a criança corre velozmente sem dar tempo a si mesmo para andar (como diz Bion, quando duas pessoas se encontram, acontece uma tempestade emocional).

Com a minha chegada, o menino deixa de chorar e entra num verdadeiro vendaval motor. A primeira razão é que o menino "tem de cortar o feno antes que o sol desapareça"[4].

Tem de aproveitar a ocasião favorável quando a mãe lhe permite, pois, muitas vezes, o mantém sentado numa cadeirinha ou o leva para o cercado. Como não dispõe de tempo livre, utiliza movimentos velozes e não pára de explorar ou examinar os objetos e as situações. Embora atue assim, não pode persistir numa ocupação, como investigar os quartos, olhar nas gavetas e ter tempo para observar seus conteúdos, etc. Essa atitude também é fomentada por sua mãe, que toca seu corpo com os dedos e o excita ainda mais; por outro lado, o menino canaliza suas sensações, usando de uma atividade maníaca em vez de fazer seu trabalho. Cremos estar evidente aqui que o que induz a mãe a participar dessa tempestade emocional é o seu temor de que o menino não se sinta feliz se estiver tranqüilo. Pensa que isso significaria que ele não a aceita como uma mãe boa e por isso o incita uma vez após a outra, embora não se dê conta disso. Da mesma forma assimila as mordidas que ele dá como um sinal de que está se desenvolvendo, ficando forte e crescendo, levando-a a exaltar e animar suas ações nesse sentido.

Somente ante alguns estímulos potentes, tais como quando sua irmã cai no chão, ou quando pega sua calça estampada com os chamativos cãezinhos vermelhos, pára sua atividade e tenta estabelecer uma relação com o pai, oferecendo-lhe a calça como se dissesse: "Nós dois estamos juntos, temos algo em comum".

Mas o pai não tem muita paciência com ele, talvez porque o incomode a tempestade de movimentos, além do que tinha estado por muito tempo tolerando a dificuldade de alimentação de C. Dessa maneira, recebe pouca compreensão da parte do pai e, por outro lado, recebe a excitação maníaca da mãe além dos ruídos de seus irmãos. A atitude maníaca também se manifesta na negação da dor e do machucado, quando bate em algo, ou cai, apenas chora e em seguida levanta-se. Pensamos que seu comportamento é assim em consideração à sua mãe: se chorasse a faria infeliz, por ela não suportar seu choro; por isso, a fim de protegê-la, omite seus lamentos, fazendo, em parte, o que ela deseja: estar maníaco, excitado, correndo.

O pai chama atenção em outro momento para o fato de que o menino se interessa por tocar, manipular, experimentar e observar os objetos domésticos, mas não permite que mexa na televisão sem oferecer-lhe outra atividade alternativa e tranqüila.

Por essas considerações, podemos deduzir que os pais estão passando por um momento difícil para elaborar e controlar essa situação.

"O pai sentou-se no sofá e pergunta se hoje tive de vir caminhando. Respondo-lhe que não, que o trânsito estava melhor. Passa então a informar-me da possibilidade de tornar-me sócio de um clube que oferece aos associados estacionamento barato e os serviços administrativos onde se pode agilizar e facilitar a tramitação de documentos. Respondo que não é necessário, porque conto com este serviço no meu colégio profissional. Pouco depois pergunta sobre uma inflamação das gengivas e se o fumo pode prejudicá-lo; como eu respondo que é possível que seja assim, me assegura que diminuirá a quantidade de cigarros. A mãe traz um prato para o menino com batatas fritas, presunto e pescada cozida em pedaços. O filho passa roçando com sua cabeça no extremo da mesa de jantar e o pai adverte a mãe de que deve pôr uma proteção naquele ponto; ela responde irritada que compre um palácio, que é do que necessitam, pois aqui não se pode viver. Surpreso com a resposta brusca da mãe, o pai fica em silêncio, para depois dizer-lhe que o protetor é mais barato que o castelo. Ela resolve que tirará a mesa, porque ali não podem se mover. O pai muda de tema, mencionando que o tempo bom que está fazendo deve ser prejudicial para os laboratórios farmacêuticos. Quando o menino vê a comida, fica inquieto, protesta e quer ser levantado. A mãe pega-o no colo e começa a dar-lhe a pescada. Enquanto come, vai dando golpes na banqueta onde está o prato de comida, com o pé direito, ao mesmo tempo que olha e sorri para mim. O pai, a mãe e eu o observamos e ele se mostra deleitado. A mãe conta que o menino se nega a comer papinhas ou qualquer alimento que deva ser dado com colher. O pai se oferece para trazer água para o menino e ela responde que não, argumentando que se ele vê a água não vai querer comer e que não se pode pôr na frente das crianças nenhuma coisa que não interesse. Quando comeu bastante peixe e não quis mais, a mãe lhe deu uma batata frita grande, o menino pega com sua mão direita e começa a mordê-la aos pedacinhos, enquanto ela aproveita para dar-lhe pedacinhos do peixe. A mãe dá outra batata, que ele pega com a mão esquerda; come apenas as batatas recusando o peixe. Olha para mim e tira um bolo de alimento da boca. A mãe se apressa a voltar a introduzi-lo, mas ele não permite. O pai resmunga porque o menino atira coisas no chão e suja tudo e a mãe responde que não tem importância, ela limpará. As meninas B e C brigam e o pai comunica à mãe que vai ter de dar-lhes umas palmadas, ao que ela responde negativamente: é para deixá-las. O menino come o presunto com bastante apetite enquanto vai batendo com o pé na perna da mãe; esta exclama que ele é mau, que a está machucando e é certo que o pai não o agüentaria e já estaria chamando para que o tirassem de seus braços. Põe o menino no chão e ele se dirige ao prato para pegar mais batatas. A mãe o detém dizendo que vai buscar um copo de água. Ele a acompanha e voltam com meio copinho de leite. Carlos bebe e reclama pedindo mais; a mãe dá um copo grande de leite e ele o ingere rapidamente. O menino se aproxima do pai, e este o afasta com o pretexto de que o menino iria sujá-lo, ao que a mãe pergunta por que vestiu calças novas. O pai muda de lugar e a mãe continua dando para o menino o resto da comida enquanto ele anda pela sala de jantar; aproxima-se do dormitório dos pais e olha da porta (as irmãs fazem ruído num quarto do lado oposto), o pai olha para ele e sorri, vendo o menino indo de um lado para outro com as batatas, e, no momento em que quer jogá-las no chão, o pai sugere à mãe que o sente na cadeirinha para dar-lhe a comida. Ela diz que com um menino tão inquieto isso não é possível; mas levanta o menino, o faz sentar-se e o amarra na cadeirinha: ele recusa com tanta energia que tem de soltá-lo, deixando-o livre. Acrescenta que não sabe por que comprou essa cadeirinha ou o cercado. Vai tirar dele, contra o que o pai protesta, e ela reclama novamente de que precisa mais espaço. Prossegue informando-me como o menino gosta de ir para a rua; pela manhã só agüenta um momento no cercado, enquanto ela faz alguma limpeza da casa, mas depois, quando vê que ela se arruma, não larga dela um minuto, achando que talvez tenha medo que o deixe sozinho. O menino se aproxima do pai e quase mancha suas calças, e ele reclama da mãe por tê-lo soltado, embora no mesmo momento dê mostras de reconhecer que seu protesto não tinha sido muito razoável. Ela responde, irônica, se ele deseja que ponha uma corrente no menino. Depois disso, vai buscar mais leite e aconselha o filho a que agarre a calça do pai e a manche. Num momento anterior em que a mãe retira o filho do pai e o menino chora, ela afirma que Carlos tem verdadeira adoração pelo pai. Volta a mãe, trazendo o leite. Carlos bebe uma parte do conteúdo e atira o copo com força. O pai volta a reclamar que pode sujá-lo. A mãe ri e proclama: 'Este é o único a quem você não deu de comer; os outros, punha numa cadeira e os alimentava rapidamente'. Em seguida fala ao pai que talvez devessem comprar uma cadeira especial. As outras crianças fazem barulho e ela comunica ao pai que seus filhos são os piores que conhece, porque têm ciúmes todo tempo, a menina B da C. Em algumas ocasiões B parece menor do que C. Está na hora de ir embora e a mãe convida o menino para que me dê a mão e ele se aproxima, abana a mão na porta para dizer adeus, juntamente com a mãe e o pai."

Durante toda observação pudemos ver a tempestade emocional do encontro inicial e a conseqüente e necessária expansão que não puderam ser adequadamente conduzidas em benefício de todos e de cada um dos membros da família. O pai, particularmente, teve de sofrer as conseqüências, por isso várias vezes se aproxima de mim, comunicativo. Primeiro, mostra seu agradecimento, oferecendo-me as facilidades que seu clube me proporcionaria; quando lhe digo que não é necessário, procura restabelecer uma relação comigo através do meu papel de médico, sobre o conselho de não fumar, como um sinal de que eu me preocupo com ele. Responde afirmativamente, pensando em diminuir sua quantidade de cigarros.

No resto do material, vemos como a mãe tenta humilhá-lo, enquanto ele me diz que é um bom pai, que se preocupa com seus filhos para que não sofram danos, sugerindo à mãe que proteja os cantos da mesa. Ante a resposta dela, ele muda de tema.

Humilhado pela mãe, e ofendido porque não aceitei sua oferta de tornar-me sócio do clube, fala sobre os negócios no campo da saúde, que obviamente não se refere aos laboratórios, mas aos médicos e, portanto, a mim. Toda a situação se enraíza no fato de que a mãe está contra o pai, e o pai está contra os filhos, especialmente Carlos, pois seus oferecimentos e aproximações foram rechaçados.

Mas, a mãe está realmente contra o pai? O importante é a situação geral que está se desenvolvendo: o menino está reafirmando sua personalidade, sua identidade, e necessita expandir os limites do seu mundo. A mãe percebe que o menino quer e deseja sair para a rua todos os dias, mas responde de uma forma inadequada ao superestimulá-lo. Ela não quer perceber que, com a excitação do movimento, o menino não alcança uma verdadeira ampliação e crescimento e que isso é uma maneira de ela mesma se tranqüilizar, queixando-se de não ter espaço suficiente em sua casa. Diríamos: espaço mental suficiente para lidar com o problema e digeri-lo. Quando reclama ironicamente ao pai, pedindo que lhe compre um palácio, está expressando seu desejo onipotente de resolver o problema. Um "palácio" é um lugar ou casa suntuosa, espaçosa, luxuosa, cheia de empregados que lhe ajudarão em sua pesada tarefa de manejar seu próprio mundo interno, agora estreitado pela identidade em expansão de seu filho. O pai responde com a palavra "castelo", que expressa a idéia de fortaleza ou defesa narcísica da mãe. Também eu, como observador, fui atingido pela tempestade emocional e não mostrei abertura suficiente para tratar a aproximação do pai com maior generosidade. No entanto, quando se trata de questões sobre crescimento, que, de alguma forma, surgem na convivência, tudo se encaminha para um final um pouco melhor; a mãe utiliza, em última instância, o sentido do humor e comunica o quanto o bebê ama seu pai, assumindo, mesmo que seja momentaneamente, os critérios dele. Pena que não puderam estar presentes as outras crianças e que a mãe se referisse a elas qualificando-as de ciumentas, embora obedientes e de boa disposição; talvez ela esteja falando dos ciúmes do pai, porque ela, sim, é que está com o menino e o tem para si.

De qualquer forma, o reencontro final na despedida do menino, dando-me a mão, como no princípio, junto ao pai e a mãe, foi satisfatório. Um ponto de partida para a independência do self de cada um deles, e, portanto, do menino, que começa a crescer e ampliar seu mundo.

O sono como possibilidade de recuperação mental

Na observação anterior contemplávamos uma atividade de vigília, dominada pelo movimento e encaminhada a ampliar os limites do mundo do menino.

Naquela ocasião valorizávamos tanto as possibilidades como as dificuldades para tal ampliação. Hoje a observação começa com o menino dormindo, sono a que conferimos uma certa atividade onírica, encaminhada a recuperar um funcionamento mental, na qual a figura do pai pode ser mais bem tratada e recuperada pela criança.

"Carlos, *um ano, um mês e duas semanas*. O pai me recebe na entrada com o menino **A**, e me convida a entrar. Na sala de jantar encontro a mãe escrevendo; ela se levanta e me acompanha ao quarto onde Carlos dorme. No quarto das meninas, **C** está chorando. O menino está de bruços, as duas mãozinhas com as palmas para cima, estendidas acima do corpo, a bochecha esquerda apoiada sobre o colchão, a cabeça no ângulo superior do berço, as pernas ligeiramente encolhidas. Permanece nessa posição durante quinze minutos. A mãe explica que o menino não dormiu o dia todo e que o colocara na cama há duas horas para que pudesse comer; estava tão nervoso que batia no seu próprio rosto. A mãe dirige-se ao quarto das meninas para repreender C, que chora, e cuidar de B, que está tossindo. O pai se aproxima um momento de onde estou. Como C continua chorando, exclama: 'Que crianças terríveis!'. A mãe se apóia no berço, o menino abre ligeiramente as pálpebras, e ela toca as pernas dele. Ele levanta suas mãos, toca sua cabeça, peito e pernas, permanecendo na mesma posição. A mãe pressiona a perna de Carlos com sua mão, ele levanta a cabeça e me olha. Estou na parte superior do berço; ele senta-se e dirige um sorriso para a mãe e o pai; encosta-se nos pés do berço e, ao tentar levantar-se, choca com a rede, chora no mesmo momento em que o pai sai do quarto. A mãe relaciona seu choro com a saída do pai, acrescentando que o menino é muito amoroso com o pai. Como ele continua a chorar no seu colo, comenta que está com sono, o apóia em sua face e o menino se acalma. Vamos para a sala de jantar, ela e o pai sentam-se no sofá e eu na frente deles; o menino move-se em direção ao pai. A mãe o coloca sobre o sofá e o beija na parte descoberta do ombro. Ele ri e se joga nos braços do pai para voltar à mãe, repetindo várias vezes esse movimento, até que resolve descer ao chão; como os pais o impedem, ele chora. A mãe quer calçar-lhe as botas; ele faz esforços para escapar, mas a mãe calça uma e o pai, a outra; ele aceita. Como o pai tem mais dificuldades, termina por calçá-la com um movimento brusco, e o menino chora. A mãe o acolhe e os dois afirmam que isso acontece porque ele está com sono: hoje não pôde dormir bem, porque a menina B teve de ficar em casa devido ao seu resfriado, e sempre que acontece alguma coisa do gênero, ou alguém da família vem visitá-los, há uma desorganização."

Mesmo que devido à doença de sua irmã B o menino tenha perdido o ritmo regular das atenções, como diz a mãe, acreditamos que o sono lhe deu uma certa serenidade.

Segundo a mãe, para descansar e poder comer ou incorporar algo, ele necessita dormir antes. Enquanto dorme, percebe um contato sobre o berço e entreabre os olhos; ele responde ao pequeno estímulo do toque da mãe. Tocando sua cabeça, peito e pernas, inicia com ele um jogo de reconhecimento das partes de seu corpo, para tentar uni-las entre si e ter uma consciência mais completa de seu próprio *self;* depois permanece plácido e responde aos toques mais fortes da mãe, relacionando-se com eles e sentindo-se satisfeito no seu espreguiçamento suave. Ao decidir acordar, chora ao tropeçar na rede, ao mesmo tempo em que o pai desaparece de sua vista, como se a realidade se tornasse novamente dura.

O menino se dirige ao pai, e a mãe, com uma atitude mais aberta, declara que sente um grande amor por ele. Enquanto estão sentados no sofá, ele vai da mãe, para ser contido pelo pai, e vice-versa. Inclusive deseja ir mais com o pai, porque teme que a mãe, mais preocupada com a doença de B, possa tolhê-lo. O menino se apressa em exercer uma manobra de apaziguamento: vai de um progenitor a outro para escapar no momento propício e andar livre. Isso fica ainda mais claro, quando os dois querem calçar-lhe as botas; não conseguindo escapar de nenhum deles, Carlos aceita a situação, mas quando o pai sente dificuldades, protesta. Parece que os pais também percebem a mensagem – por certo de uma forma inconsciente; por isso se unem para argumentar que o menino está assim porque ainda tem sono.

O menino quer ter contato com o pai, mas a uma certa distância, como no dia que jogava as calças ou no jogo de bola. Parece que todos esses temores estão se expressando num nível oral, como no dia anterior, em que ele mordeu a mãe. Em conseqüência disso, está muito assustado com a idéia de que possa ser mordido ou retido. Disso podemos deduzir que quando está sentado e atado à cadeirinha ou colocado no quadrado, além do temor de ficar aprisionado, sente medo de ser devorado. No primeiro contato depois do sono, está disposto a estabelecer uma relação com os pais e assim receber sua ajuda para elaborar essas aterrorizadoras fantasias que podem interferir no seu desenvolvimento.

A brincadeira de "pôr" e "tirar" como possibilidade de criação de um espaço mental

Apesar das dificuldades por que o menino está passando com o sono e o jogo incipiente com partes de seu corpo, pode enfrentar a relação conflitual com seus pais. Com o jogo de "pôr" e "tirar", ou "abrir" e "fechar", que podemos considerar como um equivalente onírico, o menino continua mostrando perseverança e concentração no resto da observação. Essa conduta influi nos pais, que têm uma atitude mais tolerante e cooperativa com ele, o que lhe permite elaborar, de alguma forma, ansiedades primitivas às quais nos referimos anteriormente.

"A mãe lhe oferece uma carteira para que pare de chorar, ao mesmo tempo que vai dizendo palavras gentis com a boca junto ao seu rosto, e ele vai se acalmando pouco a pouco. Repetidamente, o menino abre e fecha a carteira, e logo em seguida insiste alegremente em tirar de dentro uma fotografia do pai. A mãe tira a foto, mostra para ele e ele demonstra no rosto a sua satisfação. Empenha-se em pegá-la na mão, mas a mãe a esconde em outro compartimento da carteira e ele se apressa em abri-los todos para encontrá-la. O pai aconselha que tire de uma vez, porque o menino vai rasgá-la, mas a mãe não parece muito decidida a fazer isso. O pai tenta entretê-lo, fazendo rodar a roda do outro dia, na frente dele, e a criança ri. A mãe aproveita essa distração para esconder a carteira atrás do seu corpo. O menino, com a roda em uma mão, usa a outra para levantar a mão da mãe e ver se tem alguma coisa nela, olha e joga a roda. Os pais e eu rimos, e a mãe afirma que já não se pode enganar o menino. Ela volta a dar-lhe a carteira, que ele recolhe contente e continua com o jogo de abri-la. O pai, preocupado porque pode estragá-la, tira dele e lhe dá um chaveiro. O menino chorando e com raiva joga o chaveiro no chão e olha para onde ele caiu. Dão-lhe novamente o jogo de chaves e ele volta a arremessá-lo. A mãe decide acompanhá-lo até o lugar onde o pai escondeu a carteira, mas o menino se interessa por uma pequena cigarreira que está ao lado da carteira. A mãe dá para ele e em seguida ele se cala. Concentra-se em tirar o maço de cigarros e voltar a colocá-lo dentro. A operação é difícil e a mãe o ajuda um pouco. Assim permanece durante um longo tempo nos braços da mãe; deixam-no no sofá e ele continua na mesma tarefa. A mãe decide servir o jantar. O pai diz que o filho está muito branco e, olhando para mim, diz: 'Você, sim, está moreno'. Digo-lhe que é minha cor habitual. Pergunta-me se o bronzeamento por meio de lâmpadas elétricas pode ser prejudicial. Comento que depende da intensidade da aplicação. A mãe, que está ouvindo a conversa, intervém dizendo que seu ginecologista proibiu-a de tomar sol quando estava grávida. A mãe traz um prato de verduras refogadas para dar ao menino. Ele recusa com desagrado enquanto continua jogando com a bolsa de cigarros. Ela tenta novamente e o menino começa a chorar esquecendo-se da bolsa. A mãe pega o maço de cigarros, tira o celofane que o envolve e faz barulho com ele; ante o ruído estridente o menino cala-se por um momento. Como não pára de chorar, a mãe vai buscar um copo de leite, deixando entre suas mãos o papel com o qual ele se entretém um instante, até que segue a mãe emitindo um som parecido com 'água'. A mãe volta com o copo de leite e pergunta se tínhamos ouvido como a criança disse 'água'. Ele se estende para beber e quando está na metade afasta o copo; como protesta, a mãe oferece novamente e ele o afasta com a mão. A mãe se levanta para levá-lo à cama e trocar a fralda, mas o menino faz um movimento brusco com o corpo para livrar-se dela e desce para o chão apoiando seus pés. A mãe explica que agora não gosta de tomar banho; esta manhã, **B** teve de ajudá-la, porque ele queria sair e era quase impossível ensaboá-lo. Vamos ao banheiro, o menino está desnudado da cintura para baixo, ele chora. Durante o banho na frente da pia, vendo a água correr, cala-se. Quando a mãe aproxima a mão do menino à água, ele a retira com energia e grita. A mãe lava seu rosto com um pouco de água que sustém na mão; ele aceita a situação, mas como a operação se prolonga com a retirada de muco do nariz, chora forte, com desespero. Vamos para o quarto, a mãe o deita na cama enquanto ele continua chorando. Ela dá a tampa da caixa de talco e ele a atira. Num momento em que a mãe o solta para pegar um calção, ele vai para o lado da cama onde estou e tenho de segurá-lo, porque poderia cair. Ao vestir o calção, o choro e os movimentos de protesto são intensos. Está na hora e tenho de ir embora. Digo adeus e abano a mão. Parece que ele também quer mover a sua, mas o choro o impede. Despeço-me da mãe e do pai, que está assistindo televisão; ele se levanta e me acompanha até a porta."

Valorizamos o contato cálido da pele e a voz da mãe que faz com que a criança se acalme e se deixe pegar. Ao sentir-se a salvo e contido, é capaz de fazer algo com suas mãos, "abrindo" e "fechando" a carteira. Entretém-se com essa operação fundamental para as crianças nesse período, de "pôr" e "tirar", ou seu equivalente de "incorporar", "expulsar" ou "entrar" e "sair", ou "ir" e "vir". Em outras palavras: entrar dentro da mãe e sair dela.

Pode persistir nessa operação, porque se sente protegido e não somente se interessa em voltar ao seio materno, mas em criar com essa experiência a idéia de um "espaço mental interno". Como dissemos, Bion sugere que o menino tenta estabelecer o significado no interior do corpo da mãe, para, depois, poder manter uma continuidade fora dele. E o interesse pelo corpo da mãe não é tanto um interesse pelo corpo do objeto original, mas por um lugar onde ele desenvolveu seu primeiro período de vida e ao qual, agora, tenta dar sentido com este jogo de pôr dentro e tirar para fora.

O pai, não participando do jogo com a mãe, trata de conduzi-lo a uma atividade maníaca com a roda ou o chaveiro, mas a criança prefere de forma clara o jogo de atirar ou pegar e depois o de colocar dentro, enfiar. Para isso usa a carteira, na qual encontra a valiosa figura do pai, mas quando sente que é impedido, decide-se pelo maço de cigarros.

Por outro lado, vemos o quanto se sente perseguido pelo banho e o vestir-se. Ele quer e necessita de alguém que esteja ali para estabelecer uma relação a certa distância. Deseja ser contido tranqüila e sossegadamente, porque de outra maneira sente-se acossado, encurralado. Quando fazem a higiene do seu nariz no banho, experimenta uma verdadeira "perseguição" e se desespera como se nunca mais voltasse a ser livre. É como estar sujeito a uma boca que o fosse engolir, por isso a intensidade de suas emoções e do seu choro.

Antes de terminar esses comentários, queremos ressaltar um fato que se reveste de grande importância para a criança: quando esconderam a carteira, ele continua com a lembrança de ter tido algo na mão e reclama. Demonstra um passo no seu desenvolvimento, conta com um lugar para reter e armazenar suas experiências: a memória.

Na observação anterior ele corria desenfreadamente de um lugar para outro, só parando para prestar atenção a algo chamativo, "agarrando-se" ou "sujeitando-se" com a visão do chamativo cãozinho vermelho, ou escutando os ruídos, um funcionamento que consideramos bidimensional. Na observação de hoje, quando seguro adequadamente nos braços da mãe, é capaz de "pôr" e "tirar", um funcionamento tridimensional, porque ele tem o "continente" da mãe, que lhe permite conseguir seu "próprio continente mental".

Ampliação da área de brincadeira e incorporação do pai

O sentimento de liberdade que lhe proporcionou a aquisição de "seu próprio continente", partindo do sono e passando pelo jogo corporal no qual unia as diferentes partes do corpo, concretizou-se no jogo de "pôr" e "tirar", e amplia-se agora com outros jogos e atividades em relação ao pai.

"Carlos, *um ano, um mês e três semanas*. A mãe me recebe, tendo eu chegado dez minutos antes, pois o trânsito estava fluindo muito fácil. Por ser o dia de São Carlos, levei a ele uma bola felpuda e um triciclo apropriado à sua idade.[5] A mãe me conduz até o quarto onde está o menino, acompanhando-nos o pai e as outras três crianças. Embaraçado e sorridente, o pai me adverte que não traga mais presentes, porque isso os faz sentir em dívida. Eu me desculpo argumentando que é o dia do santo do menino e ele acrescenta com ironia que também ele se chama Carlos. A mãe responde mais à vontade ao presente. O menino está de barriga para baixo no berço, quase dormindo, mas, quando entramos, ele se senta. A mãe tira a rede de proteção, dando-lhe a bola, e ele a recebe com grande alegria, pondo-se em pé, atirando-a, dando chutes e voltando a pegá-la; sorri e emite sons. A família toda o observa entusiasmada. Quando a mãe abre o pacote que contém o triciclo, o menino se atira na sua direção, ela o segura a tempo para não cair no chão. Responde novamente com regozijo. A mãe o tira do berço e o coloca no triciclo e ele se segura com as duas mãos no guidão, bem sentado. Quando o pai o chama, se põe de pé, como querendo avançar até ele, solta as mãos e em seguida volta a sentar. A mãe leva as outras crianças para jantar, para depois irem dormir. O menino continua sentado no triciclo, olha o pai e tenta abaixar-se, mas a operação não é fácil, vira o pé, o que provoca uma inclinação para o lado esquerdo, caindo no chão sem protestar. Tenta subir e o pai o ajuda. Quando a mãe vem da cozinha com os filhos para vê-lo, ele emite um som com grande júbilo, algo assim como 'tiiii', e todos riem com grande estrondo, fazendo com que o menino prossiga em sua euforia, fazendo caretas e comportando-se claramente como um palhaço. É difícil para ele dar impulso no triciclo (tem quatro rodas muito baixas e pode mover-se, se for arrastado com os pés) para ir para frente, mas consegue deslocar-se para trás, até que fica encostado na parede, onde permanece um longo tempo. O pai põe os pés do menino sobre o guidão para empurrá-lo e fazer rodar, ao que a mãe se opõe, dizendo que essa não é a posição correta, acrescentando que esse triciclo cria muita ilusão para o menino. Muitas vezes fez com que ela o pusesse em cima das bicicletas dos irmãos e ela acabava com dor nas costas porque tinha que ficar abaixada. E com este triciclo poderá usar por si mesmo e ir ao terraço. O pai manifesta-se dizendo que esse terraço nunca é bom. Quando faz sol, queima muito e quando não, venta ou chove. Inspirado pela alegria do menino, o pai promete comprar no Natal um carrinho de rodas, que viu nas grandes lojas, dizendo ser muito bom e que inclusive serve para brincar na água. Em seguida, reclama que o triciclo é mais uma coisa para ter que levar e trazer do campo. O menino quer descer do triciclo, passa o pé corretamente por cima do selim, sustentando o veículo pelo guidão. O pai diz a ele para sentar e ele senta de lado, repetindo a operação e levando o triciclo a vários lugares. A mãe se afasta para pôr as crianças na cama, o menino vai até ela. Quando fecha a porta ele tenta entrar, depois volta a tentar entrar, quando a mãe sai do quarto fechando a porta atrás de si ele se encosta na porta com a orelha sobre ela. Vem e continua com o triciclo, o pai o coloca em cima e ele pode descer corretamente. A mãe o beija e entre gritos de alegria diz que ele é muito rápido. A mãe diz que as crianças de hoje são mais inteligentes que as de outrora; o pai a contradiz, mas ela insiste afirmando que deve ser por causa dos muitos meios de comunicação, entre os quais, a televisão. Como o menino dirigiu-se em muitos momentos ao pai e se segurou nas suas calças, a mãe nos fez observar que o menino tem verdadeira adoração por ele, o pai comenta que é momentâneo, logo passa. Mas ela insiste e diz que seu afeto é mais manifesto que dos outros irmãos. O pai parece contente e nesse momento ajuda o filho a subir no triciclo".

Nesta observação comprovamos que num ambiente atento e respeitoso com a criança, deixando-a experimentar livremente, ela reage de uma forma adequada e ensaia várias habilidades com boa capacidade de aprendizagem.

É interessante ver como a mãe estimula o pai em várias ocasiões, enfatizando o grande interesse e carinho que o filho demonstra por ele. Ela o estimula porque percebe um problema de identidade em seu marido. Eu levei brinquedos para a criança e ele se sente como se fosse ninguém, por isso objeta, ainda que com bons modos, dizendo que eu não faça mais isso, e acrescenta posteriormente que ele lhe comprará um carro, que o triciclo não irá bem no terraço, e será trabalhoso levá-lo e trazê-lo do campo. É como se eu lhe demonstrasse que penso e me ocupo do menino, e ele se sente roubado na sua identidade de pai, rechaçando de várias maneiras o que eu trouxe e pensando que ele teria feito melhor. Portanto, quando a mãe o reassegura, ele presta mais atenção ao menino, e a relação entre pai e filho deriva para um jogo. Ele recebeu a sua identidade de pai, por intermédio da mãe, e sente algumas dúvidas: ao menor incidente pode perdê-la. Mas o menino também coopera incorporando-o ao seu jogo, porque sente que é necessário para sua identidade. Essa facilidade de aprendizagem com o triciclo se deve também ao fato de Carlos observar seus irmãos andarem de bicicleta e estar interessado em ser como eles.

Atitudes perigosas da criança (os acidentes infantis)

Queremos chamar a atenção para a maneira com que se insinuam na criança atitudes ou condutas perigosas que podem levá-la a sofrer um acidente, assim como para os elementos que nos permitem diagnosticar tais comportamentos.

"A observação continua quando o menino desce do triciclo e se dirige para o dormitório. O pai pede que traga a bola. Ele se dirige ao quarto do irmão **A**, mas a mãe indica que a bola está na parte oposta da casa. Sobe no berço, procurando a bola (lugar que estava quando a recebeu). Os pais me explicam que, nos poucos momentos em que o põem no cercado, têm de calçar-lhe sapatos, porque do contrário sobe pela rede e salta do outro lado. A mãe acrescenta que, no outro dia, o cercado virou em cima dele quando tentava subir pelo lado de fora. A mãe pega a bola no berço e lhe dá. Ele vem alvoroçado atirando-a ao chão, dando chutes e aproximando-a do pai. A mãe pede para percebermos se não é verdade que todo tempo vai ao encontro do pai. Este se preocupa argumentando que essa bola não é para jogar no chão, e sim no berço. A mãe põe a bola no cercado e o menino chora desconsolado e a joga longe, quando a oferecem. A mãe pede ao pai que a atire, ele assim o faz, e o menino, feliz, vai jogando a bola para o pai, e este para ele. O menino ri, porque o pai joga a bola na sua cabeça. A mãe adverte que pode machucá-lo e ele responde que não tem perigo, porque a bola é macia. O menino deixa a bola sobre o sofá e dirige-se ao pai. A mãe esconde a bola atrás das suas costas. O pai lhe oferece outra de plástico, mas o menino se afasta dela e vai buscar a bola nova, atrás da sua mãe. O pai lhe mostra o triciclo e o menino larga a bola, brinca com ele um momento, o abandona e sobe no sofá. Os pais comentam que agora têm de ter muito cuidado, porque pode cair do sofá e machucar-se. Observação que se prolonga até o tema dos perigos e acidentes caseiros. Finalmente a mãe diz que não podem ficar o dia todo preocupados e que Deus os protegerá. A mãe incita o filho a pegar o telefone. Ele vai ao sofá, atrás do pai, pega o fone com uma mão e com a outra move o disco, distraindo-se alguns minutos nessa operação, até que vê o triciclo e quer se atirar de cabeça para pegá-lo. O pai o alcança no meio do caminho e o põe no chão. Mexe no triciclo e volta a subir no sofá, com a intenção de voltar a atirar-se; mas desta vez é colhido pela mão do pai, repetindo esse movimento em várias ocasiões. Em seguida anda pelo sofá e se aproxima da mesinha de telefone onde há cigarros e fósforos. Olha-os, estica as mãos, as detém, olha o pai e golpeia várias vezes o telefone. Em seguida, decidido, estende a mão para pegar os fósforos e mostrá-los ao pai. Este segura-os, e o movimento seguinte do menino é pegar os cigarros e dá-los diretamente ao pai. Com sua mão sobre o telefone, a mãe pede ao filho que fale com a avó. Carlos toma o fone, leva-o à orelha, emite sons e faz gestos como se estivesse conversando. A mãe conta como pelas manhãs, quando liga para a avó, o menino põe-se ao telefone e escuta durante algum tempo para depois emitir uns sons; essas 'comunicações' deixam a avó muito contente. A mãe lembra que ontem, voltando da casa de campo de uns amigos, o menino emitiu com a boca sons de diferentes tonalidades, de tal forma que parecia estar falando, o que fez toda família rir. A mãe acrescenta satisfeita que já está ficando muito mau, mas que o menino **A** foi mau desde o nascimento, e como no parto não lhe deram medicacão para adormecer e diminuir a dor, pôde ouvi-lo quando nasceu. O menino dá um mordisco no braço da mãe deixando uma marca e procura fazer o mesmo no pai, dando risadas. Está na hora e me despeço. A mãe pede ao filho que me dê a mão, e ele assim o faz."

Embora as manifestações de Carlos não sejam mais que insinuações de movimentos que podem chegar a ser perigosos, portanto, não muito demonstrativos, queremos chamar a atenção sobre eles e conectá-los com o motivo ou razão que, em nossa opinião, podem gerá-los, pois em casos extremos chegam a ser realmente perigosos.

Os pais se preocupam com o fato de o menino poder machucar-se, já que se joga sobre as coisas em lugar de ir até elas para pegá-las, tal como fez no começo da observação quando a mãe abriu o pacote que continha o triciclo e esteve a ponto de cair do berço. A mãe se tranqüiliza dizendo que não pode estar todo o tempo atrás dele e que Deus o protegerá.

Temos observado que este menino sente-se perseguido pelo confinamento e necessita um contato um pouco distante e não muito próximo, porque sente uma ansiedade claustrofóbica. O perigo é que, para evitar ser aprisionado, o menino quer saltar ou atirar-se e pode provocar um sério acidente. Somente em momentos de grande perseguição interna as crianças se jogam para a frente, o mais normal – e temos visto isso nesse menino quando sobe no triciclo – é não mover-se para a frente, já que o medo é de cair no vazio, no nada, atrás está a parede, mais concretamente, o colo ou o respaldo da mãe.

Carlos se sente perseguido pela "contenção" da mãe, porque foi muito seguro por ela, além do que passou muito tempo na cadeirinha, ou no cercado, ou no berço.

Na observação anterior comprovamos que quando a mãe o pega porque está chorando e se aproxima calidamente de sua face e lhe fala, ele se sente bem contido por uma mãe boa e é capaz de iniciar placidamente em seu colo a brincadeira de 'pôr e tirar' com a carteira. Observamos que sucedem duas experiências conjuntas: ou tem que correr de um lado para outro porque tem medo que a mãe o pegue e o coloque no cercado, de onde não é capaz de sair, a menos que acidentalmente o vire, e além disso esse fechamento pode ser vivido com o temor de ser "comido" ou "devorado"; e no lado oposto, a ansiedade de ser tão livre que a mãe vá embora e o deixe só.

Pensamos que sentindo-se perseguido pela "contenção" avassaladora da mãe, responde ao pai com um contato distante, expressado por esse ir e vir, subir e descer, similar mas não igual ao que observou Freud[6] em um menino um pouco maior (18 meses) com o jogo do carretel. No menino de Freud, a brincadeira consistia em repetir o atirar para fora e recuperar, para dramatizar as idas e vindas da mãe e poder tolerar sua ausência. No caso de uma criança menor, como Carlos, o jogo é o de 'pôr e tirar'.

Outro fator observado na relação do menino com o pai se enraíza na falta de uma identidade paterna; essa a carência os induz a falar dos acidentes caseiros e do perigo de que a criança possa se machucar. Pudemos constatar como o menino, quando vê o triciclo, se joga de cabeça e é colhido pelo pai no meio do caminho; mais tarde a criança pega na mão do pai para experimentar jogar-se ao chão com uma proteção, mas tudo isso foi precedido pelo afã de atrair a atenção do pai para suas brincadeiras. Na dramatização do jogo com os fósforos e os cigarros, o menino olha-os mas não se atreve a pegar. Parece dizer: "Olha aqui, o papai não quer que você pegue, espere até que vá embora"; então, levanta a mão e bate várias vezes no telefone, como se quisesse bater no pai que não permite que os pegue. Depois disso, volta a olhar para os fósforos e, mostrando-os ao pai, aguarda e, como o pai os pega e não acontece nada, toma então os cigarros decididamente e dá para o pai diretamente. Isso quer dizer que o que acontece agora "não é nada perigoso", mas sim algo diferente – "papai está brincando comigo". Depois de superar essa situação, o menino pega o telefone para mostrar-nos como fala e se comunica, da mesma maneira que sente que pode comunicar-se com o pai e conseguir que ele participe de uma brincadeira, sem ter que proibir-lhe nada. Além disso, morde a mãe e procura fazê-lo sem temor.

A confiança do menino em si mesmo, incrementada por uma percepção mais ampla e tranquilizadora do mundo externo

Acabamos de avaliar, na observação anterior, os esforços do menino em estruturar-se através do brincar na relação com seu pai. Tal estruturação não beneficia somente o entorno, também possibilita que a criança ganhe confiança em si mesma.

"Carlos, um ano, um mês, quatro semanas. Enquanto subo a escada, ouço o menino protestando. O pai me recebe e vamos juntos para a sala de jantar. Vejo o menino no cercado e ele sorri para mim. Sento-me perto dele. Antes de começar a escrever na mesa, o pai joga várias bolas dentro do cercado, ele pega as bolas e joga-as para fora. Em seguida ele dirige sua mão para mim com um sorriso e dá a volta para o outro canto, um pouco excitado, voltando depois para onde estou. A mãe chega, estende a mão cumprimentando-me e faz o mesmo com ele, que sorri. Antes de sair coloca todas as bolas dentro do cercado e o menino volta a jogá-las para fora, com satisfação. A mãe traz a comida, põe o menino em seus braços e lhe dá uma sopa de arroz que ele vai tomando lentamente, enquanto segura com as mãos uma caderneta com desenhos da irmã C, vira as páginas contente. A mãe fala com ele, entre as colheradas, mas, quando falta pouco para acabar a sopa, o menino não aceita que o prato fique na frente de seu rosto. Ela oferece peixe frito, mas ele deseja sair do colo e ela deixa que ele vá para o chão. Pega uma bola, joga-a no chão e chuta. A mãe aproveita as ocasiões em que está quieto para introduzir pequenas porções de peixe, que ele aceita. Ela sugere que pegue de novo a caderneta que ele havia jogado, mas prefere a bola, e com ela na mão, vem a mim oferecê-la. Eu a dou com a mão para Carlos e ele a traz de volta para mim, aproximando-se e apoiando-se na minha perna durante uns instantes, indo em seguida até a mãe, que continua a alimentá-lo. Encontra um envelope vazio no chão, pega-o e o estende para mim, afasta-se, volta e o oferece novamente. Digo que hoje tem mais confiança em mim, e a mãe sorri satisfeita. Pega um fio de arame que serve como suporte de sua cadeirinha e o coloca no espaço livre da banqueta onde estou sentado, levando o envelope em sua mão, com ar divertido. A mãe o anima a colocar o fio na sua cadeira e ele tenta fazê-lo. Finalmente, a mãe coloca o fio entre a rede e ele. Ele ri. Começa a brincar com a bola. Em uma das ocasiões, a bola cai sob o cercado e ele se abaixa para pegá-la, sorrindo pede ajuda à mãe, que move o cercado para que ele a pegue. Mais tarde a bola cai debaixo da cadeirinha, esforça-se para alcançá-la, mas consegue apenas empurrá-la para mais longe, empurra um dos suportes da cadeira, sem poder movê-la, e exclama para a mãe: 'aah, aah, aah'. Retirando a cadeira, a mãe pergunta se aquilo significa que ele quer que pegue a bola. Ao reencontrar a bola em seus pés, ele a chuta. Vê a luz que sai do quarto aberto de A, e para lá se dirige. Com grandes gritos, a mãe adverte A para que apague a luz. O pai suavemente aconselha a mãe para que não grite assim, e ela responde que precisa gritar para que lhe dêem atenção. Vem o menino com uma bola na mão, recolhe o envelope do chão e dá para mim. Em seguida o toma de volta, mas, apoiando-se um tempo maior sobre as minhas pernas, inclusive segurando meu pulso alternadamente me oferece o envelope e a bola, mostrando-se alegre e sossegado. O pai continua na mesa ocupado com o que está escrevendo. O menino coloca-se atrás das cortinas fazendo-as resvalar por seu rosto, até que fique descoberto perto da mãe, que responde-lhe com alegria. Ela continua dando-lhe a comida e um pouco de água, dizendo à meia-voz, quanta paciência é necessária para alimentá-lo agora; antes com a sopinha era mais fácil. O menino desce do sofá com grande agilidade, joga-se sobre o telefone e solta bruscamente o fone. A mãe o chama de bruto e o desce do sofá, mas ele volta a subir com exaltação para, no mesmo instante, repetir o que tinha feito. Tranqüilamente a mãe insiste para que fale com a vovozinha e ele sorri, ela o põe no chão e ele volta ao sofá para repetir: 'aaah, aaah'. Ela me diz que o menino já diz muitas palavras soltas, mas que neste momento não lembra de nenhuma. O menino caminha até o quarto das irmãs e volta ao sofá, mas, como o pai vai para seu quarto, ele o segue; o pai fecha a porta e o menino encosta o ouvido, como que para ouvir (ele ainda dorme no quarto dos pais). Dirige-se à estante de livros da sala de jantar onde está a bola que eu lhe havia dado. A mãe conta que o menino gosta muito dela. Quando está no cercado põe a bola sobre seu rosto e diz coisas para ela. Tenta alcançar a bola, mas ela afunda mais para o interior da estante e não consegue alcançá-la. Dirige-se à mãe, pedindo que lhe dê a bola, ela não se mexe e ele desiste caminhando para outro lugar. A mãe vai até a cozinha, ele a segue, mas, como ela fecha a porta, volta para a sala de jantar. Finalmente, ela o leva ao lavabo, senta-se num banquinho com o filho no colo e lava suas mãos com água e sabão. Ele consente que faça isso, mas logo deseja tirar as mãos. Ela comenta que, a cada dia que passa, gosta menos de água. Lava a parte inferior do corpo dele e, por estar numa posição forçada, protesta dizendo: 'Ma...ma...ma...ma'. Ela se queixa de que a chame de mamãe só nesses momentos. O menino observa o que fazem com ele e seu protesto transforma-se em animação para interessar-se pelos objetos do armário que está ao seu alcance. Vamos para o dormitório, onde encontramos o pai que procura uns papéis. A mãe deixa o menino sobre a cama e o pai adverte que ele está sozinho. Ela responde que agora pode deixá-lo sem que ele caia; sai do quarto, o menino me olha e sorri permanecendo quieto e tranqüilo."

Um dos aspectos mais importantes dessa observação acontece no contato que o menino mantém com o observador. Percebemos que a mudança aconteceu há pouco tempo e em virtude de alguma modificação importante da criança. Com a aquisição de um espaço interior, Carlos conseguiu um nível de desenvolvimento que permite ampliar os interesses de seu mundo exterior; dessa forma, incorpora o observador nessa expansão. Mais concretamente, isso acontece depois de elaborar um nível de jogo com o pai no dia anterior, como conseqüência de uma independência em relação à mãe, fato que também influi sobre os pais. Mas, sigamos a observação.

A mãe começa alimentando-o em seu colo. Ele não quer e ela pode respeitá-lo. Ele continua, então, estabelecendo o contato comigo, que já havia insinuado enquanto estava no cercado. Aproxima-se e me dá a bola, mantendo uma conduta diferente daquela que teve com o pai, quando este lhe arremessou a bola que ele devolveu da mesma forma, tal como fizera com a mãe. Comigo, põe a bola na minha mão, eu a devolvo e ele a oferece novamente. Um pouco depois, se aproxima e apóia-se em minhas pernas, voltando à mãe e trazendo-me o envelope.

A razão pela qual é capaz de vir a mim é que eu não o forço; estou sentado serenamente e essa calma é muito importante para ele, pois pode aproximar-se de mim quando quiser e sem medo de que o incomode, ou o detenha.

O que nos parece mais importante é que o menino pode perceber essa 'qualidade tranqüila da relação'. Pensamos que isso ocorre porque ele abriga essa tranqüilidade, recriada nos seus momentos de sossego e devaneios de vigília ou na atividade onírica enquanto dorme, por isso pode pôr esses objetos em minhas mãos e mais tarde reclinar-se sobre a minha pessoa para pegar meu pulso.

Isso é extraordinariamente importante, porque o efeito mútuo que um exerce sobre o outro não depende tanto do que se diz, mas da forma de expressão.

As conseqüências não repercutiram apenas do observador para a criança e vice-versa, mas também do menino para a sua família e concretamente para a mãe.

Mediante essa 'calma' podemos oferecer ao menino ou aos adultos uma "continência" segura, ou uns braços que os possam conter.

Toda esta comunicação foi realizada de forma corporal; como eu estou tranqüilo o menino pode vir até mim, pôr as coisas na minha mão, tocar-me e aproximar-se, mas com o pai ou a mãe está temeroso, porque tem de fugir ou escapar constantemente. Quando o menino "me percebe tranqüilo", me introjeta tranqüilo e pode se aproximar, pondo a bola em minha mão, ou, mais explicitamente, "dentro de mim", e faz o mesmo ao recostar-se sobre meu regaço. Sua confiança é possível porque já conseguiu "ter um interior" que se amplia com a minha presença.

Quando cai a bola debaixo do cercado ou da cadeira, o menino utiliza uma linguagem corporal com a mãe que o entende.

Mas o fundamental é a atmosfera tranqüilizadora, na qual a mãe não o pressiona ou incita como faz habitualmente.

O observador cumpriu seu papel com o menino e a família[7] e seu efeito foi sentido. Entretanto, queremos enfatizar que o mais importante é o grau de desenvolvimento da criança. Utilizando a presença do observador, levou seu mundo além das fronteiras da casa.

Apesar de tudo podemos notar a importância da mãe para o menino, por isso a segue. Embora não queira estar muito próximo dela, não deseja que desapareça, se vá, isto é, não quer uma proximidade muito apegada, nem a solidão distante ou abandono: justamente a distância equilibrada.

Na brincadeira com a cortina, deslizando-a suavemente sobre seu rosto e corpo, até aparecer diante da mãe, podemos valorizar mais um outro passo no crescimento. Comparando Carlos com o menino do carretel de Freud, que fazia sua imagem aparecer e desaparecer na frente do espelho para recobrar sua identidade e poder permitir que sua mãe saísse, em nossa observação vemos que o menino permite que a mãe vá para os outros quartos, ficando comigo sem reclamar.

A mesma coisa acontece na seqüência em que não consegue alcançar a bola que tinha deixado no armário de livros, olha para a mãe solicitando sua ajuda, a mãe não dá a resposta desejada e ele não chora nem insiste, agüenta a si mesmo, ou sabe que pode irritá-la e que ela não vai tolerar isso, decidindo, então, dirigir-se para outro lugar.

Outro aspecto da observação é que ele encosta o ouvido na porta para escutar; talvez esteja conectado com o fato de dormir ainda no quarto dos pais, ouvindo ruídos etc.[8]

1 Meltzer, "Quaderni di psicoterapia infantile". *Altismo II*, Roma, Ed. Borla, 1982
2 Meltzer, *Id.*
3 M. Pérez-Sánchez, op. cit.
4 Provérbio inglês dito ao autor por Esther Bick e que é utilizado quando se tem de fazer muitas tarefas com rapidez.
5 Uma das questões técnicas a ser considerada é a dos presentes, como já tínhamos abordado no nosso trabalho anterior. A atitude do observador deve ser a mais próxima de um comportamento habitual e, portanto, presenteá-lo no dia de seu santo ou no Natal é um detalhe que achamos não interferir de forma importante, embora ainda assim reflita no comportamento da criança ou no de algum membro da família.
6 Freud, "Além do Princípio do Prazer". Madri, Ed. Biblioteca Nueva, 1948.
7 O observador privilegiou, neste caso, o fato de que o menino não fosse absorvido pela família e assim pudesse observá-lo adequadamente.
8 Esse menino é grande para dormir no quarto dos pais. É difícil dizer qual o momento ideal para tirá-lo, porque depende de muitos fatores. Por exemplo, no início, quando a mãe tem que dar-lhe o peito e atendê-lo muitas vezes à noite, seria muito desconfortável e pouco razoável. Se contassem desde o início com um quarto contíguo ou próximo, evitar-se-ia que posteriormente percebesse que está sendo mudado. Nesse caso, ele perguntar-se-ia algo semelhante a: "Por que agora sou expulso do quarto dos meus pais, significa que já não me querem?".

CAPÍTULO 3

15 MESES

Em direção a uma maior independência: outras pessoas podem ocupar o lugar dos pais
(a capacidade de pensar e o desenvolvimento do caráter)

Ainda que desde o início possamos ver ou intuir como certas capacidades mentais do bebê iniciam seu desenvolvimento, agora já contamos com alguns matizes mais diferenciados mediante os quais a criança adquire um maior grau de independência, como o de aceitar que outros membros da família façam o papel dos pais.

"Carlos, *um ano, dois meses e cinco dias*. Recebe-me uma senhora que me é desconhecida, a avó materna, e comunica que os pais estão fora e ela não sabe o que eles combinaram. Explico-lhe que observarei Carlos e que ela se sinta à vontade para continuar o que vinha fazendo. Os outros três filhos estão com a avó e me cumprimentam muito cordialmente. Não houve tempo de ver o bebê, que está no cercado e se dirige a mim sorridente; estende sua mão para cumprimentar-me e eu lhe ofereço a minha. Vai para o outro extremo do cercado e volta dando sinais de reconhecer-me muito bem. A irmã **C** aproxima o cercado do lugar onde estou sentado e vai atirando para dentro bolas de plástico para que o menino brinque com elas; ele as joga para fora uma depois da outra. **C** torna a atirar para dentro, Carlos pega-as e se dirige para mim deixando-as em minha mão; caminha e volta para recolhê-las, tirando-as de mim até que caem todas ao chão. A avó está sorridente e, sentada com os outros irmãos, lembra a **B** que estava usando os sapatos da mãe, ao que **B** responde que gosta. A avó se dirige ao quarto do menino **A** para acompanhá-lo, enquanto **B** e **C** brincam com uns pequenos objetos sobre a mesa; **B** repreende **C** com as mesmas palavras e tom de voz usados pela mãe. Estou perto de Carlos, que toma minhas mãos durante um momento, corre e volta eufórico algumas vezes. Depois aproxima minhas mãos dele e pega a correia de meu relógio com sua mão direita, põe o dedo indicador entre a correia e o punho, vira a minha mão e pega o relógio ao mesmo tempo em que sorri e me olha com tranqüilidade Os irmãos se vão com a avó e ficamos sós, o bebê e eu. Ele continua pegando minhas mãos e meu relógio. Logo depois, pega um cartão de dentro do cercado e me entrega. Eu o seguro em minhas mãos e após alguns segundos Carlos pega de volta e o atira no sofá. Pega outro pedaço de papel, mas, ao colocá-lo sobre minhas mãos, o papel cai e desaparece debaixo do cercado, olho para ver onde está e ele segue minha operação com um movimento de corpo similar ao meu. Depois agarra minhas mãos e solta-as em seguida, retirando-se para o extremo oposto do cercado, uma vez que deseja que as minhas mãos entrem em contato com o piso do cercado; depois, ele levanta minhas mãos, leva-as até sua cintura para então tornar a colocá-las no chão. Numa das vezes em que eu levanto minhas mãos, ele as empurra para o chão novamente e se dirige para meu rosto para tentar pegar os óculos, eu me afasto e ele continua alegremente de um lado para outro do cercado."

Pela primeira vez estamos na presença da avó e de todos os irmãos na sala de jantar, quando normalmente estão em seus quartos. Podemos interpretar a saída da mãe como um indício de que o bebê está mais desenvolvido e a mãe fica menos aterrorizada em deixá-lo? Diante da presença tolerante e afável da avó, que substitui a mãe, a irmã **B** decide tomar a personalidade da mãe através do mecanismo de identificação projetiva; assim, calça os sapatos dela e repreende **C** usando as mesmas palavras e tom de voz da mãe. Também a irmã **C** - que habitualmente está fora, protesta e se faz ajudar ou seguir pelos pais - adota hoje uma atitude maternal com a criança e junto a mim perto do cercado, dá as bolas à criança, porque é o menino quem está privado da mãe e não ela. O irmão **A** parece reproduzir mais a atitude do pai que é rechaçado, pelo que consegue a avó para si, levando-a ao seu quarto.

A princípio Carlos se dirige a mim com uma forma de conduta que aprendera com a mãe: cumprimenta-me dando-me a mão. Em seguida não aceita as bolas que **C** joga no cercado, joga-as fora e decide treinar, por ele mesmo, por intermédio da bola ou do cartão que usa como padrão de aproximação e afastamento. A princípio só requer minha atenção para que eu o olhe e possa segui-lo com os olhos, mais tarde buscará um contato mais imediato e corporal. Esse ir e vir – como no exemplo do menino do carretel, relatado por Freud – significa adquirir a certeza contra a perda. A criança estaria a dizer: "corro para o outro lado e ele não desaparece, ele está no mesmo lugar quando eu volto". Temos discutido em observações anteriores como é importante para a criança correr e mover-se de um lado para outro do quarto, e que quando faz isso é invadida pela ansiedade de que as pessoas podem desaparecer e ficar só. Hoje a mãe saiu e a criança pode realizar esse jogo, inclusive quando seus irmãos e a avó desaparecem da casa. Parece pretender uma espécie de continuidade nesse ir e vir, ou em repetir o jogo dos objetos desaparecidos. O fato de eu estar ali quieto lhe diz que estou por ele, e isso reassegura-lhe o sair e voltar livremente, porque eu ou minha mão o esperamos. A mão segurando a bola significa a criança contida por mim, dito de outra forma: o colo da mãe contendo-o. Ainda mais, ele vai pondo e retirando objetos de minha mão; por fim reconhece que minha mão está a sua disposição e a atrai para ele, colocando seu dedo indicador entre a correia e meu pulso, expressando que algo o contém, quer dizer: está dentro do peito e amparado. Continua brincando com o cartão, que desaparece debaixo do cercado. Carlos, então, pega minha mão até colocá-la no chão. Isso pode significar que ele quer que eu alcance o cartão, ou que eu esteja com ele dentro do cercado quieto e próximo. Pouco a pouco vai me mostrando seu desejo de que eu estivesse ali com ele, de que não existisse separação, de que eu fosse esse continente que lhe permite manter-se unido e coerente em todo seu jogo, sem chorar, sem sentir-se perseguido diante do abandono da mãe, da avó e dos irmãos.[1] A atividade da criança, neste momento, e toda a atividade simbólica da brincadeira, permite elaborar de uma forma inconsciente toda uma série de sentimentos de perda. Paralelamente, vai-se criando dentro dele o espaço suficiente que-lhe possibilita "pensar" ou insinuar um tipo de pensamento necessário para a realização de toda a continuidade do brincar sem estar aborrecido ou perseguido, mas feliz. Continuemos com outros esclarecimentos que nos trazem a avó em seguida.

"A avó entra no final da brincadeira do cartão, quando a criança está perto de mim. Dirige-se ao menino fazendo gracinhas e ele se aproxima dela tocando-a. A avó me pergunta se a mãe me informou que outro dia caiu uma bola de Carlos embaixo da geladeira, e ele se agachou para ver se estava lá e como não podia apanhá-la com a mão usou a vassoura para ajudar e conseguiu recuperá-la. O menino olha a irmã C que gesticula. A avó prossegue contando-me que noutro dia a mãe saiu com os irmãos, e quando voltaram foi olhando-os com atenção, esperando que a mãe entrasse atrás deles; como ela não chegou, mostrou em seu rosto uma grande tristeza. Afirma que a atitude do menino em relação a mim é muito carinhosa, coisa que não ocorre com o avô; digo-lhe que isso deve ser porque me vê toda semana. O menino se dirige a avó para que o pegue, ela o pega nos braços, mas ele quer ir para o sofá, em direção à mesinha do telefone. Quando está perto da mesa, a avó o impede e ele ri. Tira-o do sofá e lhe dá uma bola que o menino atira para o hall de entrada e vai atrás dela; na passagem, entra no quarto das irmãs, mas sai imediatamente. Vai para o quarto dos pais e **A** o proíbe e **B** recrimina a **A** por impedi-lo. Em algum momento, o menino se coloca atrás dos irmãos, e eles se afastam para facilitar-me a observação. O menino sobe no sofá para pegar o telefone, a avó o aconselha para que não o faça, e ele a obedece. Ela me esclarece que não dá o jantar ao pequeno, porque a mãe lhe dissera que só o fizesse com os maiores. Batem à porta e o menino emite imediatamente a palavra "paapaa" com grande entusiasmo. A avó afirma que reconheceu a mãe. A mãe entra cansada; havia subido correndo as escadas para recolher a roupa; começa a chover e a avó deve sair em seguida, porque o pai a espera lá embaixo para acompanhá-la com o carro. Todos os irmãos se aproximam da mãe para comunicar-lhe as novidades, entretanto Carlos também emite vocalizações tentando falar, mas a mãe o coloca no cercado para realizar outras tarefas e ele protesta desconsolado.

    A avó me fala da "capacidade de pensar do menino" e como ele aprende pela observação cotidiana. Carlos se agacha para pegar a bola que perdera e como não pode alcançá-la com a mão usa a vassoura como instrumento para ajudar. Podemos conectar essa capacidade com a brincadeira do cartão: quando este cai debaixo do cercado, pega minha mão com o mesmo propósito de conseguir algo que desapareceu. Sua intenção é a de juntar as coisas, ou de permanecer e estar junto com os objetos. Outro aspecto da "aprendizagem" do menino revela-se quando quer ser pego pela avó e não por mim. Ele sabe que a avó o toma nos braços e que eu nunca o fiz, por isso não me pede e respeita o meu papel.

    É muito apreciável a capacidade de observação e intuição da avó quanto aos detalhes que conta sobre a capacidade de pensar do menino e a atitude franca e amigável que tem desenvolvido comigo, mas reconhece abertamente a significação do papel que a mãe tem em todo esse desenvolvimento, e o expõe narrando-me que em outra ocasião se deu conta da tristeza que o menino experimentou ao ver que a mãe não voltara junto com os irmãos. Enquanto o menino está comigo não pronuncia nenhuma só palavra, mas podemos deduzir que, mediante a realização do brincar, tenta reunir uma série de elementos que o levaram a ter uma experiência emocional; assim, quando ouve a campainha se expressa através da palavra "paapaa". Essa palavra foi adquirida pelas sucessivas ocasiões em que o pai vinha da rua e a mãe lhe ensinava; também graças ao fato de a mãe utilizá-la para facilitar-lhe o contato quando eu chegava de fora. Recordemos como a palavra inicial "caca" foi transformando-se em "papá". Hoje consegue por si só realizar esse contato e reunir todos os elementos para ter uma experiência emocional que é, como considera Bion[2], o meio de conseguir um "vocabulário". Mas o que o menino reitera em seu intento de falar quando da chegada da mãe é sua sensação de necessitá-la ou seu desejo de ser amado por ela, e, ante o rechaço, se sente infeliz, igual aos outros meninos que também não podem ser escutados, porque a mãe, como é habitual, os manda para a cama.

"A observação continua com o menino no cercado. Dou-lhe a bola e ele se acalma por um instante, mas volta a protestar. A mãe vem com a roupa que recolheu do terraço e comenta que, um dia que sai, as tarefas ficam muito acumuladas e que hoje celebrava onze anos de casamento e acrescenta brincando: onze anos de martírio. O menino se dirige à mãe, mas ao ver que ela vai para a cozinha preparar o jantar joga-se desesperado contra a rede do cercado e logo se atira ao chão; como estou por perto, agarra minha mão e se acalma. A mãe vem imediatamente e o pega, traz umas batatas cozidas e um pedaço de frango, ele prefere o frango e o mantém na boca, sem o engolir.

A mãe lhe dá um martelo para ele bater na mesa. Pergunta como os meninos estiveram na sua ausência, eu respondo que muito bem e ela completa que só se comportam mal quando ela chega. O menino continua com o frango na boca e a mãe lhe pede que o mostre, ele abre a boca e expulsa o conteúdo. A mãe pensa que será melhor passar o frango pelo triturador e vai para a cozinha, o menino vai de um lado para outro até que se dirige ao televisor como se fosse dar uma martelada na tela. A mãe chega com o frango já triturado e detém o menino e comenta que é muito bruto; já quebrou um vaso de cristal do quarto. Em seguida, toma-o nos braços e tenta dar-lhe uma colherada, mas ele se retorce e ela só consegue que coma uma colher. Coloca-o no chão e o menino corre de um lado para outro; dirige-se ao quarto de A que está aberto. A mãe grita para A fechar a porta e me explica que A tem medo de estar só no quarto, inclusive com a luz acesa, e não sabe o porquê. O menino A fecha a porta, mas aos poucos vem para a sala de jantar e se senta discretamente à mesa. A mãe lhe pergunta do que tem medo e ele só a olha. Carlos se prepara para pegar o martelo que havia caído perto de mim e ao passar ao meu lado e ver meu pé, que não se apóia no chão porque tenho uma perna sobre a outra, tenta baixá-lo até o chão. A mãe e eu sorrimos e ela lembra que esta manhã Carlos abriu a lavadora, encharcando a cozinha; a mãe deu uma bronca no menino e ele foi para o outro quarto com lágrimas nos olhos para logo depois voltar com um brinquedo de sua irmãzinha como se dissesse: posso fazer coisas que não são más, ao mesmo tempo que, entre lágrimas, começou a sorrir. A mãe percebe o menino intranqüilo e lhe oferece água; ao terminar o conteúdo do copo se dirige placidamente a mim, recosta sua cabeça entre minhas pernas e me acaricia. A mãe se alegra por tal gentileza e o menino vai até a entrada da casa e tenta subir em um móvel para olhar pela janela; não conseguindo, pede a ajuda da mãe. Ela me explica que é por ali que costuma esperar que a avó venha. Batem à porta para recolher o lixo e a mãe pede a A que entregue o lixo. O menino quer sair, a mãe não deixa e ele chora. A mãe pergunta a Carlos se está com calor, porque, se for isso, vai tirar-lhe o babador, mas ele continua chorando. Como está na hora, me despeço, dou a mão a Carlos, que pára de chorar."

O menino protesta ante o rechaço inicial da mãe. E ao não suportar o seu abandono se lança contra a rede e ao chão, mas imediatamente reage e se acalma, agarrando a minha mão. Vemos o quanto é importante para ele agarrar-se. Portanto, essa rápida reação parece significar que tem confiança em uma mãe interna, que recupera através do contato comigo como havia experimentado na brincadeira anterior. No entanto, não aceita a comida – agora convertida na "mãe má" – não a engole. A mãe intui e lhe dá um martelo para que exteriorize sua raiva e agressão, golpeando ou quebrando algo. A mãe comenta que o menino **A** necessita que o quarto esteja aberto mesmo com a luz acesa. Por observações de bebês, sabemos que isso acontece porque o bebê tem de se agarrar a algo, neste caso, além da luz, ao som da voz. O menino **A** vem a sala de jantar para, como o menino pequeno, estar com a mãe, porque parece que para ele é difícil permanecer com seus objetos internos em paz e sem estar assustado, já que sente não ter uma "boa mãe" interna. Por não ter feito uma boa introjeção, depende da presença da mãe externa, ou do suporte do objeto externo que está ali. Acrescentamos que os meninos maiores também não foram ouvidos pela mãe, depois que ela estivera toda a tarde fora. Assim, para o menino **A** torna-se mais difícil ir para seu quarto e fechar a porta. A presença e intercâmbio com a mãe lhe havia possibilitado neutralizar seus maus objetos internos. Recordemos como se sentiu recriminado por **B** quando proibiu Carlos de entrar em seu quarto.

Quando o menino vê meu pé no ar trata de abaixá-lo e colocá-lo em contato com o chão. Parece que a razão de tal comportamento é o medo de que eu caia, "porque é só quando se está tocando algo firme que se está a salvo", e isso é tanto mais explicável depois da experiência de perda sofrida essa tarde e a forma como, posteriormente, foi elaborada. A mãe acrescenta então outras características de Carlos; quando o menino abriu a lavadora, ela brigou com ele, então voltou com o brinquedo da irmã para fazer algo bom. Já temos visto em outras ocasiões como o menino tem-se esforçado para agradá-la, porque sabe que ela tolera muito pouco as coisas que não lhe agradam. Desta forma vemos como começa a "desenvolver seu caráter", ela necessita dominar o menino e ele faz trocas. Por exemplo, vendo que não consegue comer o alimento sólido, aceita a água que lhe é oferecida, que, para ele, significa algo mais suave, mais parecido à mamadeira ou ao peito, que entra rápido e de forma contínua. Como resposta a essa boa introjeção se aproxima com carinho de mim, numa tentativa de ampliar sua identidade com a ajuda do observador-pai. Depois disso a mãe faz uma observação de como o menino pensa -- guarda em sua mente e lembra -- quando quer subir na janela, que é por onde vê a chegada da avó (e também da mãe, do pai ou do observador). Por isso, quando tocam a campainha e ele é impedido de ir até a porta, sente que esse contato foi interrompido e só se acalma quando lhe ofereço minha mão para que se agarre, ainda que seja para despedir-se.

A criança recorre a meios primitivos de contenção

Acabamos de ver na observação anterior como o menino conseguiu uma independência suficiente que lhe permite realizar brincadeiras e estabelecer relações além do mundo da mãe. Ainda que necessite de sua presença e intercâmbio, e deva adaptar-se a suas exigências, busca transações que tornam possível um desenvolvimento pessoal. Os pais haviam saído no dia anterior para celebrar seu aniversário de casamento. Que significação pode ter esse acontecimento, já que a mãe mostrou, naquela ocasião e na de hoje, uma atitude ambivalente?

"Carlos, *quatro meses, uma semana, cinco dias*. O pai abre a porta e me recebe com o menino agarrado a suas pernas. Carlos se solta e vai correndo para a sala de jantar, pega um pedacinho de papel vermelho do chão e me dá. A mãe, que está recolhendo os restos de comida do chão, pega o papelzinho vermelho da minha mão e com um sorriso se afasta. O menino a segue; como ela fecha a porta, ele volta à sala de jantar. Ao abrir-se a porta do banheiro onde está C, Carlos entra correndo e emitindo sons, o pai me olha complacente. A mãe se propõe levar C para deitar, mas, como neste instante B sai de seu quarto com um cestinho de papéis, a mãe protesta irada, ela argumenta que recolheu os papéis que C havia jogado no chão. Acomodo-me no lugar habitual, em frente tenho o pai sentado no sofá por onde a criança sobe e desce sem cuidado. O pai me comunica que tem de estar muito atento a ele, porque pode machucar-se, já caíra várias vezes. Tem de pegá-lo, porque o menino sobe na lateral do cercado que pode virar e cair em cima dele. A mãe discute no quarto das irmãs, o menino ouve o ruído e se dirige à porta com intenção de entrar; como não pode, vai ao dormitório dos pais, empurra a porta e entra. Nesse momento a mãe entra e recrimina o pai por não haver fechado a porta do quarto, lembrando-o de que assim se perde muito calor – a estufa de butano está na entrada e aquece a sala de jantar; o pai não responde. Vem a criança, pega um pedaço de casca de pão que deixou sobre o móvel da televisão e me dá; logo volta para recolhê-lo. Caminha para o cercado, mas o pai lhe oferece uma bola. O menino vai atrás dela, chutando-a, desde a sala de jantar até a entrada. Em seguida coloca a bola sobre o sofá até que finalmente a atira para dentro do cercado. Sobe no sofá, dirige-se ao pai, volta a descer; o pai apenas o acompanha colocando sua mão atrás para protegê-lo e comenta que não sabe de onde o menino tira tanta energia. Vem a mãe e, com um humor melhor, faz carícias no menino e lhe diz palavras de afeto, ao mesmo tempo que justifica seu estado de ânimo atribuindo-o ao terrível cansaço que lhe dá a árdua tarefa de atender às crianças. O menino faz uns movimentos que parecem passos de dança e o pai me pergunta se o havia visto dançar, e sugere à mãe que cante para que o menino dance; as evoluções de Carlos fazem com que os pais irrompam em grandes risadas, que as crianças respondem com igual força dos seus quartos."

Nessa primeira parte da observação o menino se move com grande facilidade, estabelece um contato adequado e risonho com o observador, trocando objetos, como fizera na observação anterior e apreciando a atitude tranqüila do pai. De qualquer maneira seu comportamento é mais agitado e perigoso que em dias precedentes, porque a mãe está cansada e de mau humor e ele não se sente bem contido, recorrendo a esse movimento contínuo como uma forma de conter-se a si mesmo. A mãe – intranqüila – recorre à operação do banho sem haver estabelecido previamente uma relação de sossego e serenidade com ele.

"Ante a suspeita de que Carlos fizera cocô, decide banhá-lo e dirige-se ao dormitório com o menino atrás. Desdobra uma camiseta que tem um cavalinho pintado na etiqueta, o menino a pega e a traz para mim para colocá-la em minha mão e em seguida pegá-la de volta. A mãe se dispõe a preparar o banho; vai ao banheiro e fecha a porta. O menino -- que a seguiu o tempo todo -- volta para mim e me entrega o mesmo papelzinho, agora amassado por tê-lo segurado em suas mãos, que me oferecera no começo da observação. Vem a mãe reclamando para o pai uma estufa para o banheiro. Ele sugere um modelo e a mãe diz que deste ela tem medo; ele pergunta qual a razão e ela responde que lhe dá medo, e isso é tudo. Vamos para o banheiro, a mãe tira-lhe as fraldas sujas e lava o seu bumbum, o menino não tira os olhos de mim, sorrindo. Já despido volta a olhar-me risonho. Quando o introduzem na água protesta, não querendo sentar-se, a mãe o ensaboa de pé enquanto o segura com a outra mão, o menino recupera a tranqüilidade e sorri, agarrando-se à ducha presa na parede. A mãe comenta o grave acidente que sofreu uma criança que colocaram no banho com água tão quente que foi necessário fazer-lhe transfusões para que não morresse, e critica a mãe que não provou previamente a água, observando que usa a água na temperatura média para que não aconteça o mesmo. Joga água para tirar-lhe o sabão, a criança se assusta· e quer sair da banheira, a mãe consegue terminar rapidamente o banho e o envolve na toalha. Uma vez no colo da mãe, a criança quer pegar uma cortina colorida atrás de si. Em seguida, a mãe tenta utilizar o secador de cabelo, mas ele não lhe permite, até que a mãe o deixe segurar com sua mão embaixo da dela para que ele acompanhe os movimentos; ao sentir o ar do secador no rosto a criança retira sua mão. Deixa-se vestir, até que lhe abotoem os botões e encaixa sua boca no braço da mãe sem mostra de raiva ou irritação. A mãe o penteia e vamos à sala de jantar. O pai acaba de ligar a televisão e transmitem um programa que faz referência às eleições municipais do dia seguinte. A mãe, que fora preparar o jantar, já está de volta e traz miolo refogado e queijinhos; pega a criança no colo, mas esta a recusa. O pai continua falando das eleições. A criança tinha recusado um pedaço de queijo, e joga fora o miolo que tem na boca. Mal humorada, a mãe repreende o pai para que desligue o televisor, argumentando que a criança se distrai e assim não come. O pai tira o som, mas a criança persiste em sair dos braços da mãe. O pai prossegue com a história das eleições e a estranha personalidade de um dos candidatos; eu o escuto. No momento seguinte acende um cigarro e a mãe se queixa com aspereza de que o fumo a incomoda; ele se desculpa e esclarece que não tem fumado muito. Como o menino se nega a comer, ela lhe oferece um pouco de água; ele aceita, mas continua sem querer comer. Como o pai continua falando de política, ela se irrita e manda que ele atenda ao filho tentando que coma algo, porque quando os meninos não comem fica de mau humor, acrescenta a mãe. O pai se aproxima do menino com um pouco de comida, ele a rejeita. Como deseja descer do colo da mãe, ela o deixa ir com o pai e o põe de pé sobre suas pernas. O menino pega furtivamente o rosto e o nariz do pai e a mãe sugere que fique atento, porque ele o machucará. O pai recorda que esta manhã o menino havia quebrado uma jarra de cristal muito bonita, ao que a mãe responde que A quebrou mais coisas quando era bebê. Quando o pai diz que o menino se movimenta muito a mãe o contradiz e lembra uma ocasião em que A abriu o supercílio. A mãe, desgostosa, busca a chupeta para levar o filho para a cama, mas, ao ver o rosto risonho de Carlos, brinca com ele. Como é hora de ir embora, me despeço. O menino me oferece a mão esquerda e a mão assinala que deve estender-me a outra, e assim o faz."

Antes do banho havia me trazido o papel tentando estabelecer uma relação comigo, porque estou ali disposto a prestar-lhe atenção ou permitir-lhe que coloque em mim, por intermédio dos pedaços de papel e pão, sua parte de bebê assustado (fez o mesmo na observação anterior, quando colocou meu pé no chão por medo da minha queda). Essa atitude se repete no banho; desde o princípio olhando-me, agarrando-se a mim, ou -- mais espantado -- quando é introduzido no banho e se agarra à ducha. O mesmo observamos quando quer ter sua mão presa à mão da mãe para que essa possa secar-lhe o cabelo, ou quando tenta aproximar de si a cortina colorida, etc. Todos esses temores de cair, produzidos pela conseqüente falta de contenção, estavam expressos pelo medo do pai de que o menino pudesse machucar-se. A mãe percebe claramente essa ansiedade do menino no banho e de uma forma inconsciente nega que seja ela que esteja proporcionando algo perigoso, ao falar daquela mãe má que pôs em perigo a vida de seu filho, queimando-o com água fervendo. Nesse momento a mãe não proporciona ao filho uma pele adequada na qual ele possa conter-se. Por isso, o menino tem de recorrer a esses métodos primitivos a que temos nos referido. De alguma maneira, a mãe está expressando suas dificuldades com os outros filhos e na relação com o seu marido, assim se recente de que o pai queira estabelecer comigo um contato adulto falando de política. Podemos perceber a facilidade com que a mãe muda de humor ao ver o filho sorrir; sente-se uma pessoa distinta, feliz.

Distanciamento da mãe e aproximação do pai

À medida que os diversos instrumentos e capacidades de Carlos vão se desenvolvendo, ele vai tentando fazer as coisas por si mesmo, evitando o apego excessivo à mãe. Na observação de hoje, duas semanas depois, observamos que essa atitude é cada vez mais manifesta com a conotação de aproximar-se do pai, ou do observador, como substituto daquele. É claro que o afastamento da mãe também pode estar condicionado a uma atitude mais frágil dela, que ficara doente. Mas, poderíamos deduzir que, dado o grau de crescimento e desenvolvimento de Carlos, ele tenta fugir de etapas primitivas mais angustiantes para outras de maior liberdade e integração? Em outras palavras, um afastamento de etapas mais conectadas com ansiedades orais. Seria provável, também, que o afastamento esteja ligado ao fantasioso temor -- tão obscuro como se queira -- da possível chegada de um irmãozinho? De forma extraordinária e pela primeira vez o pai me chamou a semana passada para dizer que não acompanhara a observação, já que a mãe não se encontrava bem: dava a impressão de ter indícios de aborto. Em relação ao mesmo tema, recordamos que, duas semanas atrás, os pais haviam comemorado o seu aniversário de casamento.

"Carlos, *quatorze meses, três semanas e cinco dias*. A mãe me recebe visivelmente abatida e pálida, como se tivesse tido uma doença. O menino, sorridente, anda de um lado para outro. O irmão **A** aparece por uma porta para dizer-me boa noite, as outras irmãs estão no quarto agitadas. 'O menino vai até o dormitório dos pais, sai e se dirige para a porta da rua', como se estivesse mostrando-me algo ou esperando alguém; 'volta para onde estou e vai de novo em direção à porta da rua para chorar'. A mãe o traz para a sala de jantar e ele se aproxima de mim com um gesto carinhoso, pegando a correia do meu relógio. A mãe, apesar de observar com agrado, estranha ao ver essa aproximação. Explico a ela que o menino fez o mesmo há três semanas, um dia em que ela estava fora. Replica que o menino não tem idéia do tempo e aproveita a ocasião para me contar que esses dias havia passado muito mal, temia ter tido um aborto. Esse foi o diagnóstico do ginecologista, mas ela não acredita, já que quando fica grávida, desde os primeiros momentos, sente náuseas e desta vez só sentiu um grande cansaço. No domingo da semana anterior, estando no campo, sofreu uma grande hemorragia, acompanhada de fortes dores. Os coágulos eram tão grandes que não cabiam nas duas mãos juntas. No dia seguinte o médico a visitou e assegurou que aquilo havia sido um aborto, a despeito de estar usando um dispositivo anticonceptivo há um ano (outro detalhe que a levava a duvidar de tal diagnóstico). Acrescenta que não quer ter mais filhos, pelo menos agora, porque os que tem a absorvem totalmente. Continua explicando que se sentiu tão mal que acreditou que ia morrer, pois já tivera uma experiência de aborto, entre as meninas **B** e **C**, mas não tinha sido assim. Deram-lhe uma medicação para evitar a curetagem e já se sentia melhor, mas teve de ficar a semana toda de cama. A mãe se encaminha para o quarto das irmãs para fazê-las calar; o menino fica comigo e se dirige a mim com gestos de lamento para que eu o pegue; coloco-o de pé sobre o meu colo e ele quer alcançar os meus óculos. Quando a mãe volta, ponho-o no chão."

O menino começa uma seqüência, particularmente expressiva, que parecia destinada a comunicar-se diretamente com o observador. Ele vai do hall de entrada ao dormitório dos pais, volta ao hall, para logo vir comigo e ir chorar na porta. Com essa conduta, estaria o menino tentando relatar-me os acontecimentos passados: o mal-estar da mãe e as expectativas de ajuda que vem de fora, esperando pelo pai? No movimento seguinte, quando a mãe o pega desconsolado tentando acolhê-lo, não vai com ela, e sim comigo. Retoma o contato através da correia do relógio, como fizera uns dias antes, fato que a mãe detecta. Então ela aproveita para explicar-me os infortúnios sobre o sério incidente no qual temeu perder a vida e sua sema-na de repouso na cama. Dá a impressão de que o menino quer fugir dessa mãe, por senti-la mais débil e preocupada. Ele não pode introjetar sua imagem insegura e vem, conseqüentemente, rompendo as convenções que respeitava; pela primeira vez deseja que o observador o tome nos braços[3]. A espera do pai lhe parece enorme longa e necessita sentir-se atendido imediatamente.

"A mãe o leva ao lavabo, porque pensa que ele fez cocô. Nesse momento chega o pai, que beija carinhosamente a mãe e me cumprimenta afetuoso. Comenta ironicamente que a semana anterior falhou ao não acompanhar a observação (recordemos que foi por causa da enfermidade da mãe). No lavabo, a mãe tira a fralda suja do filho e o limpa nas nádegas; passa água pelo seu rosto e ele sorri; limpa-lhe o nariz com uma pêra de borracha (espécie de contagotas para espirrar secreção nasal); põe umas gotas para o resfriado; ele deixa a mãe fazê-lo, sem protestar. No dormitório, nu sobre a cama, move-se contente e dá um sorriso ao pai. Mas, ao tentar vestir-lhe a camiseta e as fraldas, irrita-se e resiste a ser vestido, a que lhe abotoem. A mãe enfatiza e assegura que ele é muito mau, que às vezes se põe histérico, bate com a cabeça no chão ou em qualquer lugar e que pode machucar-se. Hoje pegava com raiva uns bonequinhos desenhados no chão do cercado, porque queria sair para a rua. O pai interessa-se pelo estado da mãe e ela lhe responde que, ainda que se encontre melhor, tem tido tanta dor de cabeça que nem tomando vários analgésicos tem passado. Com grande dificuldade e com a ajuda do pai termina de vestir o macacão no menino, que tenta escapulir de seu colo. Ela o põe no cercado e lhe oferece umas chaves e um carrinho; ele se entretém durante algum tempo. Escuto atentamente o pai, que me põe a par dos acertos que fez no carro para que gastasse menos gasolina. Vem a mãe com a comida e a deixa sobre a mesa. Pega o pequeno do cercado, que sorri, mas ao ver o babador e a comida faz um gesto de recusa e trata de escorregar para o chão. O pai, para entretê-lo, dá a ele uma pinha seca, ele a apanha e atira ao chão. Pede a pinha para a mãe, ela lhe dá e ele lança aos pés do pai. A mãe aproveita para dar-lhe a primeira colherada e ele bate com a cabeça para trás, ela prende sua mão esquerda na axila e a direita, na sua mão e, entre gritos, lhe introduz a colherada. Na segunda o menino dá uma palmada e a joga no chão. A mãe, com expressão contraída e cansada, lamenta-se, não sabe o que fazer para que ele coma. O pai se preocupa e pergunta o que comeu no lanche. Ela responde que ele comeu só um prato com laranja e que a única refeição que fez bem foi o café da manhã. A mãe pede ao pai um pano para limpar os restos de comida e um queijinho para ver se o menino come. Enquanto a mãe tira o papel que envolve o queijo, o menino olha com atenção dando a impressão de querê-lo, mas, quando ela tira um pedaço com os dedos e aproxima de sua boca, ele o rejeita com raiva. O pai sugere que dê o queijo inteiro a ele, porque parece que o deseja. Ao tê-lo na mão, com ira, o atira ao chão. A mãe se levanta violentamente e o deixa no cercado, ele se joga dando com a cabeça na rede e chorando com fúria. Agarra-se com a mão direita aos suportes metálicos e se senta, dá a volta e se coloca de gatinho, soluçando; a mãe o chama de gatinho, mas ele não se acalma. A mãe vai para a cozinha. O menino, com lágrimas, examina vários brinquedos para entreter-se e não consegue. O pai se aproxima e ele se esforça por sair, pondo os pés na rede, até que o pai decide pegá-lo no colo. A mãe volta com um copo de leite, que dá ao pai; ele aproxima o copo dos lábios do menino, que ao prová-lo emite umas vocalizações olhando para seu pai e para mim em tom de graça, até que toma todo o conteúdo. A mãe nos conta que o menino já disse algumas palavras claras e sobretudo responde com um não muito aberto quando não quer alguma coisa. Nos braços do pai, o menino pega seu rosto, a boca, os olhos, etc. ... dá a impressão que está lhe fazendo agrado. O pai experimenta dar-lhe uma colherada de comida, mas o menino a empurra, manchando-lhe a camisa. O pai reprime o gesto de colocar o filho no colo da mãe ao vê-la fatigada e o coloca de novo no cercado. O menino reclama e chora, a mãe se aproxima e o pega, mas em seus braços faz um movimento de corpo para ir com o pai, a mãe afirma que é com ele que Carlos quer estar. De novo nos braços do pai, brinca com o rosto dele. Mais tarde quer morder-lhe a mão. A mãe o desaconselha e o adverte que o pai o pegará. Oferece ao filho a sua mão e o menino lhe dá uma mordida que lhe deixa um sinal. A mãe nos informa que o menino tem grande interesse pelos programas infantis de televisão e afirma que as crianças de agora são mais inteligentes que as de antigamente."

Lavá-lo e limpá-lo hoje no lavabo foi mais satisfatório e menos difícil que no dia anterior, no banheiro. Parece que as menores proporções do lavabo e o fato de a mãe estar perto fazem com que o asseio e mesmo a operação de introduzir a pêra de borracha no nariz ou a aplicação das gotas sejam mais toleráveis. Porém, igualmente se agita no momento de vestir-lhe a camiseta e prender sua fralda, repetindo-se a conhecida ansiedade claustrofóbica. Não se importa em vestir a camiseta ou prender a fralda, mas se incomoda com o fato de entrar no que o aprisiona ou o prende, como uma reminiscência de quando a mãe o tem nos braços sem poder mover-se. Bate sua cabeça[4] quando decididamente diz não, o pressionam e não o respeitam. O fato de pegar os bonequinhos desenhados no chão do cercado poderia estar em conexão com a fantasia da vinda de novos irmãos, como havíamos sugerido antes? Quando pode mover-se, correr e não sofrer o tormento destas situações emocionais, que não pode digerir, é feliz. Entretanto, necessita do contato do pai e de sua atenção, mostrando-se bajulador para conseguir ser intento. Nos braços do pai, que não o força, ingere o leite a pequenos goles e inicia a série de vocalizações expressivas que fazem dizer à mãe o quanto já fala. Ele prefere o pai, como, antes, ao observador, porque, diferentemente da mãe, ambos são calmos, firmes e seguros. Portanto, diremos que ele não só quer fugir de uma situação[5], mas também que tem o desejo de incorporar a imagem do pai para construir sua identidade masculina. Por isso cremos que a afirmação da mãe sobre a inteligência dos meninos de hoje demostra que ela admite, complacente, o inteligente comportamento do menino para com o pai e o observador como sintoma de um bom desenvolvimento. Assim, pode sentir-se a mãe de um menino vigoroso, porque tem um pai que lhe ajuda.

---

1 Este exemplo permite compreender o significado da separação, seja em tratamentos psicanalíticos, psicoterápicos, nos finais de semana ou em férias, assim como no caso de ter de enfrentar a experiência de algum final ou término, no qual sofre o doloroso sentimento de abandono.
2 W. Bion. *Aprendiendo de la experiência*. Buenos Aires, Paidós, 1996.
3 Podemos ver que o observador se encontra envolvido emocionalmente nesta situação e aceita tomar o menino nos braços, ainda que só por um momento, independentemente de o gesto ser apropriado ou não.
4 Poderíamos diferenciar dois modos pelos quais as crianças batem a cabeça. O mais comum é jogando-a para trás, devido a um terror de cair para frente, no vazio, e também para escapar de algo a que se sente forçado, como por exemplo a alimentar-se ou a estar nos braços da mãe. Em contraste, existe outro modo que é jogar a cabeça para frente, utilizando a cabeça em um martelo, com a finalidade de introduzir-se dentro de algo ou alguém. Recordamos a este propósito um menino que batia sua cabeça contra uma cômoda; sua mãe tinha uma gravidez após a outra e não estava disponível para ele. Para chamar sua atenção gritava e se batia, numa tentativa, talvez, de forçar a mãe a voltar a acolhê-la dentro dela.
5 Aqui podemos pensar de que maneira uma fuga patológica, em virtude de fortes ansiedades persecutórias que criança sente em relação à mãe, no caso por parte da mãe, pode levar a um refúgio na homossexualidade.

CAPÍTULO 4

16 MESES

Reconstrução da unidade originária

Chamaremos "unidade originária" à primeira configuração das relações de objeto. Mais que definir o conceito, o que faremos será expressá-lo a partir do trabalho observado. No último dia vimos que a mãe estava pressionada pela dificuldade que encontrava em atender à criança. Mas, aliviada pela ajuda do pai e reconhecendo a participação inteligente de seu filho para estimular essa colaboração, sentiu-se integrante dessa unidade. Nela viu a si mesma como a mãe de um bebê vigoroso, graças à cooperação que lhe prestava seu pai. As contribuições de cada um dos membros – mãe, pai ou criança – levam a essa unidade que é matizada de forma diferente segundo a identidade de cada um deles e o momento vital pelo qual atravessam. Portanto, esta unidade funcional está constituída pela identidade que cada membro apresenta e a maneira pela qual contribui com sua originalidade genuína. Isto é congruente com a idéia de Esther Bick, de qualidade única de cada relação e com a apreciação de que cada bebê tem uma maneira própria de desenvolver-se para estabelecer relações precoces de objeto, tal como postulou M. Klein. A "unidade originária", como cadinho[1] das relações, não é um estado permanente de fusão entre os diversos elementos mas um ponto de partida e de reencontro. Desde o nascimento, e nas sucessivas crises ao longo da vida, essa unidade se destrói e se reconstrói constantemente para voltar a funcionar. Por ser um estado de mente necessita da convergência ou "presença mental" de seus membros. Na observação de hoje, e com o incidente do suposto aborto da mãe, a reconstrução da unidade originária, que já começou ao final do dia anterior, se realiza através da presença do observador. Se faz mais ampla e a vemos refletida no contato mais caloroso da mãe com seus filhos.

"Carlos, *quinze meses e três dias.* O irmão abre a porta. A mãe está à mesa da sala de jantar, dando as últimas colheradas de sopa ao menino. Depois o coloca no chão. Ele, risonho, me olha e vai com **A** de um lugar para outro da casa. A mãe dá as últimas colheradas a **C** pedindo-lhe que acabe rápido, porque já não agüenta mais. Interesso-me pelo estado da mãe e ela me responde que está melhor, porque lhe deram umas vitaminas que abriram seu apetite, mas na última semana esteve muito mal. A mãe vai para a cozinha buscar o segundo prato, o menino fica com seus irmãos, mas **A** caminha para seu quarto e o menino o segue. **B** impede que o menino o siga, ao mesmo tempo em que me convida a sentar e manda **C** fechar o quarto dos pais. **C** quer colocar o menino no quadrado, tropeçam e caem no tapete. **B** dá um tapa em **C,** que começa a chorar, e vai contar à mãe. Ela vem com o segundo prato para os irmãos e volta à cozinha. Carlos vai para a sala de jantar e incita **C,** fazendo gesticulações com o rosto. **C** simula correr atrás dele e o menino sai disparado para esconder-se na sala. **B** briga de novo com **C.** Vem a mãe com uma papinha de banana amassada e suco de laranja. Pega Carlos nos braços. Ele, num primeiro momento, se retorce no seu colo e não aceita a colherada. A mãe o segura firmemente; ao saboreá-la começa a diminuir sua oposição, até que aceita com satisfação o resto do alimento. A mãe, satisfeita, comenta o quanto jantou bem, ao contrário de **C,** que é um pesadelo, porque não quer comer. Os irmãos **C** e **A** brigam debaixo da mesa e a mãe protesta, brava, em especial

16 MESES

contra **A**. Ele se justifica dizendo que foi **C** quem o beliscou e, anteriormente, lhe dera pontapés, imitando Carlos. O menino, divertindo-se, vai atrás de seus irmãos, que saem da sala de jantar deixando tudo desorganizado. A mãe se lamenta de não saber educá-los, não sabe o que deveria lhes dizer, já passou o tempo e não é questão de começar outra vez. Acompanha os outros irmãos de Carlos até a cama, colocando previamente o menino no quadrado. Ele fica tranqüilo, brincando com a bola grande que lhe dei de presente. Ele a traz, me dá e tira a bola várias vezes e acaba sentando-se sobre ela. Levanta-se e aproxima-se de minha capa que está sobre o sofá, ao seu alcance. Parece que o atrai a cor vermelha do forro e tenta levá-la consigo. Como percebe que é muito pesada, deixa de interessar-se por ela e dirige-se ao telefone, que também está perto, e puxa o fio. Chega a mãe, que se senta perto dele e lhe adverte para que não faça isso. O bebê pega um cubo vermelho do chão, me dá, retira-o e o atira ao solo. A mãe o recolhe e lhe dá. Ela enrola um pedaço de cartolina em forma de tubo e, através dele, olha para o menino e emite sons que o fazem rir. O menino recolhe a cartolina e repete a mesma operação. Coloca-o no olho para ver a mãe ou apóia a borda na boca. Ela, com expressão de sofrimento, me olha e se queixa de dor de estômago. Explica que é devido aos nervos. Chega **A** pedindo um medicamento para a garganta. A mãe o atende e depois de mandá-lo para a cama volta a sentar-se. Repete o gesto de aflição que corresponde à sua intranqüilidade. Comenta comigo que o menino **A** é terrível, tem verdadeiro terror de ficar sozinho no seu quarto ou em casa. Esses dias que não tem ido ao colégio, pela enfermidade, quase não a deixava sair de casa. Quando ia ao colégio pegar **C** e, na volta, se entretinha na portaria, ele gritava desesperadamente para que subisse logo, que estava assustado. Por isso, o fato de Carlos poder entrar em um quarto escuro, sem medo, enquanto **A** necessita ter a luz acesa para dormir, a deixa admirada. Ela recorda que quando pequena tinha medo, mas não com essa intensidade e não entende por que **A** se comporta assim, já que ela não o assusta com histórias de pessoas más, nem o ameaça com temor da escuridão. Por outro lado, **A** é muito sensível e em qualquer situação sente vergonha, tem muito sentido do ridículo diante dos demais. Enquanto a mãe me explicava isso, o menino quis que o pegasse no colo. Ela o toma nos braços e brinca sossegada com ele. Pede-lhe um beijo e ele aproxima seu rosto ao rosto dela. A mãe repete o gesto e ele também. Ela, relaxada, o deixa no chão e com um tom bem diferente sugere a **A** que feche a porta de seu quarto; ele aceita, dizendo: 'Bem, mas abra-a quando o papai chegar'. A mãe vai para a cozinha buscar um copo de leite, fecha a porta e deixa fora o menino, que chora, mas, ao ver-me, se aproxima e apóia sua cabeça entre minhas pernas. Ao retornar, a mãe lhe sussurra que mamãe tão má, você teve de se consolar com outra pessoa', e lhe dá o leite. Quando termina, vem de novo apoiar-se sobre minha perna. Ela sorri e se dirige a mim para dizer-me: 'Ele está se afeiçoando a você, terminará gostando de você'. O menino liga o televisor e a mãe recorda-lhe de que gosta muito de uns palhaços conhecidos, e como ele responde ao cumprimento inicial do programa com um 'Bem', que a mãe pronuncia com grande entusiasmo e o menino repete nesse momento final, quando me despeço. Despede-se de mim dando-me a mão."

O aspecto fundamental que queremos sublinhar é o fato de que, nesse dia, o observador foi abordado pela mãe com a finalidade de que ele a escutasse e, dessa forma, poder mostrar suas inseguranças, temores e preocupações. A presença atenta do observador lhe permitiu, entre outras coisas, modificar sua atitude com o filho **A**, ao qual se dirigiu com compreensão e ternura quase que pela primeira vez desde nossa presença. Observamos até onde os temores e medos de **A** dependem da sua relação com a mãe. Quando ela não está irritada nem assustada, mas consegue relaxar e ser tolerante, ele pode fechar a porta sem temor, nem protesto. Interiorizou a mãe como algo bom; agora tem alguém que se preocupa por ele, não é a mãe que habitualmente grita, o rejeita e lhe chama atenção. A outra irmã, **B**, como já observamos em outras ocasiões, quando está só, brinca de mãe, proibindo o menino ou **A** de fazerem determinadas coisas ou convida-me a sentar como se ela fosse uma pessoa adulta e responsável. C oferece dificuldades na hora de alimentar-se, ao sentir-se mais próxima do menino; tenta fazer-se notar irritando A com beliscões ou simulando que ela é o menino, que lhe dá pontapés, como ela sente que lhe dão ao ser deslocada de seu lugar de menor, perante a mãe. O menino, por seu lado, está alegre quando come junto aos seus irmãos, à mesa, ou brinca e faz coisas semelhantes a eles. Portanto, não se sente só e excluído, mas fazendo parte de seu grupo². Isto é algo que ajuda muito as crianças nas situações nas quais elas se sentem perseguidas ou abandonadas pela mãe. Agora, quando a mãe tenta dar-lhe banana amassada com suco, o menino começa evitando, já que recorda momentos anteriores em que o forçavam, porém logo está disposto a prová-lo e, como é doce, aceita como se fora o leite agradável da mãe.

Gostaríamos de acrescentar que toda essa atmosfera foi conseguida devido à reconstrução da unidade originária quebrada pelas circunstâncias adversas sofridas pela mãe, nas semanas anteriores. Passo a passo, chegamos ao momento em que o menino aceita brincar no quadrado, chegando a estabelecer um estreito contato com o observador, dando-lhe e retirando objetos, operação de aproximação que a mãe reproduz com a cartolina enrolada. Isso facilita que ela fale de seu mal-estar físico e de suas preocupações acerca do filho A. Uma vez sossegada, pega o menino nos braços, brinca com ele e lhe pede um beijo, ao que ele responde com uma atitude quase maliciosa: "você me deixou sozinho e não vou lhe dar, dê-me o beijo você"; a mãe entende. Depois pode dirigir-se a ele de forma compreensiva.

Ao vir com o copo de leite, diz satisfeita que é uma mãe má, porque o menino teve de ir consolar-se com outra pessoa. Admite, inconscientemente, suas fragilidades e pensa que sua fortaleza foi restabelecida ao longo da observação, fato confirmado agora pelo carinho com que o bebê me acolheu e pela palavra "Bem" em tom entusiasmado que ela pronuncia, expressão de seu bem-estar e gratidão interior para comigo. O menino repete a mesma palavra, a nosso entender, com o mesmo significado de afeto caloroso. Sensação confortadora que o observador também aprecia. Um interjogo mútuo, bom, de influências benéficas no cadinho da unidade originária.

A criança desenvolve métodos de adaptação à perda (levar e trazer, ir e vir, unir e separar)

Depois da última observação, de novo a fragilidade e insegurança da mãe significam uma ameaça para o funcionamento da unidade originária. O bebê e os demais membros da família, entre eles o pai, de uma forma significativa, voltam a cooperar para conseguir uma união. É o restabelecimento das condições suficientes para que Carlos desenvolva suas habilidades.

Não sabemos por que razão a mãe, na observação que em seguida vamos estudar, inicia apresentando um estado de perturbação, atacando os filhos. Permita-nos uma breve digressão que vai além do meramente observado. Poderíamos deduzir que a reconstrução da unidade originária, tal como a vimos na observação anterior, esteve mais vigorosamente ampliada devido à idéia, não totalmente clara, de que a mãe havia ficado grávida e teve um aborto? Recordemos que tivemos oportunidade de ver o bebê atendido pela avó, no dia em que os pais saíram para celebrar seu aniversário de casamento. Deduzimos que foi na idade que a criança tem agora que a mãe ficou grávida dos outros filhos. Inclusive, nos perguntamos, em termos gerais, se não é nessa idade (aproximadamente 16 meses) que, já superadas as dificuldades e ansiedades dos primeiros cuidados com o bebê e vendo o filho mais independente, a mãe se dispõe a conceber de novo, mesmo que seja internamente, fantasiando a idéia de ter um novo bebê? E também, toda a família estaria de alguma maneira disposta, ou reticente e defensiva diante da vinda de um novo bebê e isto permite recriar, em fantasia, a reconstrução dessa unidade originária? Há algo que nos parece evidente: a reconstrução dessa unidade originária contribui para a integração da família, que serve de apoio ao desenvolvimento das capacidades mentais de todos os seus membros. Ainda que Bion[3] não fale explicitamente do papel do bebê, tal como nós o expressamos em nossa idéia, gostaríamos de recordar suas palavras: "Do ponto de vista do menino, não há nada que possa substituir um casal de pais unidos por uma relação de amor recíproca. Não há palavras nem teorias capazes de tomar o lugar do pai e da mãe que se amam. Isto parece dotar o menino de algo que é infraverbal, ultraverbal, pré-verbal ou pós-verbal", algo que nosso menino vai manifestar por intermédio de diversos métodos de adaptação e numerosas habilidades.

"Carlos, *quinze meses e dez dias*. A mãe abre a porta. Parece que está cansada e mal humorada. Apresenta um curativo em uma das mãos porque acabara de cortar-se acidentalmente com uma faca. O menino chega ao *hall* de entrada e se agarra às pernas da mãe. Ela o estimula a que me cumprimente e ele me olha e sorri. Logo se dirige ao quarto de A, que está aberto. A mãe se interpõe e, com voz irritada, modulação pausada e violenta, grita a A para que feche a porta, mas, impaciente, o faz ela própria e apaga a luz. Na sala de jantar estão as irmãs B e C recolhendo do chão o que foi o conteúdo de um chocalho, e o menino se dirige até lá, para espalhá-lo com a sua mão. A irmã B retira o menino, enquanto C se apressa a recolher as partículas. A mãe com tom raivoso manda B e C para o quarto, fecha-as lá dentro e coloca o menino no quadrado. Ele se atira contra a rede do quadrado, chorando fortemente. A mãe o pega, ele pára de chorar e se dirige para onde estão os restos do chocalho. A mãe aproveita para explicar-me que está farta das crianças maiores, que não as agüenta mais, são sádicas, egoístas e malagradecidas. Tolera os pequenos, mas os grandes, com suas brigas, não mais. A menina C vem chorando, a mãe aceita que fique conosco e permite que ela continue colhendo o conteúdo do chocalho. O bebê vai até onde está a irmã, para recolher também os pedaços, e, como ela o impede, ele a puxa pelos cabelos e C começa a chorar. A mãe a aconselha que não se deixe agarrar. Como o menino pisa sobre sua mão, C volta a chorar. A mãe ajuda-a, separando-os, e comenta o quanto Carlos é mau, porque puxou a sua irmã pelos cabelos com sorrisos e gestos de triunfo. Quando C acalmou-se, a mãe pede-lhe que fique com o menino enquanto ela prepara o jantar. C permanece no chão recolhendo o conteúdo do chocalho, até que decide pegar uma vassoura na cozinha. Enquanto varre, toca os pés do bebê, ele ri e em um instante espalha o que ela havia recolhido, logo me traz um pedaço de pano e vai embora. Chega o pai. A mãe abre a porta, ele a beija, carinhoso, me cumprimenta cordialmente e retira das mãos do bebê a pá de lixo por considerá-la uma coisa suja. A irmã C chora pela proibição do pai e deixa a vassoura. O bebê a pega, o pai lhe tira e ele chora, porém se acalma com as chaves que lhe dá o pai. O bebê as traz em minhas mãos e as retira várias vezes. O pai me fala de alguns assuntos de trabalho. C e o menino se retiram para a cozinha, chorando. A mãe, indignada, vem e se senta no sofá e, irritada, grita dizendo que não agüenta mais, que não suporta as crianças na cozinha, chorando. O pai toma Carlos nos braços, que tenta pegá-lo no rosto, com raiva. O pai, com serenidade, pergunta-lhe se está com raiva do pai e, pouco a pouco, o bebê se acalma. A mãe vai buscar o jantar de C e o coloca sobre a mesa. Os outros irmãos estão de castigo e vão comer em seus respectivos quartos. A mãe comunicou algo a C com maus modos e o pai a tranqüiliza, aconselhando-a a ter paciência."

A mãe mostra-se incapaz de suportar o comportamento das crianças. Acaba de cortar a mão e responde com violência. Não sabemos a razão desse estado de ansiedade. À primeira vista, poderia parecer que o que foi exposto no dia anterior fora contraditório a essa conduta. Deixaremos claro que o funcionamento da unidade originária é alternativo. Desfaz-se para voltar a refazer-se ou não, em cada novo contexto. Sabemos que a mãe, quando as crianças não a obedecem, pensa que seus filhos são sádicos, egoístas e mal-agradecidos, porque ela necessita de que eles lhe mostrem afeto e admiração, continuamente. De maneira que só quando eles se comportam bem e lhe manifestam amor pode encontrar sua "identidade". Quando não o fazem, se sente ferida, maltratada, e, não podendo experimentar a unidade, o que produz, conseqüentemente, esse estado de desorganização e desespero. O menino necessita de algo ou alguém que o mantenha unido, ao que recorre para ter uma sensação de continuidade para "pôr" ou "tirar" algo de minha mão, com a certeza de que eu não vou desaparecer com esse "ir" e "vir". Isso é fundamental no momento em que ele se move com tanta facilidade, porque o assusta a idéia de que em uma dessas correrias possa perder a mãe. O menino demonstra isso desde o princípio, quando abre a porta e ele se agarra às suas pernas. Mas, ao comprovar que ela vem comigo, ele se dirige ao quarto de A ou corre de um lugar para outro com o desejo de ampliar seu território. O território da casa e seus quartos, em seu inconsciente, vem representar o corpo da mãe, que ele quer explorar e que manifesta indo e vindo. Um desejo similar é expresso com o "juntar" e "espalhar" as peças do chocalho. Com isso o menino desenvolve um importante método de adaptação através do "unir" e "espalhar" os pedaços soltos: uma defesa contra a perda, porque ele pode tolerar perder algo, sabendo que depois vai recuperá-lo. A mesma explicação é dada ao fato de que, em meio à brincadeira, me traga um pano: estabelece uma relação comigo e se vai, porque não necessita estar grudado a mim. Ele mostra essa mobilidade, essa liberdade de ir e vir, demonstrando que está seguro de encontrar a mãe e não de perdê-la. Com essa atividade de "ir" e "vir", "juntar" e "separar", consegue outro propósito de adaptação: é o de ser capaz de guardar uma distância em relação ao objeto. Poderíamos dizer que com essas manifestações ficam definidas algumas características de funcionamento da unidade originária.

Outro aspecto interessante é que o bebê não trata de copiar em atitude mimética o que faz sua irmã C, e sim tenta tirá-la dali puxando-lhe os cabelos para que se desloque, operação da qual se sente orgulhoso e triunfante. Quando o pai tira-lhe a vassoura, ele se sente muito contrariado e chora com raiva. Tirar-lhe a vassoura é tirar-lhe algo que lhe dava contenção, ou, expresso de forma mais gráfica, é como mordê-lo e arrancar-lhe sua unidade e coerência. Com as chaves que o pai lhe deu, ele vem a mim para reproduzir a unidade ou continuidade interior.

O pai sempre está interessado em estabelecer um contato com o observador. Busca motivos de conversação para chamar a sua atenção, coisa que a mãe não faz; ela o estabelece através do bebê e, portanto, não necessita de nenhum outro pretexto. Apesar de o pai necessitar e aproveitar toda ocasião para estar comigo, no momento em que a mãe o solicita, ele acode para ajudá-la, tomando-lhe o menino; inclusive, ao chegar, a cumprimenta carinhoso e a beija e, mais tarde, tenta dar-lhe paz e sossego aceitando, de bom grado, seu mal-humor.

Não só o pai como todos os membros da família cooperam para reconquistar uma situação de equilíbrio, como veremos na segunda parte da observação.

Diferença entre controlar e ser independente

No material que vamos estudar é o menino quem começa a modificar a situação de angústia da mãe. Com isso também se constata a diferença que existe entre controlar e ser independente.

"A mãe traz um prato com omelete de batatas amassadas e um pedaço de presunto. Comenta que a omelete não saiu boa porque ela estava nervosa. O menino, sentado em seu colo diante da mesa, não permite que a mãe lhe dê nada, até que obtenha seu próprio garfo na mão. Então, espeta com o garfo, mas como cai um pedaço sobre a mesa, recolhe-o com a mão e o leva à boca. A mãe o impede com a justificativa de que está com as mãos sujas. Ela pega nas mãos dele e o ajuda a espetar e ele permite ser alimentado dessa forma. A mãe explica que agora ele não aceita que ela o faça e que em algumas ocasiões ele até tira a comida do garfo para fazê-lo sozinho. Depois de comer vários bocados de omelete, começa com o presunto que agora percebe melhor e o come com rapidez, levando-o à boca antes que a mãe corte-o em pedacinhos. O pai vai à cozinha buscar mais presunto e, como demora, a mãe protesta perguntando se ele não o estará comendo. Vem o irmão **A** com o presunto. Cumprimenta-me muito amavelmente e se afasta. A mãe comenta que é triste ter de bater nas crianças; provavelmente faz referência a algum incidente anterior com **A**. O bebê pega o presunto e se recusa a comer a omelete, que cospe quando a mãe a introduz em sua boca e se dá conta do que é. Ela exclama que as crianças de agora são piores, pois, mesmo batendo nelas no momento seguinte estão iguais. Recorda que quando seu pai lhe dava um tapa ela lembrava dessa situação por uma semana e, quando ele a olhava, ela se assustava e isso era suficiente. Reitera quão cansada e exausta está por causa das crianças. Como eu a sigo com um sorriso atento, ela se corrige para dizer que está muito nervosa e termina relaxada e alegre. Vem o pai, senta-se no sofá e observa a situação de alimentação do menino. Pergunta com interesse como chegaram as crianças do colégio; ela responde irritada que pedindo coisas e deixando-a irritada. Ele acaricia sua mão e em tom afetuoso e carinhoso lhe diz: 'já sei que é muito difícil'. A mãe volta a oferecer a omelete, o menino a recusa, ainda que previamente tenha colocado um pedaço na boca, com a mão. A mãe nos conta, comunicativa, que o menino articula algumas palavras muito claramente, por exemplo: não, qué, traz. O pai a ratifica. A irmã **C**, que está sentada à mesa, pergunta quando ela começou a falar. Os pais riem e comentam que **C** era igual a Carlos. Começou a falar na mesma época. A irmã **B** sai do quarto com o prato vazio. A mãe indica que o deixe na cozinha e que coma a fruta. Ela pede para fazer pipi e o pai se levanta para ajudá-la. A mãe lamenta-se. Declara que está farta dos pipis de dia, mas sobretudo dos pipis durante a noite. O bebê terminou de comer e a mãe pensa em levantar-se para trazer o queijo, mas não é necessário, porque o pai se adianta a buscá-lo. **C** assinala que a banana está ruim e a mãe lhe responde que está só madura, que estão muito mal acostumados, assim que vêem uma fruta com uma pequena mancha a consideram ruim e jogam fora. O pai traz o queijo e o menino leva-o à boca junto com o copo vazio. A mãe deixa claro que, aos outros filhos, teve de alimentá-los até mais velhos e, este, parece que quer se tornar independente antes;

porém, ela não deseja que ele cresça como os outros. Pergunta-lhe se quer outro copo de leite e ele responde 'qué', e se dirige ao outro copo vazio que há sobre a mesa. O rosto da mãe se ilumina pela resposta de claro entendimento do bebê."

Diante de tudo, temos de valorizar o fato de o bebê insistir em comer sozinho, porque é de muito importante para ele poder alimentar-se, ou defender-se para sobreviver. Ser dependente o faz sentir-se inseguro quando vê que a mãe pode deslocar-se, sair e não o alimentar. Portanto, o impulso nessa idade, está encaminhado a realizar tudo por si mesmo e não sofrer o desamparo. Avaliemos esse aspecto em detalhes, porque é uma dimensão importantíssima. A primeira impressão é a de que, com sua atitude, pretende controlar cada coisa. Isso significa, na realidade, uma defesa profunda contra o abandono, de modo que não podemos chamar de controle mas de independência[4]. Dessa maneira, quando se deixa a criança pegar o garfo, ele aceita ser alimentado. A mãe argumenta que não o deixa comer com as mãos com a desculpa de que estão sujas, mas ela não as lavou para que ele pudesse se alimentar com elas. A mãe revela sua intolerância ou seus "nervos à flor da pele" diante do menor contratempo, sensível, no sentido que utiliza Bick[5]. Ela necessita, constantemente, de demonstração de amor e que seus filhos estão agradecidos, e por isso são obedientes. A mãe pede ao pai que lhe traga presunto. Como ele demora, tem uma suspeita paranóide. Pensa que o pai o está comendo ou que o está dando à criança **A**. Porém, no momento em que **A** chega trazendo o presunto e cumprimenta amigavelmente, ela muda, e reconhece que é triste bater nas crianças, porque estima que **A** seja bom e não egoísta.

No minuto seguinte, quando o menino cospe a comida, ela experimenta o fato como uma rejeição pessoal e volta a dizer como são ruins as crianças de hoje. Ao estar eu a escutá-la atentamente, ela interioriza minha imagem tolerante e retifica seu critério para afirmar que está nervosa. É interessante contrastar a atitude inicial da mãe, que não pôde suportar ou agüentar, com a mudança tão favorável surgida no transcurso da observação.

O pai está constantemente disposto a buscar-lhe coisas e trazê-las. Tem perguntado sobre as crianças, tem se interessado, dando-lhe suporte e compreensão no difícil cuidado com eles e tem compartilhado, com ela, a preocupação. Pensamos que o pai tem podido tomar parte, de uma forma espontânea, num desejo genuíno de reconstrução da unidade originária, reforçado pela influência do exemplo atento do observador. Ele não sente vergonha de ser um homem que ajuda nas tarefas domésticas, e adota essa atitude saudável de cooperação e integração. Também o comportamento da mãe foi modificado por outro fator. O fato de o menino estar comendo muito bem, ainda que no momento em que cuspiu o alimento não tenha sido tão bom. Mas o menino trata de estabelecer um acordo com ela: pega uma batata com os dedos e logo permite a ela que o alimente. É um menino que se dá conta das dificuldades da mãe e não é obstinado, aceita a mãe com suas características e valoriza essa boa relação. Como conseqüência, a mãe afirma que ele se tornou mais independente que os irmãos e é possível que isso dependa de algum fator pessoal de Carlos, mas valorizamos como essencial toda a reconstrução da unidade originária, que tem tido lugar pela participação de todos os componentes da família. Temos de levar em conta também a presença do observador, que possibilitou à mãe ser mais permissiva com o bebê, o que com os outros irmãos ela não pôde ser. É precisamente a partir dessa permissividade que o bebê pode desenvolver-se melhor e ser mais independente. Isso nós podemos contabilizar também na aquisição de várias habilidades, assim como na linguagem e sua capacidade de compreensão, que a mãe aprecia com satisfação. Em conseqüência dessa atmosfera mais relaxada e acolhedora, a mãe e o pai ficam mais atentos às crianças e se dão conta de como a irmã C escuta, quer tomar parte e não sentir-se excluída, perguntando pelo surgimento de sua linguagem. Há um aspecto do qual a mãe não é consciente: quando comenta que as crianças não querem a fruta, com pequenas manchas, ela não percebe que isso se deve ao fato de ela lhes falar constantemente de que as coisas estão sujas e não lhes é permitido tocá-las. As crianças se identificam com a mãe ao deparar-se com algo sujo ou mau e, por isso, o rejeitam.

A função da mão e a situação no banho

Poderemos avaliar como a mão pode adotar a função básica da boca de uma maneira mais clara que nos primeiros tempos, porque agora já pode pegar várias coisas. Também apreciamos uma mudança das ansiedades no banho, pela maior capacidade perceptiva e apreciativa na relação com a independência conseguida.

"Carlos, *quinze meses, duas semanas*. A mãe abre a porta. O menino, que está na sala de jantar vendo televisão, dirige-se até a porta, sorridente, e se apóia nas pernas da mãe. Ela o toma pela cintura, dá uma volta no ar, colocando-o de cabeça para baixo; ele ri às gargalhadas e a mãe o deixa no chão. A mãe vai sentar-se no sofá e eu, no meu lugar habitual. O menino me traz um chapéu de papel, logo em seguida, a bola grande, sendo esta substituída pelo chapéu, para, finalmente, tirar-me a bola e jogá-la ao solo. Dirige-se ao aparelho de televisão para 'pegar' as imagens e, diante do seu fracasso, agarra os botões do televisor. A mãe o proíbe e vai preparar o banho. Ele continua agarrado aos botões do televisor ao mesmo tempo em que se apóia sobre minhas pernas. Como a mãe ouve que tocou no televisor, volta e lhe dá uns suaves tapas no bumbum, o suficiente para que ele caia em lágrimas e, apesar das carícias e palavras confortadoras da mãe que o pega nos braços, ele continua chorando, inconsolável. A mãe recorre, então, a que o bebê pegue um bonequinho, fazendo-o ela primeiro e ele depois, até que cesse seu pranto e ele ri. Ela o deixa no chão e vai ao banheiro. O menino se dirige ao televisor para tentar 'pegar' novamente as imagens. A mãe vai até o dormitório para pegar a roupa e ele a segue. Comenta comigo como Carlos tira a roupa das gavetas. Nós vamos ao banheiro, a mãe recomenda a **A** que deixe a porta de seu quarto entreaberta, para ouvir quando o pai chegar. O menino está animado enquanto a mãe tira sua roupa, mas no momento de introduzi-lo no banho se retorce e tenta impedir. Permanece em pé enquanto é ensaboado, agarrando-se ao grifo da banheira e à esponja. A mãe conta que outro dia, enquanto lhe passava a esponja no rosto, ele a cortou, dando-lhe uma mordida. Ela se entretém na limpeza e o desculpa por isso. Explica que está muito sujo porque nos fins de semana costuma dar um banho rápido. Em algum momento o menino quer sair; a mãe o convida a agachar-se e sentar-se no degrau da banheira e ele o faz, passando as mãos pelas pernas. Agora C chama pedindo água. A mãe pede-lhe que espere, que quando terminar lhe fará um suco. Fala dela com carinho chamando-a "coitadinha", diferente de outros dias, em que a considerava como um diabinho; comenta que C havia vomitado e passou o dia em casa. Pergunta, insistente, se pode tomar um copo de leite, a mãe concorda, compreensiva. A criança B chora, porque A beliscou-a. A mãe abre a porta, chama B para que entre e lhe bate na cabeça. Ela chora, mas, depois de um tempinho, se cala. O menino está de pé na banheira, tranqüilo, e a mãe vai tirando-lhe o sabão, jogando-lhe água, cuidadosamente, com a mão. Quando tenta sentá-lo ele se retorce para evitar. Também resiste quando tenta tirá-lo da banheira. A mãe o pega e o envolve na toalha. Quando já está seco, a mãe coloca-lhe talco pelo corpo. Ele quer pegar a lata de talco o tempo todo, dificultando a tarefa da mãe. Ela o distrai mostrando-lhe o teto, operação em que é ajudada por B, à qual o menino responde indicando também com o dedo; falta uma peça de roupa que B lhe dá. A mãe veste o bebê e ele morde seu braço. Diz a ele que não o faça e ele se detém, mas, ao primeiro descuido, repete a mordida com força. A mãe bate na boca de Carlos, ao que B exclama que não o faça e a mãe lhe responde que se o menino a tivesse mordido ela não saberia o que teria feito. Logo em seguida C insiste em entrar para fazer pipi, a mãe aceita dizendo "coitadinha". Observo que me olha envergonhada e me retiro para entrar depois que terminasse. Batem à porta, saem correndo as duas meninas, é o pai. Traz uma boneca para C. A mãe seca os cabelos do menino com um secador -- ele quer apanhá-lo com as mãos -- enquanto me conta que hoje é o dia do santo de C, que a pobrezinha está mal, tem um ciúme terrível e precisamos ter uma paciência enorme com ela.

Novamente, como em outras observações, o menino começa a agarrar-se às pernas da mãe. Mais tarde, também repete a operação de colocar objetos na minha mão e retirá-los, tenta "pegar" as imagens da televisão e, não conseguindo, agarra-se aos botões dela. Temos aqui a função da mão: agarrar-se às pernas da mãe, pegar objetos e apreender ou agarrar algo. Essa função seria semelhante à função básica que a boca teria no princípio: de agarrar o objeto; só que agora está muito mais desenvolvida, porque pode pegar mais coisas. Quando ele agarra o botão do televisor e a mãe lhe bate, não encontra consolo em nada, nem no colo da mãe, pois sente que não só não pode contê-lo, como também lhe tirou toda a possibilidade de agarrar-se ou pegar em algo, isto é, de conter-se por si mesmo; experimenta a sensação de cair no vazio e, por isso, seu pranto é inconsolável. A mãe tenta animá-lo com esse tipo de dissociação e projeção na boneca. É como se dissesse: "Não fui eu que bati em você, mas a boneca, portanto, bata nela". Dessa forma, está estimulando o menino a ter um objeto transicional, uma maneira inadequada de resolver a situação.

O entrar ou sair do banho tem o sentido de mudança, para uma melhor percepção de suas dimensões, não manejáveis em relação ao grau de independência alcançado. Ele está feliz quando desnudado e não protesta nem se sente desprotegido. Somente quando é colocado no banho se retorce e quer sair. O medo de entrar no banho é semelhante ao que sente quando é colocado no quadrado com pouca delicadeza, mas agora, além disso, acompanha-o o sentimento de que será incapaz de sair daquele espaço grande, por suas próprias capacidades, o que gera uma ansiedade agorafóbica. O mesmo ocorre quando a mãe o quer tirar do banho e ele resiste. Teme enfrentar a grande mudança. Isso lhe produz ansiedade e tenta defender-se por meio da única maneira possível, isto é, agarrando-se firme ao grifo ou à esponja macia. Mesmo que a esponja seja mais insegura, nos conta a mãe que se firmou a ela com uma mordida de tal força que chegou a parti-la. Em outras ocasiões em que não tinha nada em mãos, ele apertava seus pulsos, mostrando sua capacidade muscular para proteger-se e conter-se. A situação de entrar e sair do banho é persecutória, porque ele não pode realizá-la por si mesmo, com os instrumentos adquiridos, mas pode defender-se com habilidade ante a alimentação, por ser capaz de utilizar os talheres ou suas mãos.

A mãe me fala a respeito de **C** e manifesta a simpatia que sente por ela quando não se encontra bem, e se preocupa porque está muito ciumenta. Poderíamos dizer que ela se sente como quando a deixam ou não a querem e sente ciúme quando as crianças não lhe mostram constantemente amor. Uma prova dessa identificação encontramos nas crianças. Por exemplo, quando bate em Carlos pela mordida e responde às advertências de **B**, queixando-se de haver sofrido tal ataque. A mordida que o menino lhe dá nos parece uma manifestação defensiva, porque a mãe se transformou em um objeto suspeito, ao submetê-lo a essas operações tão rapidamente mutáveis, ao mesmo tempo que recorda como ela o atacou batendo-lhe no bumbum, quando pegou no botão do televisor.

O pensamento como processo de adaptação

Quando o bebê se encontra diante de uma situação de privação ou dificuldade pode utilizar o pensamento como um processo de adaptação, em lugar de recorrer a métodos defensivos que seriam menos válidos para o desenvolvimento.

"Do banheiro subimos para o hall da casa. Pelo chão caminha uma boneca com um aspirador na mão, presente que o pai trouxe para **C**. Todos os irmãos a olham, mas, em especial, Carlos, que não tira os olhos de cima dela. A mãe, que o segura nos braços, passa o bebê para o pai e se dirige à cozinha, e nós, com o menino, nos dirigimos à sala de jantar. Mas o bebê quer voltar ao hall onde está a boneca. Diante da negativa do pai, chora. Como o pai não reage, dá um impulso ao seu corpo para agarrar-se a mim que estou perto, e eu o pego. Vem a mãe e o pai lhe fala que o menino quis vir comigo e ficou quieto. Mas a intenção do bebê era que eu o levasse ao hall. A mãe o pega de meus braços e entrega-o ao pai, porém, como algo da boneca se quebrou, o pai deixa o menino nos braços de **B**, enquanto chega a mãe com uma omelete de batatas e um pouco de queijo. O bebê continua com seu desejo de ir ao hall para ver a boneca. A mãe encaminha as meninas ao quarto para que ele coma. Senta o menino em seu colo e lhe dá uma colher, ele fica tranquilo partindo o omelete, não permitindo, a princípio, que a mãe lhe dê a comida que ela está desmanchando. Só depois de realizar, ele mesmo, a tarefa de parti-la, aceita que lhe dêem algum alimento. O pai me fala a respeito da crise energética que se prevê para o próximo mês, segundo as notícias da televisão; a mãe, com gesto raivoso, apóia o rosto sobre sua mão, ao que o pai reage perguntando-lhe se ocorre algo e ela responde que não, que tem de ter paciência para que o menino coma. Este pega, pouco a pouco, o queijo e a torta com a mão, mas se nega a receber o alimento da mãe. Discutimos sobre o próximo dia de observação que será véspera de Natal[6], e a possibilidade de fazer a observação mais cedo ou mudá-la para outro dia. A mãe sugere que eu telefone antes, uma vez que não sabe o que irá ocorrer, e se queixa da família, que se nega a fazer algo para esse dia, tendo que preparar ela, em sua casa, e arcar com todo o esforço e os custos. Dessa forma, nos despedimos."

O menino não pode tirar os olhos da boneca, por parecer com uma criança, mas também por ser algo novo. Como o pai não lhe permite, chora, mas, ao sentir-se privado daquilo que deseja, decide lançar-se sobre mim para receber ajuda. Podemos considerar esse fato como um "pensamento", todo um "processo de adaptação", com o propósito de conseguir algo. Mais tarde, quando a mãe tenta dar-lhe o alimento, ele ensaia um tipo de acordo: aceitar algo que ela lhe dá para que ele consiga realizar o que deseja, e de uma forma decidida se alimenta por si mesmo. Ainda mais porque hoje teve de enfrentar-se com várias dificuldades, como descrito anteriormente.

O pai, por sua vez, me fala, como em tantas outras ocasiões, de assuntos que interessam aos homens e a mãe reage apoiando seu rosto contrariado contra a mão. Não pode suportar que o pai me fale e que ela fique excluída. Este fato se torna mais explícito quando discutimos sobre a próxima observação e ela manifesta que não conta com nenhuma ajuda da família para preparar a festa de Natal.

Brincadeira e incremento da capacidade de concentração (fatores constitucionais e adquiridos)

A observação de hoje está centrada durante todo o tempo na utilização perseverante de um brinquedo que dei de presente. Podemos avaliar tanto a concentração que Carlos desenvolve como o apreço e interesse que manifesta por aquilo que se dá a ele.

"Carlos, *quinze meses, três semanas*. Pelo telefone, sou informado de que a mãe está disposta a que se realize a observação dali a duas horas[7]. Levo um presente para Carlos, uma casinha de madeira com rodas; possui uma porta que se pode abrir e fechar facilmente, uns bonequinhos que se colocam pelo telhado, por umas aberturas quadradas ou redondas, uma chaminé que é oca, por onde se pode colocar um boneco, mas que não tem acesso ao interior. A casa e os bonecos têm cores vivas. Desde a escada ouço o menino emitindo algumas vocalizações. A mãe abre a porta, acompanhada pelas irmãs **B** e **C** enquanto o menino está no quadrado. **C** olha o pacote e exclama admirada ao ver o presente; deixo claro que é para Carlos. Entrego-lhe e ele começa a desfazer o embrulho. A mãe o ajuda a tirá-lo da caixa. O menino pega a casinha com um grande alvoroço e começa a abrir e fechar sua porta, pega os bonequinhos para colocá-los e tirá-los. Todos os irmãos fazem um gesto de admiração ao vê-lo; **B** e **C** querem tocá-lo e colocar os bonecos pelo local apropriado. O bebê se irrita pela interferência. A mãe retira os irmãos e coloca Carlos, que está no quadrado, voltado para mim. Na televisão transmitem um programa infantil, mas o menino está ocupado com a casinha, colocando e tirando os bonecos pela porta. Depois, quando a música se faz mais viva, instantaneamente, presta atenção à televisão e na tela aparecem os palhaços, mas em seguida volta a brincar com a casinha. **B**, de brincadeira, tira a casinha do menino e ele se irrita. A mãe, divertida, estimula **B** a repetir o ato e Carlos se agarra fortemente à casa para impedir que lhe tirem. A mãe pede um bonequinho e ele dá. Volta a pedir-lhe outro e ele lhe entrega, não sem antes recuperar o anterior. O programa da televisão se torna mais interessante para os irmãos, mas a mãe e o menino continuam empenhados em colocar e tirar bonecos. Quer colocar dentro da casa um dos objetos que tem no quadrado e quase consegue, depois me olha satisfeito. A mãe tira-lhe o brinquedo e o deixa fora do quadrado; o menino reclama agitando os braços e fazendo beicinho (como se fosse chorar). A mãe o tira do quadrado para que puxe a casinha pela corda e a faça deslocar-se sobre as rodas, o que ele consegue com tranqüilidade, mas volta à operação de colocar e tirar. C tira-lhe o brinquedo e o menino protesta e o recupera. A mãe pede-lhe e ele lhe dá, porém em seguida reclama. A mãe comenta que ele a deixou ficar com o brinquedo por um instante somente. A mãe o coloca no quadrado e ele se atira contra a rede, chorando. No momento em que ela lhe dá a casinha, se acalma, realizando a mesma operação. B dá um pontapé em C e esta se lamenta. Mais tarde, B volta a bater em C porque pegou o brinquado do irmão; a mãe, com raiva e gritando, vai atrás de B que sai correndo. O menino continua entretido com a casinha como se nada neste mundo ocorresse ao redor, embora ele perceba o enfrentamento da mãe com a irmã. Em um momento se distrai, enquanto olha o televisor, e a casinha cai de suas mãos; imediatamente se agacha para pegá-la. Rapidamente, atira um bonequinho para fora do quadrado para tentar pegá-lo por entre as redes, mas não consegue; C se apropria da casinha com um movimento brusco, golpeando com ela acidentalmente B, que começa a gritar. A mãe pega C e as duas irmãs choram intensamente. Preocupado, opino que, quem sabe, a casinha seja de um material duro. A mãe responde que não. Vai ao banheiro para atender B colocando água fresca sobre a batida. Volta, senta-a em seu colo e a acaricia. C chora declarando à mãe que não a quer, dando-lhe um golpe com a mão. A mãe responde com outro golpe e lhe adverte, muito seriamente, que não volte a fazê-lo, nunca mais. O menino continua sereno, no quadrado, entretido com o brinquedo e olhando sua irmã C que ainda chora. A mãe me explica que quando o menino vê C chorar, ele se aproxima dela e lhe faz carícias na cabeça para consolá-la. A mãe vai à cozinha para preparar o lanche das irmãs e o menino permanece brincando no quadrado, sem alterar-se, diante da ausência da mãe ou das irmãs. B traz um iogurte e um biscoito para Carlos. Ele faz o gesto de levá-lo à boca, mas decide colocá-lo na casinha, pela porta. A mãe vem com outro iogurte e pergunta onde está o biscoito. Digo-lhe que está dentro da casinha. Tira o menino do quadrado, e, embora fazendo-o sentar-se em seu colo, o menino não pára de gemer até que ela lhe dê a casinha. Olhando a televisão, toma todo o iogurte. Volta a deixá-lo no quadrado e ele continua brincando, colocando e retirando bonequinhos pela porta, embora, agora, também tente fazê-lo pelas aberturas do teto, sem consegui-lo. A mãe o ensina como fazê-lo e se mostra satisfeita quando o menino consegue. Parece que ele percebeu que a pequena esfera de madeira cabe na chaminé e a introduz. A mãe pede-lhe que deite os bonequinhos dentro da casa. Ele os coloca e apóia seu rosto sobre ela como se quisesse indicar que ele também vai dormir. A mãe, entusiasmada, me faz notar sua capacidade de compreensão e me recorda que antes ela quis guardar os bonecos e ele os reclamou. Em algum momento da observação parece acompanhar o ritmo da música, dando golpes sobre a casinha com a cabeça e com as mãos ou com os bonecos. A mãe acrescenta que ele costuma fazer isso quando a música é alegre. Durante toda a observação, a mãe esteve prestando atenção ao menino e aos outros irmãos, sem fazer mais nada. O menino não quis separar-se em nenhum momento do brinquedo, abrindo a porta para colocar ou retirar os bonequinhos, o biscoito ou a esfera da ponta da corda que serve para puxar a casinha. Quando me despeço desejando-lhes Feliz Natal, todos me respondem, com exceção de C".

Com essa observação, percebemos a extraordinária capacidade de concentração de Carlos. Anteriormente, tivemos oportunidade de ver que sua maior preocupação era colocar e recuperar, pegar e devolver, mas também colocar e tirar; quer dizer, demonstrava ser capaz de dominar uma situação de ansiedade. A brincadeira de hoje nos mostra que por intermédio do trabalho de elaboração e concentração, baseado em tentar entrar e sair da casa, se dá um processo de adaptação. Isso mostra sua capacidade para ser livre interiormente e não necessitar estar colado à sua mãe ou a qualquer outra pessoa. Em torno do brinquedo manifesta quanto é efetiva sua capacidade de concentração, desde o princípio até o final da observação. Ainda que seja um programa de seu interesse, não presta atenção à televisão enquanto está no quadrado. Ao contrário, a olha quando está no colo da mãe sendo alimentado. Ao saírem todos da sala, ele permanece perseverante no brinquedo. Constantemente reclama o presente, pois para ele é um objeto valioso. Primeiro brinca de entrar e sair pela porta principal, depois, quando já alimentado, aprende a utilizar as outras aberturas com a ajuda da mãe. A sensação de aprisionamento que sente dentro do quadrado ou nos braços da mãe é reproduzida, agora, pelos bonequinhos que, repetida e incansavelmente, pode fazer entrar e sair da casa, atirar fora do quadrado e tentar recuperá-los para ter a convicção interna de ser livre, de não estar imobilizado. É surpreendente o interesse e a concentração que dedicou à mesma brincadeira, o que lhe possibilita a aprendizagem como a utilizar as outras aberturas e saber qual é o objeto certo para cada entrada, segundo ensina a mãe. Com boa compreensão, responde à demanda dela, que lhe pede que os coloque para dormir, acompanhando-os com a simulação de deitar-se, colocando seu rosto junto à casinha.

No material exposto anteriormente pretendíamos ilustrar o interjogo dos aspectos constitucionais e adquiridos[8]. Carlos está dotado de uma boa natureza, a qual lhe permite uma ampla relação com a mãe, fato que, por sua vez, influi favoravelmente sobre ele. Quando ela lhe pede um bonequinho, ele lhe dá, mas ao pedir-lhe outro recupera o anterior, porque só dá o boneco para a mãe com a idéia de realizar a brincadeira de "nos juntarmos" e "voltarmos a nos separar". Temos de pensar se, quem sabe, geneticamente, ele possua a habilidade de relacionar-se com os outros. Assim, quando a irmã C chora, ele se aproxima e a consola, segundo nos disse a mãe. Igualmente, tem a possibilidade de relacionar-se consigo mesmo e ceder, como vimos na situação de alimentação. Quando a mãe lhe permite ter a casinha, ele aceita o iogurte. Quem sabe pode pressentir que a mãe não pode suportar a negativa e ele a protege com esta atitude de disponibilidade e aceitação. Poderíamos dizer que essa mãe necessita que ele a faça sentir-se uma "boa mãe", a fim de que possa converter-se em uma boa mãe para ele. Estamos nos referindo a um processo de adaptação semelhante ao dos animais, que se adaptam a toda sorte de circunstâncias adversas, mas também a algo mais. As condições que se apresentam nesse caso são: a) a mãe necessita de um grande estímulo, suporte e amor por parte do menino para que ela possa responder satisfatoriamente. Ele nota que, quando ri ou lhe oferece algo, ela contesta imediatamente e atua como boa mãe. Isso provoca a assimilação dessas características pelo menino, que depois tentará exteriorizar para oferecê-las; b) o menino faz as coisas por si mesmo, luta pelos seus interesses -- não deixa que lhe tirem a casinha --, se adapta às circunstâncias, não é caprichoso (mimado, birrento), não espera que lhe tragam as coisas, mas mostra uma intencionalidade e motivação claras. O que encontramos nesse menino é uma combinação de atitudes na qual, por um lado, tem de converter a mãe em "boa mãe" e, por outro, dedender-se e lutar sozinho. Mas isso é algo que está a seu alcance, porque a mãe é receptiva, sensível e boa, e lhe corresponde rapidamente; c) outra série de fatos que influem no comportamento desse menino são a presença do observador e a importância de sua influência sobre a mãe, e, por sua vez, como conseqüência, a conduta dessa sobre o menino. Também a influência do pai, que, ao ver e aceitar meu interesse pelo bebê, compreendeu e cooperou, preocupando-se mais com seu filho. Portanto, todas as condições que se apresentam são boas e acessíveis para o menino, e só quando a mãe lhe bate, ou de alguma maneira o assusta pelos movimentos bruscos, entra numa situação de perseguição e de medo, que lhe custa tempo para superar. A razão pela qual devemos ter em conta esse contexto é para apreciar a extraordinária importância que o entorno familiar tem no desenvolvimento do menino. É necessária uma atmosfera em que ele não se sinta perseguido, mas também um bom instinto de vida e um desejo de sobreviver; que o bebê sinta que possui esse desejo dentro dele e que possa utilizá-lo para modificar o ambiente, ou adaptar-se a ele. A constelação familiar é, nesse caso, até certo ponto, positiva, uma vez que é possível que a mãe responda com facilidade como um "objeto bom"; d) outro aspecto importante é que esse bebê não foi abandonado, que não existiram mudanças importantes e que a mãe sempre esteve presente -- fato fundamental, como teremos ocasião de comprovar na próxima observação. Ocorreu também que o pai pôde conter a mãe e, com isso, ela atendeu melhor a Carlos.

Os efeitos de um breve abandono (a regressão)

Em contraste com a observação anterior, em que Carlos estava mais integrado, que conseguia através das brincadeiras uma maior capacidade de concentração e facilidade na aprendizagem, na de hoje, pelo fato de ter sido deixado pela mãe, o menino adota uma atitude regressiva. Como conseqüência da perda de "contenção", agarra-se a algo para evitar o temor de esparramar-se ou perder-se. Poderemos estimar o valor da presença da mãe, assim como o efeito traumático dessa perda foi significativo para eles (primeira vez que foi deixado sozinho com outras pessoas durante tanto tempo).

"Carlos, *dezesseis meses*. Por ser fim de ano, a mãe me telefonou para pedir que realizássemos a observação do dia seguinte, duas horas antes do habitual[9]. O pai abre a porta, sorridente, e os demais membros da família estão na sala de jantar. Desde a entrada vejo o menino, a quem a mãe incentiva para que venha cumprimentar-me, mas ele não se decide, dá um passo à frente e outro para trás. Entro na sala de jantar. Os irmãos estão assistindo um programa infantil na televisão; o bebê, perto da mãe, começa a chorar com grande intensidade. A mãe o acolhe nos braços e comenta que ele não dormiu bem na noite anterior e, por isso, está um pouco inquieto. Inicia-se o programa dos palhaços. O menino, já calmo e nos braços da mãe, olha com atenção a tela. O pai adverte a mãe que agora é o momento de colocá-lo no quadrado; ela o faz com cuidado enquanto ele permanece atento às imagens do televisor. Quando a algazarra dos palhaços é mais intensa, dirige seu olhar para mim, que estou perto da tela. Durante alguns minutos permanece assim, mas, de repente, com mostras de cansaço, se atira contra a rede. As imagens tornam a chamar atenção dele; mais uma vez, se atira no chão de barriga para cima, olhando o televisor, mas acaba chorando e dando pontapés contra o chão. Levanta-se e se dirige ao pai, que está mais perto, com desejos de que o pegue no colo, mas é a mãe quem o toma nos braços. Ela me explica que hoje ele passou o dia dormindo, porque ela e seu marido haviam saído para celebrar a festa de fim de ano. O bebê, que ficara com sua avó, não dormiu até que chegassem os pais, às cinco horas da manhã.

Ele vai até o quarto de **A**. A mãe interpreta que quer uns carrinhos do irmão e os facilita. Pega um em cada mão e outro com a boca. A mãe me olha, sorri e comunica ao pai. Ela lhe tira o carro da boca e ele geme. Coloca-os sobre o banco e os faz rodar, olhando, de vez em quando, para o televisor. No momento em que todos estão mais interessados pelo programa ele se aproxima até estar a alguns centímetros da imagem, ao mesmo tempo que põe seu carro na minha mão e se recosta sobre meu joelho. Volta ao banco que está perto da mãe e brinca com os carrinhos. O programa, de televisão se torna mais divertido, a orquestra toca e o menino se move no compasso da música. A mãe olha com grande satisfação e chama atenção do pai para olhar. **B** começa a importunar **C**, tentando chamar atenção, e a mãe lhes fala para que não interrompam a dança do menino, que move os pés, balança os ombros ou agita vivamente todo o corpo e termina batendo palmas ao ritmo da música. O pai, num intervalo do programa, me pergunta sobre o aumento da gasolina, ao que respondo com as notícias que traz a imprensa. Continua a televisão com o conto do Chapeuzinho Vermelho e o Lobo, todos assistem e ele não presta mais atenção ao televisor, para pôr seus carros em minhas mãos, e sorri para mim; depois volta-se para a mãe. O programa seguinte é sobre arqueologia. Os pais se perguntam como é possível estudar costumes familiares através de restos encontrados. A mãe manda os irmãos a seus quartos, o pai pede ao menino que desligue o televisor, ele compreende e se dirige ao botão, mas não consegue desligá-lo e aparecem imagens borradas na tela, se assusta e recua; o pai a desliga. As irmãs saem de seu quarto, porque C tem medo de um quadro que está no quarto. A mãe afirma que terá de tirá-lo, porque causou medo a todas as crianças. Acaba retirando-o nesse momento. Quando ela passou pela sala de jantar, não pude perceber do que se tratava, era algo escuro. Ela diz que é uma pintura sua e não quer que as crianças tenham medo do quadro. O menino está tranqüilo com um carrinho na mão, a mãe o chama para mostrar-lhe as imagens do presépio, informando-me que elas causam medo. Entre temeroso e divertido, pega a vaca e o burrinho. Dá um ao pai e o outro para mim. Para a figura de São José não quer nem olhar; com os anjos e Menino Jesus faz um gesto similar de rejeição, e as figuras caem debaixo de um móvel."

Desde o começo da observação se faz patente que algo aconteceu. O bebê não quer aproximar-se de mim e inclusive chora desesperadamente quando entro na sala de jantar. A causa disso se aclara quando a mãe nos conta que na noite anterior saíram e o deixaram com a avó, e que ele não dormiu até que os pais chegassem. O efeito que essa situação de curto abandono teve sobre o menino nos resulta mais convincente quando segura um carrinho em cada mão e outro na boca, indicando-nos que utiliza cada parte de seu corpo como se fora uma boca, para agarrar-se e sustentar-se, com a finalidade de não esparramar-se e desaparecer no nada. A intensificação da função de "contenção" se amplia claramente ao aproximar-se da tela e cair a alguns poucos centímetros dela. O fato foi traumático, apesar de que esteve em casa, com seus próprios objetos, sua cama, seus irmãos e sua avó. Mas, ele não está acostumado ao abandono da mãe, ainda que por um breve período de tempo, e, por isso, quando se atira no quadrado se mostra como se lhe tivessem deixado cair no vazio. Por essa razão, num primeiro momento, desconfia de mim ou não se decide a utilizar a casinha de brinquedo, com a qual, no dia anterior, havia estado tão ocupado. Só lhe interessa manter-se unido, por meio de instrumentos de seu próprio corpo, que lhe permitam agarrar-se a qualquer lugar, para assim dar consistência e coerência a seu Eu. Foi produzida uma mudança repentina e brusca em seu mundo, e ele não sabe onde está, nem quem é. Depois do medo inicial frente ao observador, recupera a confiança, agarrando-se aos carrinhos; pode ir até o televisor, por os carrinhos na minha mão e encostar sua cabeça em meu joelho. É como se tivesse projetado esse "bom carrinho", que lhe possibilitou unir-se à minha mão e considerar-me um suporte válido. Em seguida, vai brincar com os carros perto da mãe; uma mãe que por havê-lo abandonado também o assusta e à qual, agora, não pode mais recorrer. Então, dança com grande prazer e facilidade, para chamar atenção de todos. O menino compreende quando o pai lhe pede que desligue o televisor, mas, ao não ser capaz de fazê-lo e ao aparecerem imagens estranhas, que ele desconhece, sente, imediatamente aterrorizado e perdido, como se diante do desconhecido nada o pudesse "conter". Em outro momento da observação, o temor latente que o domina é projetado sobre as figuras do presépio.

A diferença fundamental entre esta observação e a anterior, na qual o menino integrado desenvolvia sua capacidade de atenção e aprendizagem através da casinha de brinquedo, é que, agora, perde suas habilidades até regressar a um estado no qual apenas o agarrar-se a algo lhe permite sentir-se unido e a salvo. Não pode realizar nenhuma brincadeira integrada, todas suas aberturas -- boca, mão, olhos, ouvidos -- as emprega para agarrar-se; poderíamos dizer que o menino regrediu a uma fase oral, mas a boca é utilizada essencialmente para agarrar-se e evitar a caída sem fim.

Evidentemente, com **B** e **C** também há dificuldades. Tentam, em mais de uma ocasião, chamar atenção. Uma delas resulta particularmente interessante: quando **C** chora aterrorizada diante do quadro pendurado em seu quarto. A mãe decide tirá-lo, como se percebesse que tinha se convertido numa imagem aterrorizante e persecutória para as crianças, da mesma forma que Carlos se assusta com coisas estranhas.

Não podemos deixar de comentar a maneira como os pais se perguntam sobre o programa de arqueologia, como é possível a dedução de costumes familiares através de restos encontrados. Pode isso significar uma referência inconsciente a nosso trabalho de observação e a possibilidade de reconstruir etapas mais primitivas do psiquismo, como, neste caso, a regressão a um estágio oral? Aquilo que podemos afirmar é que, tanto nesta observacão como em muitas outras, o observador não modificou a situação e, ao ser passivo, gerou um efeito que poderia ser considerado como terapêutico. Sua presença, um suporte para a mãe e para Carlos, os torna mais confiantes e tranqüilos, melhorando a relação global entre toda a família.

---

1 Recipiente usado para amalgamar substâncias em estado de fusão; recipiente de material refratário para fundir matéria à temperatura elevada.
2 Nesse sentido a fantasia de algumas crianças, inclusive a de alguns adultos, reside em ter sempre ao lado um irmão gêmeo ou ao menos alguém exatamente igual ou muito parecido, para não sentir-se diferente, para não estar nunca só, mas com alguém que pensa e quer as mesmas coisas. É uma introjeção tal que não admite a separação.
3 W. Bion: *Seminários de Psicanálise*. Buenos Aires, Paidós, 1978
4 Algo semelhante pode ocorrer no tratamento do paciente que nos dá a falsa impressão de nos controlar, então interpretamos erroneamente sua atitude e a consideramos dominante, quando, na realidade, está desenvolvendo uma defesa muito positiva para chegar a ser independente.
5 E. Bick, "The experience of the skin in early object relations". *I.J.P.A.*, 49, 1968.
6 Queremos enfatizar o detalhe técnico de que, apesar de ser uma data importante, oferece-se à mãe a possibilidade de algum acerto de horário, com a finalidade de respeitar e não romper a continuidade na observação, por todas as implicações que isso teria.
7 Gostaríamos de ressaltar a maneira respeitosa de a mãe encarar a continuidade do trabalho de observação e com que flexibilidade se desdobra para que, apesar da data importante, a observação se realize. Acrescentamos que a manutenção do objetivo do trabalho, por parte do observador, tornou possível que tal fato ocorresse com a maior naturalidade. A observação realizou-se no dia primeiro do ano.
8 Pérez - Sanchez: *Observación de bebés*, p. 127 e seg.
9 Portanto, esta observação se realiza no primeiro dia do ano.

CAPÍTULO 5

17 MESES

Incentivos ao desenvolvimento

Um dos aspectos mais interessantes e gratificantes de se observar uma criança em seu segundo ano de vida é o fato de apreciar de maneira mais evidente seu crescimento progressivo. A riqueza e a variedade de contatos são diferentes em cada criança e o desenvolvimento da linguagem corporal, verbal e de cada habilidade é conseguido através de uma conduta encaminhada para construir e manter uma relação com a mãe, o pai e as outras pessoas. Na observação de hoje, apesar de persistirem, no momento do banho, os temores e medos da perda de integração de seu ego por conseqüência da recente e traumática situação de abandono, o menino mostra sinais de evolução relacionados ao desenvolvimento de uma relação melhor com seus objetos.

"Carlos, *dezesseis meses e uma semana*. Chego com sete minutos de atraso por causa do trânsito; a mãe me recebe com o menino sorridente em seus braços. Tenho a impressão de que me esperava para começar a lhe dar o banho, mas, como trago um presente do dia de Reis Magos para o menino, vamos para a sala de jantar. A mãe abre os pacotes sobre a mesa; o menino pega os quatro carrinhos de plástico e de cores vivas (vermelho, amarelo, azul e verde); deixa de lado o jogo de cubos encaixáveis. A mãe procura tirar-lhe os carrinhos para levá-lo ao banho, mas ele se opõe, emitindo alguns sons, e a mãe o acolhe, deixando-o no chão. O menino faz os carrinhos correrem pelo sofá, um após o outro, tentando mantê-los sempre juntos. Põe um deles no chão e depois os outros restantes, para depois colocá-los de novo no sofá; me olha de vez em quando com um sorriso. A mãe decide levá-lo para o banho e comenta comigo que gostaria de encontrar um patinho ou algo similar para que pudesse brincar na água; sugiro então que pode brincar com os carrinhos, que são resistentes e de plástico. A mãe aceita a sugestão e os leva para o banho; tira as roupas do bebê com os carrinhos no colo e ele ri quando a mãe toca sua barriga. Conta-me que essa semana esteve um pouco mal do intestino, com diarréia, e por isso teve de alimentá-lo com sopa de arroz. Quando o coloca na banheira, o bebê olha para a mãe assustado e se retorce para impedi-la de fazê-lo. Com esforço, ela introduz primeiramente os pés, enquanto ele grita, e ao mesmo tempo ela lhe dá um carrinho para cada mão. Ao ensaboá-lo, ele põe um carrinho na boca e, com a mão livre, se agarra à torneira. Quando a mãe tenta sentá-lo no degrau da banheira, fica tenso e procura impedi-la. Ao tirar-lhe os carrinhos para tirar o sabão, ele protesta. Quando devolve os carrinhos, ele se acalma. Quando o tira do banho, pede para ficar com os quatro carrinhos no colo. A mãe me explica que o menino entende muito bem o que lhe diz. Ontem, por exemplo, que não queria comer, comunicou-lhe que, se não o fizesse, não lhe daria o trem, presente do avô, e ele aceitou o desejo da mãe. Lembro a ela que no dia anterior o pai pediu a ele que desligasse a televisão e ele compreendeu perfeitamente; a mãe confirma, com satisfação[1]. Ela quer secar-lhe os cabelos com o secador, mas, como ele não deixa, ela o adverte de que lhes tirará os carrinhos; e, então, ele acaba permitindo. Ao vestir-lhe a camiseta, emite uma exclamação de repúdio, que diverte a mãe e que ele repete com humor cada vez que ela lhe veste alguma peça de roupa. Cai um carrinho no chão, ele o pede, a mãe o entende e o alcança, e, com os quatro carrinhos, olha para mim risonho, satisfeito de uma forma que a mãe e eu interpretamos como de agradecimento. Estando vestido, ela o deixa dentro do cercado. Brinca com os carrinhos, fazendo-os correr um muito perto do outro, olhando-me em alguns momentos, comunicativo e com simpatia. Movimenta-se ao compasso da música da televisão. A mãe volta da cozinha com um prato de arroz. Ele se levanta para que ela o suspenda no colo, mas antes lhe dá uma colher de medicamento; toma-o, mas pede que os carrinhos fiquem no seu colo. Começa a comer com prazer, mas, ao perder um carrinho, desiste; a mãe lhe tira os outros carrinhos e o segura fortemente, forçando-o a comer uma colherada de comida, que ele repudia com lágrimas e gritos. Ela se desculpa por ter sido tão rude e lhe dá um dos cubinhos que lhe tinha trazido; ele o abre e o fecha, deixa-o cair no chão e a mãe o recolhe; fica se entretendo com ele e aceita a comida. A menina C protesta porque B lhe faz alguma coisa e a mãe, irritada, adverte B lembrando que a mamãe dá uns tapas muito fortes. O menino continua com o jogo dos cubinhos; procura o menorzinho que está dentro do outro maior, que caiu no chão. A mãe se admira de sua capacidade de observação. Na televisão, aparecem uns tigres e ursos de um parque zoológico, e o menino se enche de regozijo e reconhecimento diante do que vê. As irmãs brigam no quarto, a mãe as repreende e o menino, dirigindo-se a elas, através de gestos, imita a repreensão que a mãe acabou de dar. Como a observação já está no final, me despeço; a mãe estranha que o tempo tenha passado tão depressa."

Em primeiro lugar, assinalamos que o menino recebe os carros e se interessa por eles. Ele os aprecia porque são pequenos e também porque seu irmão A tem alguns similares, e assim pode sentir-se igual a ele. Além disso, pode colocar um atrás do outro e conseguir uma sensação de continuidade. Como eles lhe chamaram a atenção, os considera objetos valiosos dos quais não quer desprender-se e que adquirem um significado de ajuda quando se sente desprotegido no banho. Sua ansiedade básica reside no temor de escorregar e cair e, como água, desaparecer pelo ralo. Lembremo-nos de que, na semana passada, experimentou uma circunstância particularmente desagradável e que nesses últimos dias teve uma diarréia que incrementou seu temor a esvair-se. A mãe tem uma compreensão intuitiva disso ao dar-lhe um carrinho em cada mão, já que dessa maneira ele poderá sentir-se unido e contido. Ao perdê-los, protesta, ao recuperá-los, se acalma, ao ensaboar-se sente medo e necessita tapar a boca e com a mão livre agarrar-se à torneira, para evitar a sensação de "derramar-se". De uma maneira similar, poderíamos dizer que o mamilo teria a função de tapar o buraco da boca para evitar o trágico sentimento de liqüefazer-se[2].

    O desenvolvimento que o menino apresenta nessa observação está relacionado com sua capacidade de reconhecer e agradecer, estimulado pelo desejo de estabelecer um contato com o objeto e construir uma relação harmoniosa com ele; este é o estímulo para o desenvolvimento. Inicialmente, o objeto é a mãe e o pai, depois se transfere para outras pessoas. Hoje, o faz com o observador, ele sabe que eu lhe trouxe os carrinhos bonitos que ele tanto aprecia e que me comunica através de sua linguagem pré-vebal, olhando primeiro para os carrinhos e depois para mim; como foi algo evidente, e a mãe o verbaliza, dizendo que, com seu sorriso, ele quer me agradecer. Certamente, esses carrinhos são muito emocionantes para ele; procura mantê-los todos juntos, um atrás do outro, ou todos juntos no colo, ou carregando todos nas mãos, nenhum deles fica excluído, da mesma maneira que quando estamos ele, a mãe e eu, tampouco quer ficar excluído e deseja que todos estejamos juntos.

    Segue depois o processo da alimentação, no qual, como ocorreu em outras ocasiões, podemos perceber como é difícil para a mãe tolerar sua inapetência. Ela o segura fortemente, impedindo-o de qualquer tipo de movimento, e quando a situação se torna desesperada ela lhe dá os cubinhos. Novamente temos de considerar as características desse menino, que não chora nem recusa o alimento, apesar de o privarem dos carrinhos de que ele tanto gosta. Concorda com a mãe e se interessa pela nova brincadeira com os cubos, como uma maneira de conseguir sua independência. Para isso, desenvolve uma boa capacidade de observação, procurando o cubo menor. A mãe, interessada em alimentá-lo, o deixa em liberdade, momento que o menino utiliza para realizar sua tarefa e colocar os objetos juntos. Ele aprendeu algo bem concreto. Quando sua mãe o imobiliza fortemente para que coma, sabe que com choro não conseguirá nada dela. Então aceita e evita que ela se converta em sua perseguidora. Desenvolve também uma grande capacidade de aprendizagem, que manifesta quando lhe dão os cubos; logo deduz que os cubos pequenos estão dentro dos grandes. Também desenvolve outra habilidade: a de imitar a mãe.

Imitação e aprendizagem

É comum as crianças preferirem brinquedos ou objetos com os quais possam realizar múltiplas atividades ou representar vários personagens, já que, através da *identificação*, se servem deles como base para primeiro *imitar* e, depois, *aprender*.

"Carlos, *dezesseis meses e quinze dias*. A mãe me abre a porta acompanhada de A, que tem um olho tapado. Ela explica que não é nada importante, somente que ontem ele colocou um dedo sujo no olho. O menino sai da cozinha eufórico, trazendo uma garrafa pequena, que a mãe imediatamente retira dele. Ela vai até a cozinha para dar o jantar às irmãs e ele fica na entrada com A. Apanha do chão a metade de um pequeno globo terrestre, atira-a ao chão e lhe dá chutes, até fazê-la chegar à sala de jantar. Depois, apanha-a com as mãos e a leva até a entrada, de onde torna a chutá-la com grande habilidade. A mãe sai da sala e comenta que as crianças se entretêm com os objetos mais inverossímeis, que outras vezes fazem pouco caso de um bonito brinquedo. A metade do globo caiu agora atrás da cadeira, entre um móvel e a parede. O menino se agacha para ver onde ela está, e a mãe acende a luz, mas como também não a encontra, retira a cadeira do lugar, ele recolhe a bola e coloca a cadeira no lugar onde ela estava; a mãe me olha com um sorriso. Ele continua jogando o objeto, levantando-o com as mãos e deixando-o cair para dar-lhe chutes. A mãe afirma que este menino, futuramente, será futebolista ou cantor. Os irmãos estão na cozinha gritando, e então ele se aproxima da porta, lhe dá uns golpes e também grita. A mãe lhe responde e ele lhe faz arremedo. C sai da cozinha e se dirige ao banheiro, o menino a segue, mas A o impede de continuar e o traz para junto dos carrinhos que eu lhe dei. As irmãs B e C vêm reunir-se conosco. Aproveito para perguntar o que lhes trouxeram os Reis Magos e lhes digo que, como não lhes dei nenhum presente, dentro de uns dias lhes trarei alguma coisa.[3] A mãe adverte que eu sou amigo do menino e que ficaria empobrecido se tivesse que trazer presentes para todos.[4] As crianças sorriem, A e B dizem que não precisa, mas C se cala. O menino pega C pelos cabelos, que grita sem conseguir se soltar dele, até que a mãe a ajuda a soltar-se, comentando que C, apesar de ser muito travessa, não bate no menino, o respeita. A mãe se afasta com B e C para que se deitem e A fica conosco. O menino sobe no sofá. A lhe dá os carrinhos, mas ele não dá muita importância. Encontra um lenço, pega-o e faz gesto de assoar o nariz; A, rindo, tira-o dele porque está sujo. Dirige-se para o telefone, pega-o corretamente e, quando a mãe chega, ela pergunta-lhe com quem está falando, e ele responde balbuciando e sorrindo, quase irônico. A mãe lhe oferece os carrinhos para tirar-lhe o telefone e ele aceita brincar com eles."

O fato sobre o qual desejamos centrar nossa atenção é o comentário da mãe de que as crianças costumam brincar com os objetos mais inverossímeis; a razão disso é a de que não se trata propriamente de um brinquedo, mas sim do desejo de desenvolver uma atividade ou desempenhar um papel. Assim, ao pegar do chão e observar esse objeto, dá-se conta de que parece uma bola e é como se dissesse: "Ah! Com isto posso jogar bola". E começa a dar-lhe chutes. Possivelmente, viu seu irmão e outros meninos na rua, ou na televisão, dar chutes em bolas ou em objetos similares e trata de imitá-los. Seja o que for, podemos deduzir que o menino pensou. Geralmente as crianças preferem não aqueles brinquedos com os quais só podem fazer uma coisa, mas aqueles com os quais podem representar vários papéis, isto é, com brinquedos não elaborados podem realizar muitas atividades.

Um aspecto positivo da atitude da mãe aparece no momento em que esse objeto cai; ela não o recolhe, mas está perto do bebê e lhe facilita as operações, acendendo a luz, retirando-o da cadeira e permitindo-lhe fazê-lo por si só, o que resulta em grande valor para o seu desenvolvimento. O que o menino faz em seguida, por "identificação com a mãe" e por uma "capacidade de observação e aprendizagem", é colocar a cadeira no mesmo lugar em que estava. Queremos enfatizar que essa "imitação é útil para o aprendizado da linguagem", quando repete os gritos dos irmãos e da mãe. O "grito" ou um som forte, como a luz, é um foco que atrai sua atenção. Esse estímulo sensorial penetra dentro dele e lhe permite uma integração, sendo, portanto, o núcleo da imitação e a origem da capacidade de aprendizagem da palavra. Por isso, a mãe infere, intuitivamente, que o menino poderá ser amanhã um futebolista ou um cantor, dois núcleos de imitação que, se desenvolvidos e valorizados por circunstâncias oportunas, poderiam levar o menino a ter tais profissões ou interesses. Outro aspecto de seu crescimento é que no caminho para o telefone percebe o lenço, que chama a sua atenção, e ele nos mostra para que serve. Do mesmo modo, utiliza o telefone para falar e comunicar-se; o núcleo de imitação, cujo significado é o grito, se desenvolve agora em palavras balbuciantes.

O menino continua mostrando-nos algo que lhe é muito característico. Quando a mãe lhe retira o telefone, ele aceita pegar os carrinhos que ela lhe oferece, não se sentindo, assim, perseguido.

Nessa ocasião, pudemos ver como se relaciona **A** com o menino. Devido à grande diferença de idade, **A** não o vê como um rival, como o sente sua irmã **C**, que é menor, e, para lidar com isso, tem de recorrer a um primitivo funcionamento imitativo dos pais. Ela lhe proíbe coisas, ou faz que está comigo, e não consegue desenvolver uma atividade mais livre ou criativa com seu irmão. A imitação seria, portanto, apenas o primeiro núcleo do aprendizado, que provê os instrumentos necessários para uma atividade mais autônoma e criativa e, para **A**, por suas dificuldades em relação com sua mãe, que o oprime e ordena, essa mesma atividade está muito restrita. À mesma atitude da mãe, Carlos responde com uma visão negociadora, na qual seu ego fica mais livre para atuar de uma maneira mais ampla.

O aprendizado do controle esfincteriano

Através da conduta dos irmãos, em relação ao controle dos esfíncteres, nos ocuparemos do problema e do significado de seu treinamento no decorrer da observação.

"A menina **B** chama a mãe para que lhe ponha uma calça de plástico para evitar molhar a cama. A mãe lembra a **A** que também ponha a calça plástica e que vá com as meninas. Antes de sair, decide colocar o menino no cercado. Ele faz o impossível para impedi-la, enganchando seus pés, gritando com força e atirando-se contra a rede do cercado. Dentro do cercado, há vários brinquedos e o triciclo, e o espaço livre é reduzido. Toma uma pá amarela de plástico e dá golpes nas paredes do cercado e no triciclo; em seguida, joga fora a pá com gritos e bramidos de raiva e tenta fazer o mesmo com o triciclo, mas não pode. **B** chama para dizer que **C** fez cocô na calça, ao mesmo tempo em que chamam à porta e a mãe está tirando o lixo. Ela vai correndo ao quarto das meninas. Ao comprovar que é verdade, pega **C** e grita com ela dizendo que isso não pode ser. **C** chora com desespero e larga a mão da mãe, que a leva ao banheiro. O menino, que não tinha parado de chorar, intensifica seu berreiro, pegando vários objetos e atirando-os para fora, iradamente. Novamente, volta a tentá-lo com o triciclo, mas não consegue. A mãe, no banheiro, repreende com severidade **C**; aquilo não podia acontecer e só lhe seria permitido se estivesse mal do estômago, mas como não está, é algo intolerável, pelo que torna a repreendê-la. Ameaça-a de contar à professora, para que a coloque de cara contra a parede; também a ameaça de tirar-lhe todos os brinquedos ganhos no dia de Reis. Quando a menina ouve sobre a professora, suplica à mãe que não o faça, mas não protesta pelos brinquedos. A mãe sai, mostrando-me a impossibilidade de cumprir a sugestão do pai de ter paciência diante de tal situação. C pára de chorar e o menino começa a acalmar-se, tentando enfiar um carrinho pelos fios da rede do cercado. Mas as rodas se engancham de tal forma que não poderá desenganchá-las sozinho, e como seu choro é intenso decido-me a ajudá-lo, diante do que ele responde calando-se e sorrindo para mim. Volta a tentar retirá-lo pelos mesmos fios e tem novamente a prova de que é impossível, desliza o carrinho pelo assento do triciclo dando gargalhadas. A mãe pega o menino para levá-lo ao banheiro, permitindo-lhe que traga o carrinho. No banheiro, me pergunta como podia ser que C tenha feito cocô na calça; esta tarde veio do colégio assim e torna a repeti-lo. Com desespero, diz que desconhece o motivo, mas, em seguida, sossega, argumentando que isso se deve ao ciúme. Desnuda o menino com dificuldade, o carrinho que ele tem nas mãos dificulta os movimentos, então ela lhe oferece o papel vermelho que envolve o sabão e lhe tira o carrinho. Ao tirar-lhe as calças compridas e cuecas, a oposição é intensa e o pranto aberto. Ao colocá-lo no banho, todo seu corpo está tenso, mas ao tocar os pés na água e entrar nela se relaxa. Enquanto o ensaboa, e com a finalidade de tranqüilizá-lo, pede sua colaboração, e ele passa a mão por seu corpo, mas logo procura sair; ao ser impedido, se agarra à torneira da ducha. A mãe se pergunta a que se deve esse medo e lembra como na praia, sobre a areia, lhe agradava sentir as ondas cobrirem seus pés, mas no momento de levá-lo mar adentro se assustava, deduzindo, então, que talvez o motivo seja essa lembrança. Conclui que o medo é tal que treme, ainda que o ambiente esteja aquecido, e necessita envolvê-lo em mais de uma toalha. O menino dirige seu olhar intencionalmente para a pia, a mãe compreende pelos seus gestos que quer o anel verde de C; ela o oferece a ele, que consegue colocá-lo no dedo. Deixa que a mãe aproxime o secador para secar seus cabelos. Vamos ao dormitório e ele fica sobre a cama e permite ser vestido com facilidade; coloca o anel na orelha como se fosse um brinco. A mãe, entusiasmada, o beija e diz que ele não é uma menina, mas que se alegra de ver como ele compreende e entende as coisas."

Perguntamo-nos primeiramente se essa incapacidade que têm todas as crianças de controlar os esfíncteres não está relacionada com a incapacidade das mães para "contê-las". Quer dizer, se elas internalizaram uma mãe com pouca continência, elas, por sua vez, não podem controlar-se. É como se cada criança dessa família quisesse ser contida por uma mãe, como um bebê que usa fraldas. Mas C, que recebe um tratamento semelhante aos demais irmãos, quer uma maior atenção e, por isso, nos seus quatro anos ainda faz cocô na calça. Pelo que sabemos, Carlos ainda não começou seu treinamento dos esfíncteres e, portanto, deduzimos que os outros irmãos também não iniciaram seu treinamento no momento adequado. A mãe se desespera e fica especialmente furiosa, ameaçando C de contar à professora. Podemos nos dar conta quão desagradável, duro e difícil é essa situação para as crianças e quão menos problemático teria sido se esse treinamento tivesse se iniciado no momento oportuno. Parece-nos coerente a idéia de Esther Bick[5] de que o treinamento dos esfíncteres deve começar quando a criança for capaz de manter-se sentada no urinol, sentindo-se, então, segura e sem medo. Segundo Meltzer[6], na Inglaterra e na América, um sistema chamado Método Truby King esteve em moda após a Primeira Guerra Mundial. Esse pediatra aconselhava um precoce e primitivo treinamento de esfíncteres, começando nos primeiros meses, mesmo antes de o bebê poder permanecer sentado. Ele sugeria que, se pusesse o bebê no urinol, sobre o colo da mãe, pondo-lhe também um supositório ou algo semelhante, poderia induzir um treinamento de esfíncteres automático. Um dos efeitos que produzia era não só uma obediência automática, como também uma desobediência automática. Mas, se uma obediência automática era obtida, ela parecia estar relacionada com um tipo de cisão e idealização extrema. Em contraposição, após a Segunda Guerra Mundial, se desenvolveu outro método excessivamente tolerante, que postergava o treinamento dos esfíncteres para além de um ano e meio, quer dizer, segundo a vontade da criança; idealizando as operações de evacuação e o que dela se obtinha, como presentes valiosos que a criança dava à sua mamãe. E. Bick considera que essa atitude também conduz a tipos extremos de cisão e idealização que reforçam atitudes narcísicas por intermédio das fezes amorosas e a sua importância. O que é importante é enfocar o assunto do treinamento esfincteriano como a coisa mais natural e considerar que os excrementos são algo sujo, como são os vômitos e os mucos nasais etc.

Quanto a Carlos, poderíamos dizer que já deveria ter começado esse treinamento há um bom tempo, pois já podia sentar-se seguro sem sentir medo. Como não está habituado a esse comportamento e quer andar para ampliar seu mundo, resulta-lhe mais difícil permanecer sentado no urinol. Poderíamos dizer que quando existe uma mãe que acha difícil ser uma mãe-seio e, pelo contrário, se considera mais uma mãe-limpadora que põe demasiada ênfase nas fezes e na urina, a criança terá uma base para construir uma relação com ela através desses produtos idealizados. A idealização dessas funções se faz particularmente intensa quando a mãe não é capaz de oferecer o colo, os braços ou um trabalho de fantasia* que contenha e dê suporte à criança.

Quando consideramos as zonas libidinais, podemos dizer que aquela de maior interesse é a oral, pois nela pode-se incluir a anal, já que a boca não se utiliza somente para incorporar, mas também para evacuar em forma de arrotos, vômitos e, mais tarde, em forma de "linguagem de baixo calão" (palavrões). São produtos, todos esses, que normalmente se consideram sujos e ante os quais não se costuma adotar uma atitude de idealizá-los como o referido acima. Com muita freqüência se tem sublinhado a satisfação instintiva trazida dessas zonas libidinais e não o aspecto relacional. Assim, a boca não é somente uma zona libidinal que comporta satisfação por meio do comer, beber e ou-

---

*Sánchez se refere a "Revêrie", conceito de Bion sobre esse trabalho mental referido pelo autor. (N. do R.)

tras atividades, mas sim como algo para agarrar-se ao objeto e relacionar-se com ele, com a finalidade de evitar o sentimento de queda. Podemos dizer que o bebê pega o mamilo com sua boca não só para sugar e engolir, mas também com a função de integrar as partes da personalidade. Um dos momentos mais dramáticos da observação é quando a criança é deixada dentro do cercado, no qual se sente desprotegido e exposto a uma situação de perseguição; para livrar-se dessa prisão, recorre ao ato de jogar para fora do cercado a pá e o carrinho, que simbolicamente representam ele mesmo. Em outra ocasião de desespero, quando o carrinho fica preso no buraco da rede, ele se acalma rapidamente quando eu o ajudo, aproveitando, inclusive, o estreito espaço para relacionar-se comigo e ampliar seu jogo. Mas, depois da má experiência do banho, está aterrorizado e não quer entrar, tenta sair e agarrar-se à torneira. A mãe lembra de seus medos no verão, na praia, quando, ao entrar na água, manifestava medo. Seu terror era de que se os dois, Carlos e a mãe, fossem mar adentro, não poderiam voltar e se-riam tragados pelo mar. Também o conhecido tremor corporal dos primeiros tempos, ao ficar nu, que só se acalma quando envolvido em duas toalhas e não com o calor do quarto.

Poderíamos fazer uma conexão entre essa situação de fragilidade que revive Carlos e a inabilidade da mãe para iniciar a aprendizagem de esfíncteres, pela sua dificuldade em conter e suportar seus filhos.

Finalmente, o quadro se refaz e se integra quando o menino, nos braços da mãe, utiliza sua habilidade, pega o anel verde da irmã e mostra à mãe para que serve, e ela, feliz ante os sinais de progresso, o beija e reconhece seu valor.

Dificuldades na etapa oral acarretam problemas na etapa anal

Tal como sublinhamos anteriormente, a importância de uma boa integração na etapa oral se percebe pela evolução posterior de qualquer aprendizagem e no desenvolvimento da etapa anal. Na observação anterior, quando a mãe não pôde organizar a situação, Carlos tomou a iniciativa, se entreteve com o anel e mostrou sua compreensão geral, ao manifestar que era capaz de pensar e que não precisava seguir totalmente as indicações da mãe. Parece que sua etapa oral foi mais bem integrada que a de seus irmãos, já que a mãe pôde ser mais tolerante com ele e lhe permitir ser mais independente. Não obstante, o fato de não ter começado seu treinamento de esfíncteres a tempo talvez lhe provoque um comportamento mais agressivo.

"Carlos, *dezesseis meses, três semanas.* Uma senhora que não conheço me abre a porta. A mãe está sentada com o menino nos braços. Ao ver-me, me sorri e diz: 'Olá!' As crianças estão sentadas à mesa, jantando. A mãe me apresenta a senhora como irmã da sogra (dava a impressão de ter vindo ajudá-la). A conversa entre as duas mulheres dura pouco; a mãe sugere que espere até que o marido chegue para acompanhá-la, mas ela decide ir-se embora. Nesse ínterim, o menino se dirige a mim, reclamando minha atenção e dando mostras de reconhecer-me e de estar contente por eu estar ali. Depois que a tia sai, a mãe me diz que está muito claro que o menino me conhece bem e que sabe que estou ali por ele. O prato de comida (batatas fritas e peixe) do menino está bem mais adiantado do que o dos irmãos. A mãe, que está dando o jantar a C, queixa-se de que ela come muito mal e a faz sofrer muito por esse motivo. O menino, por sua vez, vai pegando o conteúdo do seu prato com as mãos; a mãe se desculpa de ter-lhe tirado o garfo, por medo que ele pudesse jogá-lo em sua irmã. Todo esse tempo o menino continua dirigindo-se a mim com alegria e afeto, movimentando as mãos e os pés, ou emitindo algum som. C se levanta da mesa, e a mãe a repreende severamente, porque, além de comer pouco, não aproveitará nada do alimento. Torna a se queixar de que todas as crianças tiveram muita dificuldade para se alimentar. Teve que dar comida na boca de A até os seis anos e, em outras ocasiões, punha A, B e C em fila, e ia dando uma colherada para cada um. C está de pé, pondo um cinto da mãe, enquanto esta lhe dá de comer. O menino quer o cinto e a mãe dá a ele; ele o põe na boca, deixa-o cair no chão e ela o pega de novo e me comunica que hoje se sente tão mal que não pode agüentar os filhos. Carlos dá um safanão no garfo que a mãe segura com a comida para C e seu conteúdo se esparrama pelo chão. A mãe me confessa que lhe dá vergonha ver sua casa tão suja e desarrumada. Digo-lhe que não se preocupe, porque eu também tenho filhos. Ela prossegue, declarando-me que não sabe se ela é que não serve, porque uma amiga lhe disse que tudo o que acontece é porque ela assim o quer, e sua amiga lhe mostra como se arranja bem com seus dois filhos. Está de acordo com minha afirmação de que não é a mesma coisa dois filhos ou quatro filhos, mas continua em dúvida, dizendo que, de todas as formas, acha que não sabe. B se nega a continuar comendo, então a mãe manda que vá até a cozinha para que traga a sobremesa; explica que não pode comer por ter comido bolachas ao chegar do colégio e que em outro dia não lhe permitirá. B vai e avisa, da cozinha, que o peixe ainda está no fogo. A mãe exclama que a tia o teria esquecido e, com a criança nos braços, vai tirá-lo do fogo. Na volta, ao passar pelo quarto de A, manda-o ao banheiro para escovar os dentes e se pentear. A questiona a necessidade destas funções antes de deitar-se e ela argumenta que é para que se acostume a ficar limpo. Senta-se novamente e continua dando o jantar ao menino. Ele cospe a comida e, tentando fazer graça, arranha o rosto da mãe. Ela me pergunta "se nessa idade uma criança pode fazer dano a alguém com má intenção", porque esse é o critério do pai, contrariamente ao que ela pensa. A mãe manda as meninas escovarem os dentes e volta a comunicar-me o quanto fica nervosa com os filhos. C se aproxima de mim e coloca sua mão sobre meu joelho; B chama a atenção dela e a mãe manda que ela tire a mão do meu joelho porque pode me sujar. Eu a olho sorrindo e lhe digo que não tem importância e ela me responde, envergonhada, com um sorriso. A mãe acaba por mandá-las para a cama. O menino está nos braços da mãe, com a parte inferior do corpo nua, envolta em uma toalha. Cinco bonequinhos de plástico, de várias cores, que se apóiam uns aos outros, que eu lhe dei no ano passado, estão sobre o sofá. A mãe põe o filho no chão e pede ao filho que lhe traga os bombeiros. Ele não entende, até que ela os aponta com o dedo. Ele os pega e os separa uma um, jogando-os ao chão. A mãe os pega, junta-os e ele, de novo, torna a jogar; com o último faz um gesto de atirar em mim, sem chegar a atingir-me. Ele está sorridente, a mãe o abraça contra seu peito, de forma carinhosa, dizendo que vai levá-lo para dormir e explicando-me que agora tem um outro ritmo de sono, porque já não dorme à tarde. Lembra que noutro dia brincava com a casinha que eu lhe trouxe, querendo por um pé depois do outro dentro dela. Nos encaminhamos para o quarto e, ao encontrar-se com o triciclo, quer sentar-se nele, coloca o pé no lugar que a mãe, dias atrás, indicara a ele, e ela prorrompe em elogios e lhe pede um beijo. A mãe decide que a brincadeira deve terminar e o coloca, junto com o triciclo, dentro do cercado para ir buscar a roupa; ele tenta sair, mas como há tantos objetos que o impedem, então desiste. De novo, põe seus pés descalços pelas malhas da rede do cercado, como se quisesse escalá-la. Me aproximo com cautela para protegê-lo de uma possível queda; a mãe me confirma que não se arrisca em deixá-lo sozinho, sobretudo se está descalço. É difícil vesti-lo em cima da cama; quando termina, ele se dirige para a almofada para nela apoiar seu rosto. Quando a mãe sai para buscar um pano úmido para limpar-lhe o nariz, ele se dirige eufórico para a cabeceira da cama, de onde pode pegar o cordão da persiana. De volta, ela lhe diz como ele é mal comportado, e, apertando-o em seus braços, força-o a deixá-la limpar seu nariz, e me esclarece que essa operação, às vezes, faz sangrar o nariz. Ela coloca Carlos para dormir e, em seguida, saímos do quarto. Ele se levanta e a mãe me explica que é algo que ele sempre faz, mas que, assim que nos afastarmos, ele dorme".

Uma maior integração de Carlos lhe permite, desde o primeiro momento, dirigir-se ao observador de uma maneira franca e amistosa, tolerando que a mãe esteja ocupada com a tia e com C. Conseguiu que sua mãe seja tolerante com ele, permitindo-lhe que coma com as mãos, sem preocupar-se se elas estão sujas ou limpas. A mãe parece que tem problemas com os outros filhos, devido a manifestações que começam a preocupá-la, como o atraso no controle dos esfíncteres. Podemos entendê-lo pela atitude que ela tem de forçá-los com a comida ou colocá-los disciplinadamente em fila para dar-lhes o alimento etc. Ela manifesta o quão difícil e doloroso é o problema da alimentação de C, e como com A, teve de alimentá-lo até os seis anos de idade; de alguma forma, essas dificuldades no período oral se ampliam e se infiltram no período anal. Nessa observação, acompanhamos como a mãe desloca toda a preocupação do treinamento dos esfíncteres para a situação de aprendizado de outros hábitos de limpeza. Gostaríamos de assinalar a conexão entre a agressão de Carlos à sua mãe e a mim, com o insuficiente controle dos esfíncteres e a necessidade, por parte da mãe, de minimizá-lo. Por exemplo, quando o menino me atira um boneco, a mãe o abraça carinhosamente em seu peito e passa a falar da mudança de ritmo no sono, como se agora o que se passava com o menino é que ele estava cansado e necessitava dormir. Lembramos também como ela não compartilha a idéia de que o menino possa ser violento nessa idade. Ela está mais disponível para que vejamos os progressos e aquisições do menino; inclusive, hoje, o põe para dormir antes que eu tenha me despedido.

1 Esse é um tipo de intervenção parecida àquela feita no momento em que o observador sugere a utilização dos carrinhos de plástico no banho, que pode ser usada sem que interfira no curso da observação.
2 E. Bick me relatou um caso de um menino em tratamento psicanalítico, que, ao terminar a sessão, ia até a torneira e enchia sua boca de água e ia para a sala de espera procurar sua mãe; ao vê-la, engolia a água. Só então ele podia despedir-se do analista. O paciente estabelecia um laço entre o analista e a mãe através da água dentro da boca.
3 Tentei consertar o erro de não ter levado presente a eles, como fiz com Carlos, para evitar uma situação de ciúme desnecessária. Isso não interferiria em nada no meu trabalho de observação, pelo contrário, seria uma atitude mais normal e cotidiana, que é o que se pretende.
4 A mãe se refere não tanto aos presentes, mas sim à atenção que devo dar a Carlos, e que não deve sofrer interferências de nenhuma natureza.
5 E. Bick, comunicação pessoal.
6 D. Meltzer, *Dream life*. Londres, Clunie Press, 1984.

CAPÍTULO 6

18 MESES

Efeitos da primeira ausência do observador sobre a mãe

Pela primeira vez em um ano e meio, não é possível ao observador comparecer à observação semanal, e isso tem efeitos sobre a mãe e a atmosfera geral da família. Porém, o mais significativo não é a ausência do observador, mas a forma em que esta ausência foi colocada. Ante a impossibilidade de ir à observação, telefonei uma hora antes à casa da família, o pai atendeu o telefone e simplesmente lhe comuniquei que não poderia ir[1]. Isso nos traz a questão de quanto é sensível a experiência a qualquer alteração e o cuidado que temos de ter a cada momento.

"Carlos, *dezessete meses e quatro dias*. Quando toquei a campainha, Carlos disse 'aaaaa!'. A mãe grita às crianças para que abram, finalmente vem B. O menino vem risonho ao meu encontro junto com o pai, que me convida a entrar. Olha-me com um sorriso e agarra-se às pernas do pai, que se senta no sofá à minha frente; com gesto irônico, o pai me diz que a semana passada tirei férias; eu não esclareço nada. Enquanto o pai fala, o menino não pára de sorrir e olhar-me. C está à mesa da sala de jantar com um prato de carne cortada em pedacinhos e come muito devagar. O pijama e um lenço em volta do pescoço fazem-me supor que esteja enferma. A mãe vem cumprimentar-me e em seguida reclama de C porque mal comeu, queixando-se do pouco apetite que têm seus filhos ultimamente, talvez pelo resfriado. Traz um iogurte para Carlos e senta-se no sofá para dá-lo. Chega B e a mãe pergunta se não me cumprimenta; esclareço que B abriu-me a porta e ela, sem ouvir-me, murmura que ninguém abre a porta nem atende o telefone e que sempre lhe deixam esta tarefa. O pai ri, compreensivo. Carlos, sentado no colo de sua mãe, põe obstáculos a que ela lhe dê o iogurte; quer pegar a colher e o pai, tentando facilitar as coisas, pede a B que traga uma. A mãe dirigi-se ao pai para contar-lhe que hoje Carlos comeu um grande prato de comida. Ao terminar com o menino – que não cessa de olhar-me – grita a C para que coma. O humor da mãe é muito lábil: de repente protesta, lamenta-se ou murmura contra as crianças, para em seguida comportar-se como se nada tivesse acontecido. A vem cumprimentar-me e a mãe, com rispidez, manda-o para a cama. Carlos corre de um lado para outro, vai até o hall de entrada ou tenta abrir a porta da cozinha dando-lhe pontapés. A mãe sai irritada da cozinha e reclama ao pai que conserte as portas, que não fecham bem. O menino volta à sala de jantar, aproxima-se do pai e logo se aproxima de mim para tocar-me a mão, porém se retira para trás, insiste e abandona o propósito. O pai olha sorridente e pede que ele se aproxime para limpá-lo, mas ele está entretido em olhar-me e não ouve. O pai o requisita de novo e ele aproxima seu rosto. O pai lhe oferece um trem de madeira que está no cercado. Carlos pega o brinquedo e brinca, arrastando-o pelo chão. O pai se encaminha ao quarto de A, que se agarra a seu braço e sai com ele. A mãe o adverte, abre a porta da cozinha e dirige-se a A com rudeza: "você não quer saber e entender o que tua mãe te diz?". A volta a seu quarto assustado e a mãe fecha a porta com ímpeto. Como A resmunga lá de dentro, ela pede ao pai que resolva o assunto, do contrário usará de violência. O pai entra no quarto de A e logo volta, mas, como o menino de novo abre a porta, a mãe interrompe aos gritos, o pai pede a colaboração de A, do contrário será obrigado a bater nele. A mãe lamenta-se de que C não come, e lhe pergunta se ao menos beberá uma laranja. Carlos se aproxima de mim e toca sutilmente meu joelho. Vem a mãe com C para dar-lhe a laranja, e o pai protesta por ter dado o trem ao menino. A mãe, com maus modos, afirma que os Reis o trouxeram para C e que é para brincar."

Vimos que a mãe ouve quando toco a campainha, mas em lugar de vir abrir-me, como faz habitualmente, pede que outro o faça. Penso que essa atitude se deve a não ter dado a ela uma explicação sobre minha ausência na semana passada. Ainda assim, cremos que sua resposta é inconsciente. Quando B entra na sala de jantar e ela lhe pede que me cumprimente, não escuta meus esclarecimentos. Para narrá-lo mais detalhadamente, diremos que a mãe se põe no lugar de B (que não me cumprimentou quando abriu a porta) e atua como eu: que não lhe disse "olá", a semana passada não a chamei ao telefone, ou lhe dei alguma explicação, o que é o mesmo que deixá-la e abandoná-la. Cremos que todo o material é expressão dessa ferida que sofreu a mãe e que esta se produz quando a mãe se sente excluída. Talvez por essa razão ofereça o trem de madeira a Carlos – é um presente do avô e não um dos meus – como um intento de tirar da mente do menino qualquer coisa que pudesse recordar-me.

Também quando declara que ninguém quer abrir a porta, nem atender ao telefone, parece dizer indiretamente que eu não quis falar ou estabelecer contato com ela. De alguma forma isso fica refletido no fato de que ela não aparece senão quando vem avançada a observação, o que não é freqüente. Como tampouco é que esteja tanto tempo na cozinha e só saia por causa de A, a quem ataca em várias vezes com violência e aparentemente o único motivo é ter vindo o menino à sala de jantar para me dizer olá em tom amigável.

Ela está incomodada porque não a levei em conta e de uma forma inconsciente evita ou corta a relação de A comigo, fechando de forma brusca a porta de seu quarto, tal como sente que eu fiz com ela. Deduzimos esta atitude porque nos parece fora do contexto toda sua irritação e indignação e a compreendemos mais quando, depois de um ano e meio de freqüência assídua, nem sequer lhe ofereci uma explicação, dei-lhe com a porta no nariz, daí sua insistência em fechar as portas. Ela dirige sua atenção mais para o pai, explicando-lhe – a ele e não a mim, como costuma fazer – que o menino comeu um grande prato de comida, porque precisa ter a seu lado alguém bom que a ajude. Eu me converti em mau e ela se dirige ao pai. Ainda que o comportamento do menino seja amável, também parece haver sentido a minha falta ou haver intuído algo diferente através do comportamento da mãe, pelo que me converto em um estranho para ele e não se decide a aproximar-se de mim até que se sente um pouco rechaçado e abandonado quando a mãe se vai com **C**, instante em que toca meu joelho.

Buscando caminhos. A utilização da cabeça e a aprendizagem

Por seu lado e ante as dificuldades que encontra a seu redor, Carlos tenta buscar seu próprio caminho sem intimidar-se, daí o estado mais excitado, porém cordial, que mantém durante a observação e que continua da seguinte maneira:

"A menina **B**, dirigindo-se a Carlos, coloca os dois dedos indicadores em suas bochechas e o menino, com ar maroto, repete o gesto. O pai volta a lhe dar o trem e ele o arrasta para o dormitório dos pais, dizendo 'teeeeee'. Regressa para onde estou, reclina sua cabeça em meus joelhos e volta a andar. A mãe está no banheiro, lava **C** e grita, o menino corre para lá. A mãe sai com **C** a caminho do quarto das meninas e fecha a porta atrás dela, Carlos apóia sua orelha sobre a porta e escuta. O pai comenta que essa conduta é habitual nele. Depois o menino corre a esconder-se atrás das cortinas da sala de jantar e quando aparece emite o som 'aaa' e o repete várias vezes. Quer ir ao hall e a menina **B** se interpõe abrindo as pernas, ele se atira no chão para passar por baixo, mas, como ela se agacha, aproveita o vão lateral, ante o que **B** comenta: 'até que é inteligente'. A mãe sai do quarto das meninas dizendo: 'Estou com as crianças até a garganta'. O pai a olha com compreensão e lhe manifesta que é natural. A mãe se retira para a cozinha, Carlos a segue e ela, muito excitada, o coloca dentro do cercado, ele se atira para trás e bate na barra superior, chorando com veemência. A mãe lhe dá beijos e quer consolá-lo, mas o menino não se acalma. O pai sugere que o tire do cercado, já que está ali para vigiá-lo, ela assim faz e ele se cala. A mãe vai para a cozinha e ele continua movendo-se excitado e com risos, escondendo-se embaixo da mesa em várias ocasiões. Vem a mãe e o convida a colocar todos os objetos que estão no cercado em um grande cubo de papelão quase tão alto quanto ele. A mãe coloca-o então no cercado e lhe mostra como deve fazer para continuar sozinho com o trabalho e, introduzindo os bonequinhos, os carros e o resto dos brinquedos. Ao terminar, a mãe vai preparar o banho, ele vira o cubo e tira todo seu conteúdo. Quando a mãe volta, lhe pede que repita a operação, ele a realiza e quando finaliza põe dois carrinhos de plástico estacionados juntos. A mãe me explica que agora já brinca sozinho durante muito tempo e que outro dia punha os carros de plástico em fila e que separava um carro de ferro que ela lhe deu. Também acrescenta que tenta introduzir os pés na casa de madeira que eu lhe havia dado, mas está danificada e que o pai arrumará as rodas que agora lhe faltam. O menino quer tirar o cubo do cercado, porque tem pouco espaço para mover-se, a mãe o incentiva para que faça sozinho e, apesar de seu volume, ele consegue tirá-lo do cercado. Depois manipula um relógio de plástico que tem os dígitos das horas soltos e consegue encaixá-los nos orifícios, ante o que os pais ficam admirados. Tem o trem na mão, a mãe pede e ele lhe dá. Apanha o motorista de um antigo carro que já desapareceu e o joga fora; os pais comentam que parece desagradar-lhe, porque sempre o atira. A mãe coloca o motorista sobre a chaminé da casa e ele tenta o mesmo, sorrindo ao consegui-lo. Os pais e eu seguimos todas as suas manobras e ele prossegue satisfeito. De novo tenta colocar o motorista e consegue sentá-lo melhor metendo-lhe as pernas dentro da chaminé, pelo que a mãe lhe diz que é mais esperto do que ela. O pai lhe pede que ponha o bonequinho dentro de casa; ele o coloca por um dos buracos do teto e o faz sair pela porta. Quando a mãe quer tirá-lo do cercado ele se opõe, uma vez nos braços dela esforça-se por descer e ir ao quarto de **A**. Ela o impede e ao voltar a levantá-lo tem de segurá-lo com força para que não caia. Finalmente entramos no banho, com as mãos embaixo da torneira ele permanece sossegado. Depois de lavar-lhe o rosto, deixa limpar o muco com uma pêra de borracha. A mãe tira suas calças para lavar-lhe a parte inferior do corpo, ele morde com força a mão dela. Ela bate na sua boca e ele chora desconsoladamente. A mãe me mostra os dentes que estão saindo e explica que esta é a razão de tê-la mordido. Assim me despeço deles".

Hoje, devido à indisposição da mãe, a irmã B mantém uma boa relação com Carlos. Nesse contexto, ele ensaia adaptar-se às diferentes circunstâncias, primeiro animado e reproduzindo os simpáticos gestos de B, porém quando lhe fecham a passagem tenta buscar seu próprio caminho sem protestar, experimentando por baixo, pelo lado ou por qualquer lugar em que divise uma saída. B deduz acertadamente que o menino é inteligente. Ele encontra o caminho para continuar com o que deseja fazer de maneira esplêndida. Outras tentativas são a brincadeira de esconde-esconde acompanhada do som exclamativo "aaaaa", o puxar o trem com o som onomatopaico de "teeeeee", como se com isso tentasse desenhar ou descrever seu comprimento. Através de sua expressão de cansaço e de toda a atitude que mantém durante a observação, a mãe nos mostra o quanto se sente perseguida e intolerante. Seguindo este modelo, coloca o menino no cercado e nesse momento se atira para trás – e sugerimos que o faz porque quer continuar com as experiências de aprendizagem que foram interrompidas de repente. Também observa a mãe que tem diante de si como má, e quer fugir dela.

Poderíamos emitir a hipótese de que essa criança, que nasceu com apresentação de cabeça, possa experimentar essa parte corporal de uma maneira mais intensa, por ser com ela que empurrava para abrir caminho através do canal do parto? Porque notamos que golpeia com sua cabeça -- que é forte -- e que com ela quer abrir passagem e vencer os obstáculos para voltar ao que estava fazendo e não ficar onde a mãe quer colocá-lo. Parece provável que o fato de que saia primeiro a cabeça tivesse uma extraordinária importância na hora de exteriorizar e utilizar os sentimentos no sentido de ter uma grande capacidade de força e de trabalho.

Por isso, quando a mãe vem consolá-lo e tenta confortá-lo com beijos, não o consegue, porque ele foi lesado em sua cabeça, ou melhor, nos sentimentos, que em sua cabeça estão dirigidos para uma intenção determinada. Só no momento em que o pai diz que o vigiará e a mãe tira o menino do cercado é que se cala.

Outro aspecto apreciado na observação de hoje é que o menino parece excitado, talvez pela persistente perseguição da mãe. Mas gostaríamos de diferenciar este comportamento de um estado maníaco porque hoje em vez de ir de um lugar para outro, sem sentido, ele pode retornar à brincadeira de esconde-esconde embaixo da mesa. Mais tarde, quando a mãe vem e mostra como colocar os objetos no cubo, ele olha o que faz a mãe, introjeta-o e depois o realiza. Não é, portanto, um comportamento mimético ou de cópia, mas ele vê o que a mãe faz, guarda dentro de sua mente e assim pode reproduzir essa situação. É como se dissesse: "Vou ver, aprender e então poderei fazê-lo". Não o repete no mesmo momento que a mãe, mas sim quando ela terminou. O que percebeu tem-no dentro de sua cabeça, em sua memória, e isso significa que poderá utilizá-lo sempre que quiser. Se tivesse recusado introjetá-lo (como sucede a muitas pessoas ou na experiência clínica com pacientes que reagem a incorporar algo dentro deles) seria impossível reproduzi-lo por si só, e em conseqüência deveriam levá-lo pela mão para fazê-lo de novo. Pelo contrário, é capaz de efetuá-lo por assimilação e isso lhe permite sentir-se mais independente, completo e unido como pessoa. Por isso ao final junta dois carros para situar seus sentimentos. Recordemos uma vez mais suas inteligentes tentativas para vencer o obstáculo que a irmã B lhe opunha. Isto é, de nosso ponto de vista, uma verdadeira "aprendizagem pela experiência".

O menino atira fora o motorista de um antigo carro e os pais me esclarecem que parece não gostar dele, porque sempre o atira. Qual é a razão? Imediatamente prestamos atenção e observamos que quando o menino se dá conta de que a mãe encontra um lugar para sentar o boneco, em lugar de seguir o costume e jogá-lo, recria a situação de melhor maneira que a mãe.

Daí deduzimos que o menino não pode suportar a experiência de ver este motorista isolado – perdeu seu carro, perdeu seu lugar – como o bebê que perde o calor da mãe, e se desfaz do motorista para não sentir o que perdeu. Se ele se livra de alguém que o faz lembrar-se de que perdeu algo (o motorista), já não sofrerá a dolorosa experiência de ter de lembrar o perdido. Quando a mãe lhe mostra que o motorista pode ter um lugar sentado na chaminé da casa, ele aprende com rapidez que o pobre boneco não está perdido e a partir daí empenha suas melhores habilidades para sentá-lo da melhor maneira na chaminé. Dessa forma vemos como, ao ser-lhe útil, sua capacidade de aprendizagem se incrementa para reparar uma dolorosa situação de perda, podendo incorporar o boneco à casa e tirá-lo pela porta e se mantém vigoroso e forte em defender sua independência até o final da sessão.

Ao longo da hora o pai teve um comportamento cooperador e atento, devido à atitude cortante que a mãe mantém comigo; isso o induz a sentir-se mais próximo de mim. Não necessita falar-me de seus temas habituais, mas, pelo contrário, expressa uma acolhida, recusando deixar-me só ou dar-me com a porta no nariz, como a mãe.

Os presentes do observador e as implicações emocionais na criança e na família

Em datas significativas (Natal, festa dos Reis Magos, dia onomástico e aniversário) eu levava um presente para Carlos. O fato motivou o ressentimento dos outros irmãos, em especial de C, a menor. Para retificar meu comportamento, hoje levo uma pequena lembrança a cada uma das crianças e o efeito emocional é evidente em todos eles, incluindo os pais.

"Carlos, *dezessete meses, onze dias*. A mãe me recebe em companhia de Carlos, enquanto manda A para seu quarto. Como eu lhes trago presentes, diz a A que espere. Também pede às meninas que se levantem, ponham roupão e venham. O menino pega seu pacote e não o abre, olha com atenção a maneira como dou as caixas de lápis de cores para cada um de seus irmãos. Eles pedem a Carlos que abra seu presente e ele se decide a fazê-lo. Trata-se de um carrinho que todos celebram como é bonito. Ele o faz rodar sobre o sofá, acompanhando-o com a mão. A mãe pede a **A** que vá para seu quarto e acompanha as meninas ao delas. Carlos faz rodar o carro pelo chão sem soltá-lo da mão, mas ao verificar que está a sós comigo vai ao quarto das irmãs. Como não pode abrir a porta, volta sorridente até onde estou, mas sem aproximar-se muito. Vai ao hall, coloca o carro no chão e o faz rodar empurrando-o. Como de costume, o pai bate na porta, abro-lhe e me cumprimenta com simpatia, comentando que começa a chover e está muito resfriado. Chega a mãe, ele a beija e ela lhe comunica que voltaram a vir os Reis. Ele diz que é muito gasto para mim e eu lhe esclareço que como anteriormente não havia trazido nada para os irmãos, aproveitei para fazê-lo hoje. A mãe me pergunta se **C** me havia dito algo a respeito, eu lhe explico que diretamente não, mas que havia comentado que sempre trazia presentes para Carlos. O menino continua com o carro sobre o sofá, a mãe lhe mostra os outros brinquedos, e ele os pega com a mão esquerda, mas sempre com o carrinho agarrado à mão direita. Ela o interroga afável: 'Não quer soltar o carrinho novo, não é?'. O menino deixa os brinquedos que já tinha e anda para o hall para fazer rodar o carro novo, a mãe o acompanha para acender a luz. **A** chama seu pai e a mãe o anima a ir ao quarto dar-lhe um beijo, Carlos também tenta entrar, mas fecham a porta, e ele continua brincando no hall com o carro. O pai sai do quarto de **A** comentando que são lápis de cor bons demais, sobretudo para **C**, que os quebrará, o que seria uma pena. Respondo que precisamente por serem bons talvez não os quebre. A mãe recorda como despertara em **A**, desde os cinco anos, uma grande aficção pela pintura. Chegaram a comprar-lhe um cavalete e pintara algo, de acordo com sua idade, que estava muito bom, porém logo abandonara tudo. Também **C** gosta de pintar, mas as crianças se cansam facilmente das coisas. O menino tenta colocar o carro em sua caixa, e o derruba no chão, o pai exclama preocupado que o quebrará, e é uma pena. A mãe lhe diz que não se importe, que o carro é para o menino e o pai se desculpa dizendo que o faz para que ao menos dure um dia. A mãe coloca o carro no bolsinho do seu avental, o menino chora e se dirige ao pai pedindo-lhe ajuda. Ela o tira e se entretém abrindo o motor, o pai lhe aconselha a não fazê-lo, porque o menino a imitará e poderia quebrá-lo. O menino recupera o carro e o faz rodar numa perna da mãe e logo noutra, fazendo 'brr, brr'. Em seguida o arrasta pela parede e pela porta. A mãe se tranqüiliza dizendo que não o proibirá, porque a casa não está muito cuidada. O menino vem rindo meter-se entre as pernas da mãe, sai delas e faz andar o carro passando-o de uma para a outra. Em um momento golpeia o braço da mãe com o carro. Vai ao sofá, a mãe lhe pede o carro, ele o coloca na mão dela sem soltá-lo, ela o pede outra vez e ele lhe oferece o papel que o envolvia. Dirige-se a mim, deixa o papel na minha mão e vai para a mãe. Volta, retira o papel e, sem soltá-lo, coloca-o na palma da mão dela, repete a mesma pauta comigo e retira-o. Como abre a tampa do motor e o pai insiste alarmado que o quebrará, a mãe pega para fechá-lo com fita adesiva e lhe oferece outros carrinhos, que ele rechaça. A mãe vai para a cozinha e volta em seguida com um iogurte. O menino se coloca diante dela para ser alimentado e ela lhe pergunta se gosta de carrinho, ao que ele responde querendo meter o carrinho na boca da mãe; ela se pergunta se ele entende que gostar é provar. Carlos quer pegar a colher enquanto a mãe o alimenta, ela lhe oferece o carrinho para que se entretenha e não a atrapalhe. O menino, bem disposto, toma uma colherada atrás da outra até terminar. Então põe o carro em sua boca, a mãe lhe diz que é caca, o pai a aconselha a não lhe dizer isso, porque, quando lhe dizem, atira com raiva o que tem na mão ou na boca. Mas o menino responde golpeando outro brinquedo do sofá e a mãe se dirige ao pai atestando que não atirou carrinho. O pai muda de assunto perguntando se vai passar algum filme interessante na televisão, a mãe responde malhumorada que está muito cansada e irá para a cama, que gostaria de permanecer ao menos uma semana numa clínica. Dirigindo-se a mim, confessa que não está bem, e que esta semana irá ao médico; cada quatro dias lhe vem a menstruação e lhe é difícil realizar todo o trabalho que tem em casa. Interroga-se quanto à razão de tal estado, não sabendo a que atribui-lo, e opina que podem ser os nervos o motivo, porque ultimamente está muito inquieta. O pai, que segue seu relato com preocupação, pergunta-lhe há quanto tempo não está bem. Ela responde que praticamente desde o nascimento do menino, ainda que o mal-estar que sente agora manifestou-se uns três meses depois daquilo (refere-se a perdas que fizeram pressagiar um aborto). Prossegue especulando sobre as causas de seu mal-estar. Os nervos, o parto ou talvez o dispositivo intra-uterino. Depois da primeira menstruação foi ao ginecologista, que não lhe aconselhou anticoncepcionais orais. Colocaram-lhe o dispositivo intra-uterino e as menstruações foram normais em periodicidade, mas não em quantidade e duração. Porém, depois das grandes hemorragias a situação se estabilizou e na última consulta o médico comentou que seu corpo tinha se acostumado com o dispositivo. Acrescenta que está nervosa e não pode tolerar C, em quem bate, apesar de lhe desagradar agir assim, atitude que deixa a menina mais nervosa. Por outro lado, se queixa de não ter ninguém que a ajude. Sua mãe e sua sogra têm suas obrigações e ela não pode pagar uma mocinha que a ajude nas tarefas da casa. Faz uns dias teve um espasmo nervoso que lhe subiu do estômago à garganta. Neste momento, levanta-se de forma imperiosa e vai ao banheiro...".

Em primeiro lugar avaliamos a reação de Carlos quando ofereci presentes aos irmãos. Está tão surpreso que não tira o olhar das outras crianças, nem quer abrir seu presente. Anteriormente, eu só levava algo para ele, mas agora também agrado aos irmãos, gesto que interpreta como um abandono da minha parte.

Também podemos ver o efeito disso sobre os pais: cada criança tem seu presente, mas o pai e a mãe, não. É obvio que conscientemente eles estão muito satisfeitos por ter cada criança o seu presente, entretanto os pais se mostram ciumentos.

Quando o pai diz "São lápis muito bons para as crianças", é como se dissesse que ele os apreciaria melhor, porque as crianças não valorizam a qualidade do presente; e a mãe acrescenta: "Eles se cansam muito depressa das coisas, quando pequenos lhes demos pintura, e logo se esqueceram dela". Os pais se sentem contrariados, porque cada criança tem seus brinquedos e eles – "como crianças" – não receberam nenhum. Depois preocupa ao pai que o menino possa quebrar o carro, e a mãe reage mais compreensiva, esclarecendo que o brinquedo não era para ele, mas para o menino. Entretanto, ela volta a colocá-lo no bolsinho do avental, entretém-se descobrindo que se pode abrir o motor; o menino chora pedindo o auxilio do pai, o casal discute sobre o brinquedo, especialmente o pai, que sugere o que o menino vai querer fazer com o carro; isso faz supor que talvez ele também gostasse de brincar com ele.

Mas, voltemos a centrar-nos no menino. A princípio se surpreende que eu incluísse seus irmãos e desconfia de mim, sente que vai perder-me, e por isso se agarra fortemente ao brinquedo e não o solta nem ante o pedido da mãe, fato que ela enfatiza. O que é interessante é o que ele faz e como a mãe o permite. O menino usa as pernas da mãe para fazer o carro andar ao longo dela, continuará pela parede e pelas portas, voltará à mãe, e se colocará entre suas pernas, sairá e as ajuntará para correr o carro novamente sobre elas.

Através dessa brincadeira parece indicar que as pernas – utilizadas para andar, ir ou deixá-lo sozinho – são um terreno ou uma propriedade da qual sai para correr pela parede e pelas portas da casa, e da qual volta a tomar posse.

Ele quer guardar a mãe e quer que ela lhe pertença, terminando com um gesto de afirmação ao golpear-lhe o braço. Quando a mãe lhe pede o brinquedo, ele o coloca sobre sua mão mas sem soltá-lo, porque é um instrumento que lhe dá segurança para resolver sua preocupação inicial referente ao receio que sente em relação a mim, e isso ele faz com a mãe e a partir da mãe. Dessa forma vem para mim, deixa o carrinho, e vai com a mãe, volta a recolhê-lo e repete a seqüência tranqüilamente. Recuperou-se da surpresa do começo, perdoou-me e agora confia em que não vou deixá-lo, sou o mesmo de sempre, e por isso responde com gratidão reclamando e segurando muito firmemente o carro que lhe dei. No movimento seguinte a mãe pergunta se gosta do carro e ele vem a responder "Bem, prova-o, para saber se você quer", enquanto trata de introduzi-lo em sua boca. É como se para ele toda a situação fosse um processo de alimentação, no qual eu lhe dei algo bom que ele coloca para dentro dele, introjetado; alimentei-o e procede igualmente sem opor resistência quando a mãe lhe dá iogurte. Aceita de bom grado, porque agora, por projeção, qualquer coisa é convertida em boa. O mesmo ocorre com a mãe. Em um primeiro momento ela sente ciúme, mas se livra dele projetando-o no pai – assinala-lhe que o brinquedo é para Carlos – e sente meus presentes para as crianças como uma atenção para ela – e essa boa introjeção da mãe a faz ser tolerante e permissiva com o menino, não se importando que suje a casa. Talvez, ao valorizar meus presentes como um gesto de generosidade, ela se decide fazer-me participante da preocupação que sente por seu estado de saúde, à procura de ajuda e compreensão.

Tudo começa quando o pai se preocupa com a programação da TV, como se quisesse demonstrar que é um menino ciumento e egoísta, que só se preocupa com ele mesmo e não com ela. Será que talvez o pai não lhe dê oportunidade de ter um novo filho, como parece seria um desejo inconsciente dela, o que se pode atribuir-lhe em vista de seu rechaço aos anticoncepcionais?

O observador amplia as relações da criança

Depois do incidente do dia anterior – Carlos temeu pela perda do observador –, o menino teve de lutar por sua segurança. Uma vez restabelecida a confiança, amplia seu contato através de uma relação mais próxima com o significado de ampliar seu círculo de interesses.

"Carlos, *dezessete meses, duas semanas, três dias.* A abre-me a porta previamente, perguntando à mãe se deve fazê-lo e C vem correndo saudar-me. O menino está frente ao televisor, e da mesa de jantar levanta os braços com grande sorriso dizendo "ooolaaaá". Entro e pouco depois vem a mãe cumprimentar-me e rapidamente se desculpa por não poder dedicar-me mais tempo porque está banhando B. O menino olha alternadamente para mim e para a televisão, aproximando-se e retirando-se. **C** me mostra o carro que dei a Carlos a semana passada para dizer-me que ainda está novo. O menino o arrebata sorridente, fazendo-o rodar sobre uns tamboretes que há frente ao televisor; logo o traz para colocá-lo em minha mão e retirá-lo, parece confiante desde o primeiro momento. Chamam à porta – **A** está lendo um livro sobre a mesa – **C** vai abrir. É o pai. Carlos continua em frente à televisão e a mim, sem corresponder ao pai que saúda e o beija. Ironicamente o pai pergunta se sua mulher foi embora e nos deixou a todos. Respondo-lhe com um sorriso compreensivo, dizendo que está no banheiro com **B**. Senta-se do outro lado do sofá e comenta algumas notícias do telejornal. O menino se aproxima para deixar-me o carro sobre a mão, logo volta para abrir a tampa do motor e o pai comenta que já sabe como funciona. Volta mais uma vez com o carro e o faz rodar sobre minha palma. Como **C** está a meu lado e tenta aproximar-se de nós, o menino deixa o carro em minha mão e se afana em empurrar **C** para afastá-la. A menina ri compreensiva e ele se coloca ainda mais perto de mim para continuar entretido com o carro. Logo o faz correr pelo tamborete e finalmente no chão, seguindo o conselho do pai. Carlos se aproxima de mim no preciso instante em que a mãe sai do banheiro e saúda o pai, mostrando-se atenta à confiança e tranqüilidade que me concede o menino; então se desequilibra e dá uma escorregadela que quase a faz cair. A mãe e o menino riem-se, este decide ir ao quarto de **A**. A mãe vai atrás e apaga a luz. Carlos fica lá dentro e **C** lhe diz que saia de lá, ameaçando-o com demônio, ante o que ele fecha a porta. **C** entra divertida, simulando que vai pegá-lo, ele sai dali às gargalhadas. A mãe pede ao pai que vá ao banheiro e ajude **B** a secar o cabelo enquanto ela está na cozinha. O menino dirige-se a mim, põe o carro na minha mão, ao mesmo tempo em que a fecha para deixá-lo dentro dela, afasta-se e logo volta a pegá-lo. Corre até o cercado – do qual estou muito próximo – e sobe na sua borda inferior; **C** tira dali alguns carros de plástico, referindo que eu os tinha trazido para o menino outro dia, e ele lhe arranca um da mão. Em seguida sobe no sofá e faz rodar o carro na sua parte superior. Quando chega

quase ao extremo do sofá, aproximo-me para protegê-lo e **C** comenta que o pobrezinho poderia cair. Chamam à porta, **C** se dispõe a abrir e **A** lhe diz que não o faça. A mãe sai da cozinha com o cesto de lixo e abre a porta. O menino se lança sobre o sofá com grande destreza, resvala habilmente para o chão, corre em direção à porta, abrindo eufórico os braços, e saúda o porteiro.
A mãe manda que Carlos e **C** entrem. Eles vêm desorientados até a sala de jantar, tropeçam e caem, logo levantam-se rindo."

O menino me recebe com as boas vindas de reconhecimento que acompanha de um expressivo "oooolaaaaá". Parece que estabeleceu definitivamente que eu lhe pertenço, por isso quando **C** se aproxima para mostrar-me o carro, ele o arrebata, como que dizendo: "essa pessoa é minha." Ela o reconhece e aceita. É realmente interessante ver como o menino demonstra afeto para mim e ignora o pai neste momento. Digamos que o pai tem que ser pai das outras crianças (**A**, **B** e **C**), mas eu estou ali só para ele. Isso adquire muita importância depois da confrontação conflituosa da vez anterior. Assim, sou bem recebido, como uma mãe ou um pai que é só seu. De fato usa meu corpo de forma similar à utilização das pernas da mãe na observação anterior: faz rodar o carro sobre minha mão. Emprega meu corpo como um regaço para colocar nele seus pertences e sentir-se contido em mim, aproxima-se e quer ter-me muito próximo dele. Converte-me em mãe ou pai que cuida exclusivamente dele, lhe dá presentes, e lhe confere segurança, confiança, liberdade, e sua felicidade por haver-me recuperado de novo manifesta-se efusivamente.

Também **C** estabelece um contato especial comigo, não compete com o menino, atua como se eu fosse o papai e ela a mamãe. Assim pode ser tolerante com o irmãozinho, deixar que lhe tire as coisas, e vir a mim para dizer: "Pobrezinho, pode cair, vamos protegê-lo". Então, ela não é menininha, mas um adulto com capacidades de mamãe. Ela evita dessa maneira ser ferida ou excluída e, portanto, não sente ciúme.

A criança assegura seu desenvolvimento tentando imitar seus irmãos

Queremos mostrar que "querer ser como os outros" é um incentivo para a criança escutar e prestar atenção; entender melhor não só para afirmar-se aos critérios que lhe pedem, senão também para assegurar-se em seu desenvolvimento. Por outro lado, o crescimento do menino influi na mãe, que agora pode entendê-lo melhor e adquire confiança para poder atender às outras crianças.

"A mãe vem com um prato de batatas fritas e carne para **A**, o qual tinha posto a mesa previamente. Logo traz rações parecidas para **C** e Carlos. Este último põe o carro na minha mão, fecha-a e se dirige para a mesa. Para subir à cadeira segura-se com as mãos, dá um impulso no corpo e com pequena ajuda da mãe o consegue. Enquanto a mãe corta a carne de **C**, Carlos tenta pegar um pedaço com a mão e ela o impede. A mãe comenta que a atitude do menino comigo está mais confiante que nos outros dias, ao que o pai, que acaba de sair do banheiro, acrescenta que ele está mais familiarizado comigo. Confirmo suas palavras e conto que o menino colocou o carro na minha mão. Ao ouvir a palavra carro o menino me pede o brinquedo para colocá-lo ao lado de seu prato. Pega os pedacinhos de carne e batatas que sua mãe vai cortando, porém ao notar como comem seus irmãos, gesticula exigindo um garfo. A mãe lhe entrega um e ele começa a utilizá-lo. Permite que a mãe o alimente. Ela o faz alternativamente com ele e **C**, a quem trata com bastante delicadeza. Confessa-se preocupada com **C** que não está bem, volta a precisar de fraldas e crê que isso deve ser um problema psicológico, talvez sinta ciúme do irmãozinho e aja assim para pedir maior proteção. Conclui que a única coisa adequada é ter paciência. Escuto-a com todo o interesse e posso apreciá-la tranqüila e sossegada. Por exemplo, quando **A** lhe diz que terminou, pede amavelmente que pegue uma fruta na cozinha. Também responde afável a **B** quando lhe pede o jantar, dizendo-lhe que jantará depois com os pais. Às vezes o menino se dirige a mim e levanta a mão como se dissesse "sei que você está aí e estou contente." A mãe ri compreensiva. O menino me dá o carro para que o guarde na minha mão e o pede novamente. Logo deseja descer e se dirige a mim para que o ajude, pega as minhas mãos e salta ao chão. Os pais comentam o caso do filho de uns amigos que tinha dificuldades e queriam levá-lo ao psicólogo para resolver seus problemas de caráter. A volta da sala de jantar, e a mãe, modificando sua conduta anterior, convida-o a sentar-se. Como B ocupa seu assento, levanto-me para dar-lhe lugar e vou ao que uso habitualmente, mas o pai se irrita com ele e o repreende sugerindo-lhe que a casa não é um palácio e que por isso ele não pode ser tão espaçoso. A sai e a mãe pede ao menino que suba à cadeira; como não pode fazê-lo sozinho, o menino pede ao pai que o ajude. Por duas vezes o pai não o escuta porque está entretido com a televisão – mas, em nenhum momento pede a mim –, interpela a mãe, que está ocupada com C que também não percebe seu pedido, finalmente se aproxima do televisor. O programa trata dos maridos que vão caçar para livrar-se das mulheres. A mãe rebate o argumento reivindicando que também poderia suceder o contrário. O marido brinca e chama a atenção sobre um leopardo e o bonito casaco que se poderia fazer dele. A mãe responde 'pobre animal'. As outras crianças vão para seus quartos deixando as portas abertas e Carlos vai atrás deles. Pela primeira vez nesta observação a mãe grita, dirigindo-se ao pai com veemência para dizer-lhe que "estas crianças são horrorosas e não ligam para o que eu falo"; o pai lhe pede que tenha paciência. Vem C e a mãe lhe pergunta se não entende quando a mãe pede que feche as portas. Carlos vai e vem do televisor a mim para, sorridente, apoiar a cabeça em meus joelhos. A mãe comenta que tudo é mais fácil quando as crianças são bebês. É só pegá-las, dar-lhes a mamadeira e pronto, mas agora é preciso esperar pacientemente. Chama o menino e ele se dirige risonho para o quarto dos pais, então a mãe recorda que quando vão sair à rua ela o chama e ele se esconde no último canto da casa, mostrando que é uma brincadeira que o diverte. O menino vem e se põe diante do televisor, a mãe – que tenta dar-lhe uma colherada de comida – tira o som da TV; antes de receber o alimento, o menino volta a aumentar o som. O pai lhe diz que limpe a boca e o menino dirige-se a ele mostrando-a. Os pais riem-se satisfeitos com essa pronta resposta. Disponho-me a sair e a mãe pede ao menino que se despeça dando-me a mão. Ele, após certa indecisão, o faz."

Aqui continuamos vendo como persiste a importância que tem o observador para a criança. Estou ali, na mesa, perto dele e os pais comentam o quanto lhe sou familiar. Podemos apreciar também a rapidez com que Carlos cresce e se desenvolve, conseguindo fazer à mesa o mesmo que seus irmãos maiores, isto é, pode comer com seu próprio garfo. Porque ele sabe que a mãe considera sujo comer com os dedos e não o permite. O menino adapta-se a essa norma, não de uma forma submissa, mas para conseguir um progresso, ou seja, poder utilizar seu talher. Da mesma maneira trata de entender o que a mãe e o pai lhe dizem. Isso nos mostra como é importante para o menor de uma família em que há várias crianças ser como os maiores, ou, inclusive, para cada um deles ser como os outros, dando lugar a um jogo de identificações múltiplas. Dentro dessa dinâmica dão-se processos inversos, como no caso de C, que, segundo nos conta a mãe, parece ter regredido e precisa de fraldas como um bebê. Esse "querer ser como os outros" é um incentivo para escutar, prestar atenção e entender, por exemplo: no momento em que o pai diz a Carlos que limpe a boca, o menino lhe responde com presteza, ainda que com uma compreensão limitada e não com uma comunicação verbal, mas corporal e de movimento (aproxima-se e mostra a boca ao pai).

Podemos examinar como o segundo ano de observação nos permite aprender e avaliar múltiplos aspectos, a maneira em que o menino se desenvolve nesses aspectos e em que condições se dá esse desenvolvimento, assim como o influxo que esse progresso tem sobre a mãe. Ela sente prazer em ver como o menino é mais hábil, o que faz com que ela se torne menos exigente, mais tolerante e compreensiva, não só com Carlos, mas também com C, atribuindo os problemas da menina a um desajuste psicológico.

Em um momento posterior, os acontecimentos mudam subitamente e a mãe se torna intransigente com as crianças. Parece-nos que a variação está relacionada com a preocupação que os pais sentem com os problemas psicológicos que agora atingem o filho de seus amigos. Também pode ser que a mãe se descon-trole pela desconsideração do pai com **A**, depois de ela conseguir ser amável com todos. Logo seguirá uma série de brincadeiras e ironias, carregadas de tensão, sobre o programa que emitem na televisão (machismo, feminismo). Nesse contexto, a mãe diz que o menino era mais manejável quando era bebê, enquanto antes nos foi mostrando todo o contrário.

Para ela é importante que o menino seja capaz de fazer as coisas sozinho, porque assusta-a que possa retroceder, como sucede a **C** e que se criem nele transtornos de caráter sérios. Esse comportamento não é característico dessa mãe, mas de qualquer uma. Os progressos as resseguram. Em nossa observação dão confiança à mãe e por isso mais tarde lembrará com regozijo a maneira pela qual ela e o menino se divertem com a brincadeira de esconde-esconde.

Na trama dos últimos acontecimentos encontramos um comportamento interessante: o menino pede minha ajuda para descer da cadeira, mas, quando a mãe o convida a subir outra vez, e ele não é capaz de fazê-lo sozinho, não se dirige a mim, mas ao pai, e persiste em requerê-lo, inclusive ignorando-me completamente. A questão que nos suscita é: "por que se conduz assim?". Poderíamos sugerir que é o pai quem costuma ajudá-lo nessas operações e existe um vínculo ao qual o menino recorre em ocasião como essa. Porém, como não existem precedentes em nossas observações, preferimos atribui-lo ao fato de **A** voltar da sala de jantar e eu lhe dar o lugar, o que seria uma situação semelhante à da observação anterior, quando dei um presente a **A**. Igualmente, isso também pode motivar suas dúvidas de dar-me a mão no momento final para despedir-se. Recordemos que na ocasião intermediária, quando se aproxima carinhoso de meus joelhos, é quando a mãe voltou a ser intransigente com os outros irmãos e a relação entre os pais está algo perturbada, discutindo pelo episódio que emitem na televisão.

A comunicação da criança com o observador facilita o aparecimento de uma certa linguagem

Por meio de uma intensa comunicação pré-verbal do menino com o observador e da introjeção da estreita relação corporal com ele, insinua-se uma certa configuração de linguagem.

"Carlos, *dezessete meses, três semanas e três dias*. Abre-me a mãe, o menino vem sorridente da sala de jantar para a entrada e me diz: "olá". Vai correndo ao sofá onde há um folheto colorido de propaganda editorial e assinala-me as figuras. A mãe pergunta amavelmente o que era que queria me mostrar e ele se pendura no cercado como se quisesse me mostrar suas habilidades. B sai de seu quarto e nos saúda com um "boa noite", mas a mãe a repreende e a faz voltar recordando-lhe que os outros já estão na cama.

C chama a mãe para trocar as fraldas, e esta a atende; uma vez lá, aproveita para dizer a B que é uma menina insuportável. Como a mãe fecha a porta, o menino desiste de segui-la e volta a mim para assinalar-me as figuras do folheto que tenho nas mãos. Aproxima-se pouco a pouco de minhas pernas até contatar com elas e olhar-me risonho, apontando com o dedo indicador para o rosto de uma das figuras. Está esperando, como que desejando que eu diga algo, mas duvido sobre se é conveniente corresponder-lhe, e me calo. Surge a mãe, e o menino vai ao seu encontro. Volta a mim, estendendo progressivamente o contato de seu corpo com as minhas pernas. A mãe, contente com a cena, chama-o de *"guapo"*. Em seguida vai à cozinha e o menino a segue, mas no meio do caminho volta por si só para colocar-se entre as minhas pernas. Sai para pegar um apito, põe-no na boca, coloca-se de novo entre minhas pernas e o faz soar. Desdobra o folheto, interessando-se e assinalando-me o rosto das pessoas, mostrando uma atenção especial pelos olhos. É então que me decido a dizer-lhe: "Os olhos". Ao voltar a mãe, e junto às minhas pernas, ele dirige a ela uma espécie de "discurso", tagarelice ou simulação de conversação com sons dos quais não faço um registro posterior. Sai a buscar a casinha que eu lhe tinha dado e a coloca sobre a minhas mãos, ante o que deixa o folheto sobre a mesa. A mãe o anima para que busque os bonequinhos para colocá-los dentro da casa. Encaminha-se ao quarto das irmãs e tenta abrir a porta. Como não é possível, a mãe o ajuda. Na volta, quer colocar um boneco por um dos buracos da casa. Por não ser o boneco adequado ao encaixe da casinha, deixa-o de lado, busca outro redondo e o introduz; logo fará o mesmo com outro menor e com o apito. Pretende ir de novo ao quarto das irmãs; sem dificuldade abre a porta com um empurrão e entra, não sei o que pretende buscar, mas a mãe vai atrás dele e o traz chorando. Ela comenta que já não é o bom bebê e o chama de terrível, porque imita C em tudo e, como C está enciumada e quer constantemente chamar a atenção, a relação fica muito difícil. O menino recolhe um carro que a mãe lhe envia rodando pelo sofá e ele o devolve da mesma maneira; logo vem até mim e o faz andar sobre minhas pernas. A mãe dirige-se à cozinha e o menino sobe no sofá para pegar o telefone, a mãe lhe diz que não o faça, mas segue para a cozinha. Estando sozinho, pega o fone corretamente e o coloca sobre a orelha, fazendo rodar o disco e emitindo sons como 'eeaee, ueoea, eauee' com uma entonação e modulações claramente referidas às usadas em uma conversação entre adultos. A mãe volta e lhe diz que o largue, mas ele se nega bajulador, ela o tira e ele volta a pegá-lo. A mãe lhe pede que busque outro brinquedo, o menino desce com presteza do sofá e vai ao hall. Ela lhe pede que reproduza o som dos carros e explica-me que para entretê-lo manda-o ao terraço para que veja os carros passando pela rua. Também me relata como imita as condutas de seus irmãos, inclusive seus gritos, pelo que em muitas ocasiões ela evita gritar para que não adote esses hábitos."

O menino me saúda verbalmente e efetua uma progressiva aproximação a mim. Mostra-me as figuras do folheto esperando ansioso que eu nomeie verbalmente o que ele aponta, como se sua intenção fosse induzir-me a uma conversação. Inicialmente me sinto coibido e não respondo[2] a seu convite; porém, ele continua perseverante, contactando comigo com parte de seu corpo para terminar metendo-se entre as minhas pernas. Arranja um apito para fazer soar e de novo fica perto e como que dentro de mim, ali insiste na comunicação e em arrancar-me uma resposta verbal que finalmente consegue. Quando a mãe volta, dirige-se a ela articulando uma certa conversação. É como se eu tivesse servido de intermediário para que depois ele pudesse formular sua "linguagem", a partir da introjeção de uma relação corporal.

Na seqüência seguinte o menino amplia sua experiência com o jogo da casa e entende a mensagem da mãe quando ela lhe sugere que busque os bonequinhos adequados para colocar dentro da casa, como se ela quisesse dizer que o processo de meter-se dentro de mim por identificação projetiva (em mim, entre as minhas pernas ou na casa que eu lhe tinha dado) lhe servisse para obter a aquisição de sua linguagem.

Identificação projetiva que se torna introjetiva quando a mãe sai e o menino tenta estabelecer uma conversação por telefone. Processo que a mãe considera imitação de condutas, de gestos, de gritos e de palavras. É como se o processo de aprendizagem lhe conferisse uma grande segurança, entendendo a mãe quando lhe pede algo, conquistando-a com seu encanto natural para que o deixe ao telefone, mas aceita mudar de brincadeira quando percebe a atitude séria da mãe, o que parece que não ocorre com as outras crianças que a contrariam com mais freqüência. Carlos utiliza cada situação para fazer algo, para explorar e aprender mais e a mãe expressa sua alegria por seu desenvolvimento, ainda que o júbilo de reconhecimento se trunque ante a demonstração de sua pouca capacidade de tolerância aos problemas com as outras crianças e diz que já acabou o "bebê bom", porque teme que ao imitá-los evolua para a mesma desobediência que mostram as outras crianças.

O menino interessa-se por seu pênis

Acabamos de observar como Carlos aproximou-se do observador – nesse caso representante do pai – para cuidar da relação com a mãe e poder continuar seu caminho de progresso e superá-lo com suas manifestações de linguagem. Diz M. Klein[3]: "Quando a criança se afasta do corpo da mãe, para outras pessoas que são admiradas e idealizadas, a fim de evitar os sentimentos hostis para o objeto mais importante e cobiçado (e, portanto, odiado), o seio, esta fuga se converte em um veículo da própria defesa – o que significa também preservar a mãe – com freqüência assinalei que tem grande importância o modo pelo qual se leva a cabo o desvio do primeiro objeto para o segundo, ou seja, o pai". Localizada no banho, a seguinte situação é traumática para o menino e desperta sua angústia. Carlos necessita confirmar de novo esse passo que o leva de uma relação com o objeto original (mãe-seio) à valorização do segundo objeto (pai-pênis) pelo interesse por seu próprio pênis.

"A mãe prepara o banho e passa pelo dormitório para pegar a roupa. O menino dirige-se ao banheiro levando na mão um chapéu de bombeiro de um boneco. Sigo-o e ele me olha satisfeito. A mãe o senta no colo, ele sorri e vocaliza. Ao ser despido da parte inferior de seu corpo, orienta com toda a atenção o olhar para o pênis. Pega-o, enquanto olha sorrindo para a mãe e diz a ela algo assim como 'eaueer, eaueu, eaueu'; ela o adverte que não se toque porque é 'caca' e lhe tira a mão, e o menino deixa-se despir com tranqüilidade, ainda que volte a pegar o pênis e repetir o mesmo de antes. A mãe se dispõe a introduzi-lo na água, mas ele resiste, contraindo o rosto com expressão de desagrado. Uma vez dentro da água, fica tranqüilo até o momento em que a mãe joga água na sua cabeça; então protesta, choraminga, cerrando os punhos, em um dos quais tem fortemente preso o chapéu de bombeiro. A mãe lhe pede que se sente no degrau do banheiro, ele o faz e se deixa ensaboar entre gargalhadas. Quando ela o senta no fundo da banheira, ele chora, esforçando-se por levantar-se enquanto me olha aterrorizado e com cara de susto. Depois de um tempo (que eu considero longuíssimo) a mãe o deixa levantar, comentando que, se não o solta, quebraria seu braço, pelo esforço que tem de fazer para mantê-lo embaixo. A mãe recorda o episódio da praia quando o menino ficou aterrorizado ao ver que o levavam mar adentro. Envolve-o com uma toalha dizendo 'que mãe má você tem', momento em que ele se tranqüiliza. Chamam à porta, recebe o afetuoso cumprimento do pai e volta ao banheiro. O menino retira a toalha da parte inferior de seu corpo, olha seu pênis, apanha-o com sua mão, olha a mãe com um gesto entre alegre e gracioso, e repete 'eaueu, eaueu'. Mais sossegada, a mãe lhe diz que é bonito, mas que não o toque, acrescentando que sempre lhe dá prazer tocar-se e olhar ali. Em seguida, o mesmo se distrai e quer pegar o secador com que a mãe lhe está secando o cabelo. Protesta quando a mãe começa a vesti-lo, mas logo consente. Ela me esclarece que ele não gosta das calças plásticas, porque são duras e o incomodam. Pergunta-lhe se quer saudar o pai e ele faz um gesto de assentimento com a cabeça. Vamos à sala de jantar, a mãe inclina o menino sobre o pai, que está sentado à mesa trabalhando em uns papéis, o menino sorri ao beijo do pai e a mãe também pede um a seu marido. O menino insiste para que o pai o pegue, e como este não o toma, volta-se decidido para mim, eu lhe ofereço meus braços e o levanto. A mãe comenta que ele quer provocar ciúme no pai. O menino fica contente, olhando-me, pegando-me os braços e a gola do casaco. Quando a mãe pede que vá com ela, ele se opõe, afastando-a com a mão. Ela vai para a cozinha e então ele quer ir para o pai, mas só um instante para voltar de novo a mim. Vem a mãe com uma banana amassada e um iogurte; ele dirige-se a ela, mas não aceita ser alimentado e exige uma colher; come um pouco da banana e pede o iogurte, que deixa a mãe dar-lhe. De quando em quando me olha, e como numa saudação alegre vocaliza 'eauaua...' Digo que antes de hoje ele nunca tinha se dirigido tão abertamente a mim para que o pegasse. A mãe corrobora minha afirmação, dizendo que o menino vai com qualquer um que lhe diga algo, por exemplo com a senhora do bar debaixo. O menino não quer aceitar uma colhe-rada de banana, mas mostra desejos de vir para onde estou sentado. A mãe o deixa e ele se põe a meu lado, pegando o conhecido folheto publicitário para assinalar-me a figura. A mãe interfere mostrando-lhe uma escultura, mas ele não se afasta da figura que me mostrava. Como é hora, anuncio a minha partida e despeço-me com um adeus. O menino diz 'diooos' abanando a mão e repetindo 'diooos'."

A situação com o banho não resulta agradável, talvez o menino pressinta e se previne de uma forma positiva, reafirmando o interesse por seu pênis – que lhe permite ter uma comunicação verbal com sua mãe. A mãe, pressionada pela angústia que vai reviver no banho, não entende e desqualifica a experiência do menino: qualifica-a de suja e a proíbe. Ele não tem medo quando é despido ou está no banho, é só ao ser colocado de repente na água que vemos no seu rosto uma contração de desagrado, porque é como o terror de cair, afogar-se e que nada poderá protegê-lo. Os punhos são realmente como conchas que se fecham sobre si mesmas ou sobre o chapéu de bombeiro, produzindo-se uma grande tensão muscular para evitar ser penetrado pelo terror, como uma pele dura – no sentido expressado por E. Bick – para proteger-se dos ataques.

Infelizmente, a mãe não pode fazer nada por ele – falar-lhe ou mostrar-se gentil para que se acalme – senão que o força e o mantém no fundo, porque ela também se sente perseguida e reco-nhece ao dizer que é uma "mãe má". Depois de haver terminado, contudo, ela pode ser permissiva e inclusive amável e lhe diz que o pênis é "bonito" e nota o incômodo que provoca o uso das calças plásticas, das quais necessita, porque o menino não iniciou o treinamento esfincteriano.

Esse interesse pelo pênis também está especificado nos estudos de M. Klein[4], que o considera uma "ampliação das relações de objeto", qualificando-o de processo normal na infância quando diz que "as relações com objetos são em parte substituto do amor à mãe e não especialmente uma fuga do ódio a ela. Os nossos objetos são úteis e ao mesmo tempo uma compensação dos inevitáveis sentimentos de perda do único objeto primário". Nesse sentido, consideramos o interesse de Carlos pelo pênis como uma reafirmação de sua identidade sexual e, dado que durante a observação pudemos contemplar este fator em conexão com as manifestações verbais, poderíamos considerar a dita identidade sexual como um passo fundamental na aquisição da linguagem? Não vemos em sua ação de tocar-se o pênis uma atitude masturbatória defensiva ou uma excitação para evitar o sentimento de solidão, frustração ou agressão persecutória. Tampouco a encaixamos no sentido da supervalorização sexual infantil, da qual nos adverte Meltzer[5], de considerar o pequeno pênis como uma jóia e a frenética vitalidade do menino como a essência da potência masculina. É mais acertado concluir que tem uma vida rica e interessa-se por múltiplas atividades vitais, além de um bom contato com as pessoas. Poderíamos dizer que está cheio de qualidades, de bons objetos introjetados, que depois pode projetar em suas relações. O menino aceita o pai e quer ir com ele. Só quando ele não responde sua chamada recorre a mim como substituto para proteger e guardar a relação com ele.

Quando a mãe diz que o menino tenta despertar o ciúme do pai, parece que ela se denuncia, sente-se insegura e rechaçada com esta afirmação masculina do menino e tenta desvalorizar este interesse claro e definido de Carlos. Por último, ele aceita a alimentação ao mesmo tempo que estabelece uma comunicação verbal com o observador, a quem volta a procurar com o folheto usado no princípio da observação como que para reeditar todos os acontecimentos de uma relação rica vivida com ele e poder despedir-se com o "diooos" (adeus).

---

1 O erro foi duplo, primeiro porque eu não pedi ao pai para falar com a mãe ao telefone, e por outro lado não dei nem ao menos uma sucinta explicação do motivo que me impediu de comparecer.
2 O correto teria sido responder-lhe brevemente, como fiz, posteriormente, para evitar uma frustração desnecessária.
3 M. Klein, *Inveja e Gratidão*, Buenos Aires, Paidós, 1976.
4 M. Klein, *op.cit.*
5 D. Meltzer. *Estados sexuales de la mente*. Buenos Aires, Ed. Kargieman,1974.

CAPÍTULO 7

19 MESES

A significação profunda da linguagem

Diz Meltzer[1]: "A exigência da criança para a formação e uso da linguagem é alcançada com elementos formais e mediante processos de identificação por meio do ensino denotativo dos pais. Entretanto, a relação da criança com o mundo – entendido como um mundo de objetos externos – é secundária à sua preocupação pelas relações emocionais, particularmente com os pais como objetos de significado emocional". Isto podemos apreciar em Carlos, cujo comportamento fundamental baseia-se na urgência em comunicar a natureza e o vaivém dessas relações. Como diz Meltzer, "Os processos de laleio ou o brincar com vogais ajudam na conexão com outros processos do brincar, que nós sabemos têm a ver com as relações emocionais e suas tentativas de pensar sobre elas". Nossa criança revela com clareza seu anseio de comunicar complicados estados mentais, o que pode ser apreciado pelos seus padrões discursivos, dentro de um meio adequado, criado ou potencializado pela observação e pela presença do observador.

"Carlos, *dezoito meses e três dias*. A recebe-me sorridente e convida-me a passar à sala de jantar onde estão B, C e Carlos, sentado no cercado. Carlos levanta-se risonho e me saúda com um claríssimo 'olá'. Em seguida, mostra um cachorro de plástico, dizendo 'au, au' e vai para o outro extremo do cercado para mostrar as imagens no televisor. Vem a mãe e me cumprimenta amavelmente. Pede às crianças para irem à cozinha para tomarem um copo de leite, porque quer que elas vão para cama, porém elas continuam em frente da televisão. A criança segue as imagens da tela, as vezes me olha sorridente e emite vocalizações com maior facilidade e freqüência do que em observações anteriores, tais como: 'ieue, ie eee, eeeh, aaah'. Como percebe que C tinha colocado a mão sobre o cercado, dirige-se a ela com o som: 'iiig'. Neste tempo a mãe vai à cozinha e traz uns copos de leite para as crianças, eles ouvem o pai bater à porta e lhe abrem. O menino envia-lhe beijos desde o cercado, a mãe chama a atenção dele para isso e ele, depois de beijar cada um e cumprimentar-me, vai em·direção ao menino, que lhe aproxima o rosto carinhosamente. O pai está muito relaxado e feliz: é a primeira vez que observo uma cena tão espontaneamente terna. A mãe tenta dar um pedaço de bolinho para Carlos, a criança come, porém não aceita uma nova tentativa. A mãe volta a pedir-lhe que abra a boca e ele o faz, porém quando ela aproxima a comida, ele fecha a boca, rindo; em um momento de descuido dele a mãe consegue introduzir algo, mas ele o cospe. O pai fala do frio e comenta comigo outras notícias sugestivas, que escuto com interesse, mas propondo-me não intervir para não interferir no curso da observação[2]. A criança se dirige ao pai chamando sua atenção com os sons 'eeeeh, aaaah, iiieg', etc. Como não consegue, dirige-se a mim protestando energicamente. A mãe aponta como a menino reclama para ser escutado, e nós com nossa conversa não ligamos para ele. A mãe se dispõe a acompanhar as outras crianças a seus quartos e o pai dirige seu olhar para a televisão: a criança faz um gesto de cuspir e os pais o censuram com sorrisos, pelo que ele repete o movimento. Os pais comentam comigo que faz o mesmo quando se irrita com os irmãos. A criança se entretém com os brinquedos do cercado. Bate na rede do cercado com o cachorro de plástico, e, entre risos, coloca o grande relógio de plástico na cabeça, como se fosse um chapéu, e em seguida o utiliza para bater no chão. Diante disso o pai chama-o de bruto e reclama que ele fique quieto. Em seguida, a criança olha o televisor e faz gestos para mostrar-me as imagens da tela, acompanhado do som: 'eeeeeh'. A mãe chega com um prato de sopa, coloca-o sobre a mesa, põe a criança em seu colo, e dá uma colher, que ele utiliza para bater; depois disso transcorre um certo tempo para que ele aceite algumas colheradas. A mãe conta que durante a tarde ele quis lanchar com os irmãos e que talvez isso lhe tenha tirado o apetite. Olha-me, faz gestos e emite sons similares àqueles a que já me referi; então os pais me contam que a criança diz muitas palavras, e eu lhes afirmo haver observado que emite uma maior variedade de vocalizações, citando que me cumprimentou claramente e sem dificuldade com a palavra 'olá' e que depois disse 'au, au'. Os pais, contentes, acrescentam que já diz 'água' muito bem; a criança ouve-os e repete 'aua' e, também, quando a mãe diz chega, ele replica: 'chega'. A criança não quer mais comer; sai do colo da mãe, vai para o pai, toca nele e depois se dirige a mim. O pai chama-o para limpar sua boca, explicando que não deve sujar-me, porém a mãe se adianta com presteza para fazê-lo. A criança vai para a televisão, toca as imagens da tela e depois se aproxima de mim. Soa a campainha da porta, a mãe vai atender e a criança quer segui-la; o pai consegue agarrá-lo pelo braço para impedi-lo que saia. Carlos pronuncia a característica interjeição de queixa 'ai! ai!', que provoca nossas risadas. A mãe fecha a porta, vai até a cozinha e pergunta à criança se quer um iogurte, ele responde afirmando repetidamente com a cabeça, o pai lhe pergunta se ele gosta e ele contesta que sim abaixando a cabeça. Ela traz o iogurte, quando se aproxima, a criança corre para onde estou para esconder-se atrás de minhas costas. Ao chamado da mãe, ele mostra a cabeça para em seguida esconder-se outra vez. O pai decide dar-lhe o iogurte e Carlos aceita prontamente, frente o que a mãe exclama: 'Que danado! a gente cria filhos para isto; nunca mais vou lavar teu traseiro!'. Como se tivesse entendido, a criança vai e toca as pernas da mãe, sorri e também vem me tocar; ela comenta como ele quer ver todos nós contentes. A mãe pergunta-lhe 'como fazem as boas crianças', e ele cruza os braços em atitude complacente, mas não responde à nova demanda de "como fazem as crianças más". Ante a insistência da mãe, em um gesto para pedir-lhe que se cale, diz um 'aaah' com desprezo e ela responde: 'Está bem, não mostre'. Dirige-se para mim como se fosse oferecer-me algo com a mão, a mãe faz notar que não traz nada e ele caminha até o cercado para apanhar algo. Não pode alcançá-lo e a mãe, que acredita entendê-lo, lhe dá o patinho, mas ele o rejeita dizendo 'au, au'. A mãe lhe dá o cachorro que ele traz, repetindo a palavra e tocando o olho negro e grande do cachorro[3]. Ante a insistência do pai, que quer que lhe dê o babador para limpar-lhe a boca, a criança o empurra como pedindo que fique calado. Também responde a mãe que lhe pede que limpe a boca do cachorro, retirando-o de minha mão e dando-o para ela. Aparecem umas músicas pela televisão, a criança olha e inicia um balanceio rítmico com todo seu corpo; permanecemos quietos observando seus movimentos. A mãe comenta que toca a flauta dos irmãos, colocando-a na boca e movendo os dedos como eles. Como nesse instante os irmãos estão tocando flauta no quarto, ele se dirige para lá, encostando sua orelha na porta e dizendo 'eeeeeh, aaaah, aaaaaah', enquanto nos olha, ao pai e a mim. A mãe decide lavar-lhe os olhos, que ontem não pareciam bem e incomodavam a criança. Ele a segue até o banheiro. Ela prepara os utensílios para a tarefa, ele vê e sai correndo, sabendo do que se trata. A mãe o apanha nos braços e uma vez no banheiro a criança deixa que a mãe coloque a pêra de borracha no seu nariz. Ao lavar-lhe o rosto com água, tira a língua e lambe, emitindo vocalizações. Depois a mãe segura sua cabeça com força, pressiona-a para que não se mexa e passa o algodão empapado em camomila, pelos olhos; a criança suspira, chora, aperta os punhos como que querendo fugir de algo que o assusta muito, porém sossega ao lhe ser retirado o algodão. Quando a mãe tenta colocar-lhe colírio nos olhos, ele volta a sentir-se amedrontado, aperta os punhos e chora. A mãe lava as suas mãos e a parte inferior do corpo; ele ri, ficando tranqüilo e envolto na toalha. Vamos para a sala de jantar, anuncio a minha partida e a mãe o estimula para que me diga adeus. Ele se atira em meus braços, a mãe o deixa e eu o pego. Ela tenta retomá-lo a fim de que eu possa sair, ele a empurra com sua mão e lhe mostra o televisor para que vá para lá como que dizendo-lhe: 'console-se com outra coisa'. Depois de permanecer cinco minutos em meus braços, aceita ir com o pai; a mãe insiste para que ele me dê a mão e me diga adeus, o que ele faz".

Não vamos comentar a observação em detalhe porque ela fala por si mesma. Valorizamos os progressos manifestos da linguagem de Carlos, porém nos parecem mais importantes as implicações e o significado profundo que esses progressos podem encerrar. A compreensão que a criança tem das situações vai além da utilização das poucas palavras que formam seu repertório. Além disso, tal entendimento parece que está dirigido a conseguir uma boa relação com os pais. É como se, por baixo de sua elementar atividade verbal, flutuassem seus interesses em despertar uma resposta terna e afetiva do pai para toda a família (inclusive ele). O que supõe ativar o funcionamento da unidade originária em um momento de progresso. Em várias ocasiões temos visto reproduzir-se essa unidade por meio da atitude dos pais para com a criança e deste para aqueles, tocando-o e agradando-os para que todos sejam participantes.

Poderíamos dizer que o aparecimento mais freqüente e fluido das vocalizações e o incremento do vocabulário teriam a ver com essa profunda preocupação da criança pelas relações emocionais, as quais pensa e tenta dar vida? Agora os interesses de Carlos não estão tão centrados na mãe. A criança passa do objeto mãe ao objeto pai para ampliar suas relações de objetos, incluindo um elemento de discriminação para sua identidade masculina: o pai, ao que não renuncia, por exemplo, quando este fala somente com o observador. A criança também está atenta a que ninguém se sinta excluído, como quando se dirige a tocar a mãe e o observador para contentar a todos - assim entende a mãe. Parece significativo que a criança utilize a linguagem numa ocasião em que faz a passagem da mãe ao observador, empregando para isso uma palavra compatível com seu vocabulário "au, au". No dia anterior, estando entre as pernas do observador, este lhe nomeou a palavra 'olhos' e ele pode dirigir-se em seguida à mãe, com um longo "discurso" de vocalizações. Ao contrário, ao sair do banheiro, vai da mãe ao observador, de uma maneira defensiva frente a penetração persecutória que sofreu através de seus orifícios (nariz e olhos). Diríamos que, apesar de estar se reafirmando com seu pênis, as ansiedades não são essencialmente de castração, mas sim de aniquilação, tentando defender-se por meio de sua concha ou couraça muscular. Ele supera rapidamente, não quer recordar esse momento trágico e pára de chorar, em um processo para esquecer-se ou expulsar a experiência má. Ele deseja meus braços porque eu não lhe faço manipulações terríveis como a mãe, a quem manda para a televisão, para que não o incomode; quer ir com o pai porque ele tampouco lhe faz essas coisas, porém perde a palavra.

Faremos menção a um momento particular. A criança recorre à dança e também à música, que são dois elementos fundamentais da linguagem. Como assinala Meltzer[4]: "A linguagem se desenvolve originalmente como um procedimento canto-e-dança para a comunicação de estados emocionais da mente".

Não só queremos assinalar a maneira que a criança progride em todas as direções, ampliando e enriquecendo seus contatos, expressando-se verbalmente, mas também atribuir a esses progressos um certo paralelismo com o fato de que os pais observam mais e melhor a criança aproximando-se dele, e a família pode comunicar-se melhor entre si e comigo através do meio criado pela minha presença como observador. A atitude respeitosa do observador, que vem regularmente, que presta atenção aos mínimos detalhes da criança e a suas relações, concentra em torno da criança uma corrente emocional de interesses da família. O influxo benéfico dessa corrente emocional também facilita a linguagem, e por meio da palavra se concretiza o significado profundo dessas relações.

O mecânico, o rotineiro, o bidimensional

O progresso interno da criança, que facilita o aparecimento da linguagem, pode ver-se alterado pelo efeito de uma relação mecânica, rotineira ou bidimensional[5] por parte da mãe.

"Carlos, *dezoito meses e onze dias*. A mãe abre a porta com um gesto que demonstra cansaço; cumprimenta-me, dando-me a mão e como puxando-a para fazer-me entrar. Comenta com o pai que as crianças deixaram a casa desarrumada e suja. O menino sai do quarto das irmãs, me cumprimenta com alegria, emitindo uma série de sons inarticulados. A mãe – que mostra um aspecto preocupado – senta-o no colo para dar-lhe a comida, porém ele se mexe empurrando o prato; solicita a colher e tenta vir comigo. Aproximo-me de onde está; aceita umas poucas colheradas, porém logo se nega a continuar. Chega da cozinha a voz de B, que insulta C xingando-a de 'porca' e 'asquerosa'; a mãe repreende-as de forma exasperada. A criança, dirigindo seu olhar para o quarto das irmãs, repete um grito semelhante ao da mãe. Chega o pai da cozinha e pergunta o que está acontecendo; a mãe, enraivecida, diz que está farta das crianças maiores, que não pode agüentá-las; ele evita a questão e liga o televisor para assistir ao noticiário. O menino faz força para sair dos braços da mãe, desce do seu colo, vem colocar-se entre minhas pernas. Como as meninas continuam fazendo barulho, ele se dirige ao quarto delas, bate na porta e entra. Esse fato ultrapassa as forças da mãe, que salta raivosa com certo dramatismo e olha furiosa para o pai, recriminando-o por não ter fechado as portas. Sossegadamente, o pai diz a ela que se acalme e tira o menino do quarto. Carlos vem a contragosto. Um pouco recuperada, a mãe diz não saber o que fazer e que pode ser contraproducente ficar tão irritada. Em seguida vai até a cozinha e traz um queijinho, mostra para o menino e ele quer pegá-lo, porém como ela não lhe dá, se aborrece e diz 'caca'. A seguir, a mãe aceita que pegue alguns pedacinhos enquanto ela o alimenta e ele olha o televisor e diz: 'aaah'. A menina **B** fala do seu quarto que quer fazer 'cocô', a mãe recrimina-a por anunciá-lo dessa maneira, acrescentando que está cheia dessas crianças. **C** pede para fazer 'pipi' e ela manda-a esperar, com maus modos. Cada vez que a mãe reclama ou levanta a voz, o menino a imita com exclamações e maneiras semelhantes. Quando **B** sai do banheiro, entra **C** e o menino desce do colo da mãe e tenta entrar no quarto, tentando por um ou por outro lado das pernas da mãe, que o impedia, frente ao que ela valoriza a inteligência da criança. As meninas fazem folia no quarto, o pai bate com os nós dos dedos na porta para fazê-las calar e o menino repete o gesto do pai. Batem à porta, para recolher o lixo; quando ouve o porteiro, o menino se encaminha para a entrada e automaticamente diz 'olá, adeus'. Volta à sala de jantar. Com a finalidade de segurá-lo, a mãe oferece-lhe o terminal do cordão da cortina – que parece um microfone – para que cante como fazem seus irmãos. Começa sua 'interpretação', mas logo a abandona para enfiar o 'microfone' na boca. As crianças chamam a mãe. Antes de atender a sua chamada, deixa Carlos no cercado; ele tenta evitá-lo enganchando seus pés na rede, porém não consegue e se atira para trás chorando. A mãe desculpa-se argumentando que fica muito nervosa por causa do comportamento dos seus irmãos. O pai o toma nos braços, a mãe se aproxima do menino murmurando algumas palavras, e ele, em um gesto de protesto e rechaço, diz 'eeeeg'; ante a insistência da mãe, o menino muda seu semblante. Deixa o pai, pega um livro de animais com suas duas mãos, olha-o e me mostra. Como vê que os pais estão absortos com a televisão, se coloca diante da tela, a mãe o afasta, ele tira o som e volta para mostrar-me o livro. O programa versa sobre animais e a mãe sugere ao pai que pode interessar a **A**; o pai responde que agora não. A criança enrola o livro em forma de tubo, leva-o a boca e diz 'uuuuuu', pondo-o em minha boca para que eu repetisse. Frente a nova tentativa de tapar o televisor, impedido pelos pais, vem comigo para mostrar-me o livro em detalhe; o nariz, a pata do gato – eu a nomeio – ou como um gato prende o rabo de outro gato com a boca – eu lhe digo 'prende'; entretém-se bastante tempo virando páginas, até que uma das vezes vira a página e a arranca, fazendo um gesto especial com o rosto. A mãe decide fazê-lo dormir, levando-o antes ao banheiro. Desnuda sua parte inferior e me explica que isso não é nenhum problema, as dificuldades começam quando tenta banhá-lo; esta manhã deu mostras de susto e medo. No momento de eu ir embora, quer que eu o segure e emite alguns sons de protesto quando me levanto, o que faz com que os pais riam. Vou despedindo-me lentamente, agito minha mão dizendo adeus e ele pronuncia tranqüilizado: 'adeus'."

Parece que a mãe esperava minha chegada, vislumbrando-se em sua atitude o desejo de que eu estivesse perto quando voltasse a ter problemas com as crianças. Ela fica presa à ansiedade e não pode tolerar que, uma vez tendo jantado, as crianças não fiquem em seus quartos, como tampouco quer que Carlos entre neles. Esse é o padrão habitual da mãe – sua rotina –, que as crianças devem obedecer. Uma resposta bidimensional, uma maneira primitiva, automática, de responder sem que sua réplica a obrigue a pensar mais ou tomar novas decisões. Esse tipo de comportamento é algo que nos acompanha por toda a vida, e a ele podemos recorrer em estados de tensão ou ansiedade, de acordo com nossas capacidades para tolerar frustrações ou dor. Já desde o início da observação, a mãe dá sinais de fragilidade ou pouca resistência, recorrendo a comportamentos reiterativos e simples, quando os acontecimentos deixam de ser como ela quer que sejam. Nesse contexto, ela não pode suportar que troquem as pautas estabelecidas, porque se sente totalmente perturbada. Assim, se dirige ao pai afirmando que, se ele tivesse fechado as portas, o problema estaria resolvido. Isto é: o culpado é o pai e ela não tem de pensar. Quando a mãe se comporta de uma forma "infantil", o pai pode adotar uma atitude maternal, ajudando-a a recuperar a tranqüilidade, o que exerce um efeito positivo e que possibilita que ela reconheça que irritar-se a prejudica. A criança, que na observação anterior havia obtido uma compreensão mais profunda mediante a utilização da linguagem, hoje adota uma atitude mais mimética. Imita os gritos ou modos irritados da mãe. Imita o pai dando com os nós dos dedos na parede, ou pega o livro entre suas mãos como fazem os irmãos; e frente ao porteiro repete os vocábulos "olá" e "adeus", de uma maneira próxima e mecânica e a palavra "caca" conectada com o proibido e o que deseja. Tudo isso é uma maneira de identificar-se com os objetos pouco continentes e não sofrer. Só no momento em que pega a parte terminal da cortina e a leva à boca, cessa a imitação para agarrar-se a algo e enfiá-lo para dentro, ou quando a mãe o põe no cercado e ele luta reclamando sua liberdade. Em outras palavras, quando ele se defende do que a mãe quer que faça, podemos dizer que não está grudado nela, é como se dissesse "eu sou eu e quero estar fora e você é você", transcrevendo uma relação diferenciada entre duas pessoas. Com freqüência vemos que ele pensa e tem iniciativas; expressando-se num nível tridimensional, tenta atrair a atenção dos pais e eclipsa as imagens do televisor e tira seu som; ao não consegui-lo, aceita o observador (o bom pai e a boa mãe que o ensina e o ajuda a aprender). Constatamos um certo paralelismo entre a experiência de ver no livro - ao virar a página parece que as imagens desaparecem - e o fato de que os pais não o atendam porque estão absortos olhando televisão, e frente a essa associação a criança arranca a página. Algo assim como ao virar a página e não poder guardá-la dentro de si, arranca-a, corta uma relação, como se fosse a que mantém com os pais. Dessa forma, quando algo se acaba, tem de arrancá-lo fora da memória para que não seja doloroso; nos encontramos agora diante de um funcionamento bidimensional. Funcionamento que reencontramos quando se atira para trás no cercado, ou em sua incapacidade para entrar no banho, que se transforma em uma experiência terrível pelo temor de ser engolido ou drenado pelo buraco da banheira, da mesma forma como acontece com a água. Dentro desse esquema, o fato de que a mãe feche as portas dos quartos vem a significar que se ela as deixa abertas as crianças a inundariam e não teria nada para ela, nem esse pequeno espaço de paz que lhe oferece a noite.

Diríamos que de certo modo ela pressente que as crianças vão comê-la e fazê-la secar, e exterioriza esse sentimento com "não agüento mais", "não posso mais", "me esgotam" etc. Assim, podemos estabelecer uma correlação entre as respostas da mãe e o terror da criança ao banho.

Os processos de cisão

Um dos achados fundamentais da obra de M. Klein foram os processos de cisão. Segundo Klein, a dissociação em bom e mau é essencial para o desenvolvimento saudável, é um processo doador de vida. A impossibilidade de dissociar em bom e mau converte tudo em indiferenciadamente mau, ou caótico, torna o sujeito confuso, que conseqüentemente se sente perseguido. Se podemos estabelecer a divisão e tomar ou introjetar o bom dentro, essa experiência pode proteger contra o objeto mau, ou esta proteção pode chegar a melhorar o objeto mau. Dessa forma o objeto mau pode ser integrado ao objeto bom ou ser mais bem tolerado.

No dia anterior, apreciamos o comportamento bidimensional de Carlos em situações de ansiedade próprias ou por identificação com a mãe. Na observação de hoje veremos Carlos reagir através da cisão. Como diz Meltzer[6], "A cisão e a idealização emergem como uma necessidade lógica em algum ponto dentro do estabelecimento da bidimensionalidade e antes da transição para a tridimensionalidade"; queremos acrescentar que o processo de cisão é empregado para propósitos de crescimento e não apenas como uma defesa. Em nosso entender, é utilizado de uma forma sadia, no caso do menino que observamos.

"Carlos, *dezoito meses e vinte e cinco dias*. (Na semana ante- rior não houve observação porque os pais saíram com os crianças A e C, aproveitando um feriado; me comunicaram no dia à tarde). A abre a porta, cumprimenta-me e vai para seu quarto. O menino está no colo da mãe terminando de jantar; ao ver-me levanta a mão com alegria e diz 'olá'. Em seguida emite uns gritos dirigindo o olhar para o quarto das irmãs, que fazem barulhos, pelo que a mãe lhe pergunta se está repreendendo-as. Pega o garfo, espeta um pedaço de carne e leva-o à boca. Ao tentar pegar outra porção com a mão, a mãe o impede e ele se deixa alimentar. A criança olha atentamente as imagens da televisão, dirige-se risonho para mim e me mostra a tela com o dedo. Continua sem interromper a refeição, olhando-me e rindo todo o tempo. A mãe limpa suas mãos, porque acha que estão sujas. Depois, enquanto o deixa no chão para ir à cozinha buscar um copo de água, sugere que fique comigo, e o menino se aproxima de mim sorrindo; ao ouvir o ruído da torneira, diz 'gua'. A mãe volta para lhe dar a água e ele toma um pouco; ela o beija na testa, nas orelhas e no pescoço; ele deixa, a mãe pergunta-lhe se ele gosta e a sua resposta é olhar-me e sorrir. Ouve-se um cachorro latir na escada e a criança exclama 'au! au!'; a mãe lembra que outro dia, quando um forte vento soprava entre as janelas, a criança reagiu com expressão de enorme susto, dizendo 'au, au', como se denominasse com essa onomatopéia a todos os sons que se parecem ao dos animais. Acrescento-lhe que, enquanto ela estava na cozinha, o menino ouviu o ruído d'água e disse: 'gua, gua'. Enquanto isso, a criança está segurando o copo de água e move a cabeça; a mãe – que o ajuda a segurar o copo – me esclarece que o movimento que a criança executa é similar ao da água dentro do copo, já que repete o movimento do copo e o acompanha com o da cabeça. Em várias ocasiões a criança se insi-nua sorridente aproximando-se de mim, porém volta à mãe, que atribui essa atitude da criança à minha ausência na semana passada. Então ela se desculpa por haver me avisado tão tarde, alegando que meu número de telefone estava com o seu marido. Anoto meu número de telefone e endereço em um papel, esclarecendo-lhe que poderia encontrá-lo na lista telefônica; ela volta a se justificar, argumentando que não tinha localizado porque desconhecia meus dados. A criança vem a mim e me empurra do braço do sofá (o seguimento da observação me faz sentar ali). A mãe pergunta-lhe se está fazendo comigo da mesma forma que ela faz com ele, quando o proíbe. Sento-me no sofá, a criança se aproxima para pegar os botões da manga de minha jaqueta e dá um empurrão na mãe – que ainda permanece agachada junto a ele –, como para que saia. Nesse momento, a mãe diz que ele parece ter feito cocô porque cheira mal e que vai levá-lo ao banheiro; volta para mim e pega minha manga. A mãe decide limpá-lo e ele se opõe chorando e olhando suplicante para onde estou; quando me levanto, sorri e deixa-se conduzir. No lavabo e sem a roupa inferior, suja de fezes, se entretém dando chutes na torneira aberta e nas mãos da mãe. Uma vez lavado e envolto na toalha, inclina seu corpo para que eu o pegue, ante o qual a mãe declara que quando está limpo deseja que eu o segure. Durante o trajeto até a sala de jantar e sobre o sofá, a criança continua com movimentos intencionados para vir comigo e me ofereço a segurá-lo enquanto ela traz a roupa; a criança permanece sorridente, com o olhar fixo em mim. Na volta, a mãe toma-o nos braços e ele se entretém com os anúncios que aparecem no televisor, às vezes os saúda admirado, com a mão e vocalizando. A mãe fixa a atenção nos pés da criança e diz que cheiram mal; ele os agita suavemente enquanto continua absorto com televisor, e ela beija o pé direito, e em seguida ele lhe oferece o esquerdo. A mãe passa talco por seus genitais, pernas e pés, ele passa suas mãos nas zonas empoadas. A mãe se entretém com a brincadeira de beijar os pés, comentando que os pés das crianças são muito bonitos em comparação com os dos adultos, que são muito feios. Termina de vesti-lo sem que ele deixe de olhar o televisor, embora ela afaste sua cabeça algumas vezes. A mãe me mostra a boca do menino para apontar-me uns dentes que, segundo ela, não terminaram de sair, atribuindo isso a que o menino não estivera bem na semana passada; aproveita para dizer-me que deve prestar atenção quando põe a mão na sua boca, porque ele morde. Interrompe sua conversa para tirar o lixo; a criança fica sentada ao meu lado, olha-me sorridente e comunica com um expressivo e indicativo 'eeeeh', que reconhece o porteiro, sem necessidade de mover-se como em outras ocasiões. De volta à sala de jantar, as meninas chamam a mãe; ela pede a **A** que venha ajudá-la para que ele possa acompanhar seu irmão; **A**, prestativo, se aproxima de Carlos para colaborar. Carlos empurra seu rosto e tenta arranhá-lo, entre divertido e excitado, em seguida se afasta para o extremo do sofá e se bate no braço do sofá. **A** se aproxima para cuidar dele e ele responde de forma agressiva, a mãe o convida para que diga bonito para **A** e Carlos acaricia seu irmão. Ato contínuo, pega o telefone de maneira adequada e imita ter uma conversação. Frente a pergunta da mãe de se é a avó com quem está falando, o desliga e repete a operação, para deixá-lo e interessar-se por alguns animais que aparecem no televisor e dizer 'au, au'. A mãe me pergunta sobre a conveniência de aplicar umas pomadas na erupção cutânea que sofre **A** por causa de contato com lagartas no campo. Ao ir buscar as pomadas, decide colocar o menino no cercado, porém sua oposição é tal que não consegue. Ela me explica que, quando estão no campo, Carlos anda para a rua com as outras crianças, porém na última semana não aconteceu assim, já que precisou deixar ele e a menina **B** na cidade com a avó; a criança está tão difícil ultimamente, que ao vê-la tão agoniada a avó aconselhou que fossem só com **A** e **C**. A mãe acrescenta que, quando está tão angustiada, os nervos atacam o estômago e põe-se a vomitar, como aconteceu na semana passada. Esclarece que não gosta de deixá-los, porém descansar de vez em quando é algo necessário, e prossegue argumentando que talvez sejam os dentes os causadores do mau gênio da criança. Está terminando a sessão, quando o pai bate à porta. Levanto-me para ir embora e a mãe me acompanha com o menino nos braços; ele faz um gesto de querer vir comigo, porém, diante do meu 'adeus', contenta-se em corresponder-me igualmente."

Avaliamos que a criança come bem durante esta observação, porque o televisor está ligado e ele está prestando atenção. De uma forma similar, desde minha chegada, estabelece uma relação comigo através do olhar. Em lugar de colocar-se contra a mãe, como em outras ocasiões quando esta o forçava, ele se vincula ao televisor ou com o observador, permitindo que ela faça-lhe as coisas. A menino é capaz de dissociar, se conta com algo "bom" que o suporte, para poder tolerar o "mau" ou a "má experiência" frente a qual protesta e quer parar, porém, como a mãe sugere-lhe que espere, ele o faz, tem a mim ou ao televisor. Para isso olha durante todo o tempo para o observador e sorri. Olha no sentido de agarrar-se com os olhos em algo para poder introjetá-lo. Mais tarde, quando a mãe quer tirá-lo do meu lado para banhá-lo, chora, porém como o acompanho, volta a rir sentindo-se confortável frente à mãe — de alguma maneira ameaçadora.

Por outro lado, podemos notar que o efeito da dissociação tem sido positivo. Percebe atento ao movimento da água que tenta reproduzir com seus movimentos corporais; olha satisfeito a água que escorre da torneira, ou o barulho do vento e o latido do cachorro, os quais tenta expressar com os sons diferenciais de "gua" e "au, au", que demonstram uma profunda compreensão da linguagem — como havíamos constatado em dias anteriores —, no que só faltam as palavras.

Outro aspecto importante é que, ao rechaçar a mãe, empurrando-a com a mão, ela reage querendo separá-lo de mim argumentando que cheira mal. Mais tarde acrescenta que só quando está limpo quer vir comigo, detalhe que não se revelou como certo até o momento; é mais a expressão de uma negação, pelo mal que sente ao ter deixado a criança. Por isso ela intensifica seus beijos e carícias, com caráter de estimulação sexual, como uma forma de sedução e em parte para dissuadi-lo da preferência que ele manifesta por mim. Hoje a criança não fez tentativas de ir para a porta na chegada do porteiro, e cremos que isso é devido a sua insegurança e ao fato de estar mais protegido e amparado ao meu lado.

Os comentários da mãe podem ajudar-nos a compreender melhor. Ela formula uma série de racionalizações sobre as razões pelas quais não pôde me ligar. Na realidade, ela havia me abandonado e deixou essa tarefa para o seu marido, porque se sentia culpada e perseguida. Sentimento avivado pelo fato de não levar a criança, alguém em quem estamos interessados os dois, como hoje ela pode comprovar ao ver a atitude dele para comigo. Abandono que posteriormente ela decide-se explicar se desculpando, através de me pedir uma banal ajuda médica referente às pomadas para **A** e que era devido a sua fragilidade, ou a sua dificuldade para conter por culpa estes vômitos tão repetitivos.

Também isso explica que a criança busque minha proximidade para ser contido por meu olhar ou por meus braços de uma forma mais intensa que a habitual; eu sou a pessoa que está conectada exclusivamente com ele, mas a mãe, mais frágil, tem de ser compartilhada com outros irmãos ou com o pai ou, inclusive, pode abandoná-lo, como aconteceu na semana passada.

Cisão e integração

M. Klein[7] considera o processo de cisão "como uma précondição para a relativa estabilidade do bebê. Ao mesmo tempo essa cisão primária só tem êxito se existe uma capacidade adequada para amar e se o ego é relativamente forte. Minha hipótese assinala, portanto, que a capacidade para amar dá impulso tanto às tendências de integração como à exitosa cisão primária entre o objeto amado e o odiado. Isso soa paradoxal, porém, como disse, posto que a integração está baseada em um objeto fortemente arraigado que forma o núcleo do ego, para que ela produza é essencial certa quantidade de dissociação, já que preserva ao objeto bom e mais tarde capacita ao ego para sintetizar seus aspectos". Cremos que Carlos se expressa nesse sentido prospectivo durante a observação seguinte.

"Carlos, *dezenove meses*. **A** abre a porta sorridente. A mãe está sentada à mesa com o menino sobre a perna, mostra-lhe um livro e o alimento. Ao ver-me, a criança cumprimenta-me com um exclamativo 'ooooooh'. **B** e **C** jantam sentadas de fronte. Sento-me no sofá, ao lado da mesa, porém o braço da mãe intercepta nosso eixo de visão, Carlos afasta o braço da mãe para me olhar e sorri. A mãe alimenta simultaneamente C e Carlos; quando o menino está terminando o peixe, se nega a continuar, cuspindo o alimento da boca. Desce rápido do colo sem deixar que a mãe limpe sua a boca; aproxima-se suavemente do meu joelho e sorri. A mãe pede a C que traga uma banana para Carlos. C a traz e ela a descasca, dá ao menino um pouco mais da metade, que ele pega com as mãos para levá-la à boca e comê-la em duas mordidas; continua perto de mim. Logo depois a mãe lhe dá o resto e ele pega. Quando a mãe passa perto de nós, ele a segura pelo vestido e, rindo, puxa a mãe para ele. Ao passar A, empurra-o por trás em tom de brincadeira e vem para mim. Afastam-se todos, menos C que lhe sussurra galanteios como bonito, gracioso, lindo, etc.; o menino contesta-a com um eloqüente 'eeeeeeh', 'iiiiiiih', 'uuuuuuuh', permanecendo junto a mim. Ao vir a mãe e limpar-lhe o rosto, ele a puxa pela roupa em uma tentativa de aproximá-la de mim, como querendo que nós dois estejamos juntos; a mãe sai de novo e ele fica comigo. C brinca com ele com gestos como de ir a pegá-lo, que ele repete. A menina se dirige para o banheiro e ele a segue; toca a irmã e retorna para onde eu estou para apoiar-se em meu braço. Quando C sai do banheiro, Carlos volta a tocá-la e senta-se ao meu lado no sofá contente e satisfeito. A mãe manda C para a cama, Carlos se dirige ao quarto de A para fazer-lhe algo e volta para mim. A mãe prepara o banho, vai ao quarto das meninas, porque elas não tinham fechado as cortinas; ao ouvir o ruído, o menino se aproxima do quarto. A mãe o toma nos braços, e a caminho do banheiro começa a tirar suas botas e ele grita com força; ao perceber-me próximo, faz um movimento com o corpo para atirar-se em meus braços. A mãe pede-lhe que espere, pois vai dar-lhe um banho."

A resposta de Carlos na observação de hoje também corresponde à situação traumática de ter sido deixado na casa da avó pela mãe um longo fim de semana. A relação que tem com a mãe faz com que sinta o abandono com desespero e por isso hoje, depois de duas semanas, continua desejando estar comigo com uma intensidade não habitual. Desde o princípio recebe-me com uma acolhida aberta e alegre –"oooooh"–, afastando o braço da mãe que está impedindo que me veja e terminando logo de comer para estar comigo. O comportamento a respeito do pescado que não chega a terminar, e a banana que come em duas mordidas, marca um eloqüente contraste. Freqüentemente se pode observar, tanto na alimentação ao peito como na mamadeira, que antes de terminar ele já não quer tomar mais. Geralmente isso se deve a que a criança quer evitar o doloroso sentimento de que se chegue ao fim, já que então não haverá mais alimento, e o peito, a mamadeira ou a mãe podem converter-se em objetos "maus". No movimento seguinte, quando segura a banana em suas mãos e a leva de uma vez para a boca, é por temor à experiência anterior, a que ali exista uma mãe "má" que lhe tire o alimento e deixe-o sem comer, enquanto que ao estar comigo, que sou "bom", está a salvo, por isso permaneço em meu papel de "bom" necessitando-me próximo para que lhe dê suporte e segurança frente ao objeto "mau". Dessa forma, chega a constituir dentro dele um objeto fortemente arraigado que forma o núcleo do ego, fato no qual se fundamenta a *integração*, que Carlos ensaia tímida e ludicamente. Em um primeiro momento puxa o vestido da mãe para aproximá-la ao observador, porém deixando-a ir-se porque ainda não está suficientemente seguro. Depois continua empurrando os irmãos e voltando ao observador, até que me teve perto o tempo suficiente e conseguiu incorporar a bondade e segurança necessárias para não temer atrair mais decididamente a mãe para junto de mim, em um esforço de integrar-nos os dois e torná-la também "boa".

Parece-nos que nesse pequeno fragmento de material fica bem ilustrado o processo de cisão e a conseqüente integração, depois que a introjeção do "bom" pode exercer um efeito saudável na criança. Parece correto deduzir que a situação vivida por Carlos, ao ser pela primeira vez deixado pela mãe em um longo final de semana, foi bastante traumática, como demonstra sua conduta de aproximação e contato com o observador; alguém com quem pode contar, uma pessoa que vem ao mesmo dia, à mesma hora, com constância e regularidade, sem introduzir demasiadas interferências e, portanto, chegando a ser uma figura básica para ele.

A mãe sexualiza a relação

A mãe, pressionada pela culpa – pela primeira vez abandonou o menino durante um longo final de semana – elabora insatisfatoriamente os processos de cisão e integração e adota uma relação sexualizada com o filho. Sua dificuldade radica em não poder conseguir um pensamento mais amplo e tridimensional. Seu impulso de ir para o campo porque os nervos atacavam seu estômago e a faziam vomitar era devido a não sentir-se capaz de conter. Algo disso vimos anteriormente e poderemos constatá-lo no decurso desta observação.

"Estamos no banheiro, a mãe desnuda o menino, que se mostra tranqüilo e sorridente; ela mostra-lhe a banheira e lhe diz 'Vou te dar banho aqui' e ele responde claramente: 'aqui'. O que leva a mãe a explicar-me que já diz bem muitas palavras, tais como 'ali', 'papa', 'mama' etc. Comunico-lhe que num certo momento ouvi-o dizer 'mama' depois que C dissera. Como a mãe esquecera a toalha e não sabe o que fazer com a criança, ofereço-me para segurá-lo e ele vem decidido e feliz para mim. A mãe volta e se dispõe a pegá-lo, mas Carlos deseja ficar comigo e ela comenta: 'Você quer ir com seu amigo mesmo estando nu?.'' Coloca-o na banheira, ele faz uma careta de desagrado e protesta quando é ensaboado. A mãe oferece-lhe um vidro de colônia para entretê-lo, porém ele recusa. Entra sabonete nos seus olhos e ele chora. Quando a mãe coloca água no rosto para limpá-los, seu choro se intensifica, ao aproximar-lhe a ducha levanta uma perna como tentando escapar, gritando aterrorizado e suplicante 'mama, mama' ao cair-lhe a água. A fim de acalmá-lo, a mãe começa a tocar-lhe o pênis dizendo-lhe: 'que coisa tão bonita tem aqui'. Ela lhe pede que se sente no degrau da banheira, porém ele se nega assustado. A mãe lhe solicita um pé e a criança o estende entre choros e sorrisos, porém não faz com o outro. Ela enxágua-o rapidamente e tira-o da água envolvendo-o em uma toalha. Chorando, com o secador de cabelo ligado, quer pegar o botão que o liga. A mãe lhe diz que é muito mau; descobriu o funcionamento dos aparelhos domésticos, e quando usa o aspirador ele se entretém ligando e desligando ou coloca as mãos na máquina de costura querendo voltar a ligá-la. Agora a mãe me comunica que a próxima semana não poderá ter a observação porque estarão em férias. A criança se livra da toalha que cobre a parte inferior do corpo e começa a tocar seu pênis, ao mesmo tempo que sorri e diz à mãe 'quere, quere, quere'. Ela presta-lhe atenção, porém decide cortar-lhe as unhas, coisa que não é possível porque não tem a tesoura ao alcance. Veste-o, penteia-o, e ele quer vir comigo; a mãe deixa, mas antes diz a ele que vai sair; ele responde empurrando-a com a mão, como se a estimulasse a fazê-lo. Estamos na sala de jantar e a criança permanece em meus braços; logo depois desce para pedir à mãe um patinho enfeitado com um gracioso vestido que está no cercado. A mãe dá e o menino, recostado sobre meu corpo, me mostra os olhos e as patas para decidir desnudá-lo. Dirige-se à mãe pedindo o 'au, au'. Trata-se de um cachorrinho de plástico que a criança põe sobre minhas pernas ao mesmo tempo que pronuncia a conhecida onomatopéia 'au, au'. Solta-o dirigindo-se ao telefone para conversar e depois o deixa fora do gancho. A mãe me explica que está desesperada porque é difícil acostumá-lo a deixar o telefone no lugar. Em uma ocasião em que ela interpõe o braço para não deixá-lo passar, a criança lhe dá uma forte mordida, deixando-lhe um sinal; a mãe lhe dá um tapa e ele se agarra a mim esboçando uma manha que não chega a choro. No televisor aparece um vistoso automóvel, que ele saúda com sorrisos e o conseqüente 'brrr, brrr, brrr', ante o qual a mãe elogia seu bom gosto. Oferece-lhe uma flauta de seus irmãos para que não volte a pegar o telefone; a criança coloca-a na boca fazendo movimentos com os dedos, enquanto se recosta sobre o lado esquerdo do meu corpo. Como está na hora, levanto-me com cuidado e digo-lhe adeus; a mãe pega a criança nos braços e este, risonho, move sua mão para despedir-se."

A mãe não tenta diminuir a ansiedade da criança no banho, colocando-se algumas medidas, como por exemplo não ensaboar-lhe o rosto ou dizer palavras doces e tranqüilizadoras. Pensamos que encontramos a razão no fato de ela estar muito assustada e cortar seus sentimentos adotando uma atitude mecânica e bidimensional; em conseqüência, a criança não se sente a salvo entre os braços de sua mãe, que agora não o protege. A única coisa que ela pode dar-lhe é um brinquedo ou um objeto para que se entretenha, porém não a ela mesma como pessoa. Pelo contrário, recorre a excitá-lo sexualmente como defesa contra a ansiedade, já que não pode pensar em uma maneira melhor de confortá-lo. Isto é, ensaiar outros meios e outras formas enquanto lhe fala o acalma e o contém. Possivelmente o abandono de há uma semana – quando os pais se foram e esteve no apartamento da avó – continua influenciando-o; quando chego, a criança revive outra vez a situação e volta para mim, dando-me a entender que não sou a pessoa que se vai mas a que está ali para atendê-lo; demonstra isso permanecendo constantemente junto a mim desde aquele acontecimento. Também assinalamos que é só a partir daí que a mãe começou com essa sedução sexual com o menino, como se essa fosse a única atenção que pudesse dar-lhe. Pelo contrário, percebe e constata com certo desagrado como o menino me rodeia amistosamente durante todo tempo.

---

1 D. Meltzer. *Dream Life*. Londres, Clunie Press, 1984.
2 Às vezes é tentador seguir o curso de uma interessante conversa, mas é necessário estar alerta.
3 Recordemos que "olho" foi a palavra que a criança me fez reproduzir no dia anterior.
4 D. Meltzer. *Dream Life*. Londres, Clunie Press, 1984.
5 Segundo a comunicação verbal de E. Bick, nos primeiros estágios do desenvolvimento, as crianças respondem com grande ansiedade (gritos e desespero) à separação da mãe. É o medo de cair, fundado talvez no fato de que o recém-nascido não tem o sentido de gravidade, como conseqüência por

vir do meio líquido do útero, portanto a única maneira de se sustentar é estando agarrado. Da mesma forma que, quando a boca se adere ao mamilo e permanece unida com ele; ao tirá-lo a criança pode sentir que em seu lugar fica um buraco, através do qual pode esparramar-se e, como conseqüência, sofrer um grave colapso. Portanto, a criança tentará desenvolver uma relação na qual não aconteçam separações, mas que estará sempre agarrada e unida; da mesma forma que os parasitas vivem sobre os animais ou as folhas das árvores, plenamente integrados ao objeto. Estar separado significa estar sem uma pele que o contenha e assim sangrando e morrendo. E. Bick chama a isto *primeiro estágio bidimensional*, porque não ocorre no interior mas na superfície, no comprimento e na largura. Porém a contenção que a mãe dá com seus braços e o mamilo entrando e saindo da boca possibilita a experiência de introjeção e projeção. Mais tarde se dramatizará em brincadeiras de enfiar e tirar objetos em recipientes, ou no brincar - mais complexo - de esconde-esconde, de aparecer e desaparecer, para agora começar a desenvolver, através de experiências de satisfação, a noção de *tridimensionalidade*, com um interior e uma profundidade. Tudo isso não é possível se a mãe está perturbada e não pode pegar no colo a criança, o que será expresso como existindo um peito, porém não uma mãe que pode dar o peito, aproximá-lo da criança e colocá-lo em sua boca, ao mesmo tempo que "sonha" e se relaciona com ele. Este comportamento bidimensional nos acompanha ao longo da vida como forma primitiva de expressão. Sem ter que pensar, só seguir fazendo sempre o mesmo, de uma maneira mecânica. Enquanto que no nível tridimensional temos que tomar decisões, com o risco de nos equivocar e ter que assumir a culpa e se a ver com ela, ou às vezes projetando-as, e como resultado surgirá a perseguição. À primeira vista é mais fácil fazer coisas simples, automáticas, por isso chegamos a nos sentir perturbados (ressentidos desgostosos) ao ter que trocar nosso ritmo ou nossas rotinas habituais. O funcionamento tridimensional também é normal no começo do desenvolvimento, como bem temos visto em Carlos, que tenta trocar as coisas pensando e tendo iniciativa. Existem alguns períodos da vida, sobretudo quando estamos sob stress, nos quais voltamos facilmente a este comportamento bidimensional; por exemplo, quando na adolescência devem-se tomar decisões sobre a identidade; na menopausa, com a ameaça de perdas e atrativos; e na velhice, com grandes dificuldades também se chegam a utilizar similares automatismos aprendidos. Na velhice é significativa a perda da memória, porque a memória é um lugar para guardar as experiências e usá-las no momento oportuno, diríamos que é o lugar da tridimensionalidade. * Frances Tustin fala do "buraco negro"nas crianças autistas. "Autistic states in children", Routledge e Kegan, Paul, Londres, 1981.

6 D. Meltzer. *Exploración del Autismo*. Buenos Aires, Paidós, 1979.
7 M.Klein. *Inveja e gratidão*. Buenos Aires, Paidós, 1976.

CAPÍTULO 8

20 MESES

Identificação adesiva e bidimensionalidade
Identificação introjetiva e tridimensionalidade
(O papel das pernas na separação e na perda)

O mecanismo de identificação adesiva e a visão bidimensional descritos por Esther Bick corre junto com o mecanismo de identificação introjetiva e sua correspondente concepção tridimensional através de todo o desenvolvimento vital, e sua oscilação depende do grau ou intensidade da ansiedade, assim como da força do ego para enfrentá-la.

Ocupar-nos-emos desses mecanismos por intermédio da importância que adquirem as pernas nesse momento do desenvolvimento, porque com elas, entre outras coisas, adquire-se a possibilidade de sustentar-se de pé e não cair. As pernas também são uma parte do corpo que tem o papel mais importante no sentimento de separação; com elas, a mãe caminha e se separa da criança e por sua vez esta pode usá-las para aproximar-se dela, andar de um lugar para outro etc, dando-lhe segurança e confiança em si mesmo. Aspecto que observamos através do interesse de Carlos por brincar com as rodas de um caminhão.

"Carlos, *dezenove meses e duas semanas.* (Na semana anterior não teve observação porque a família estava de férias). Antes de entrar, ouço a criança chorar dentro da casa, e a mãe me recebe com ele nos braços. Ao ver-me, pára de chorar, começa a rir e emite verbalizações como: 'eeeeeeg, eeeeeeeg'; a mãe, dirigindo-se a ele, recorda que havia lhe anunciado a visita de seu amigo e que agora confirmou-se. Noto no rosto de Carlos uma sensível mudança, por terem-lhe cortado o cabelo. A criança nos braços da mãe pega a medalha que ela tem no pescoço. Entramos na sala de jantar, **B** e **C** me cumprimentam amavelmente. A mãe põe a criança no chão e ele chora intensamente agarrando-se às pernas dela. Explica-me que agora quer ser segurado no colo todo o tempo. A mãe diz que irá colocá-lo no cercado e ele com grande rapidez empurra o cercado até a porta do dormitório; ela ri pelo comportamento compreensivo de Carlos, apesar disso o põe dentro do cercado, ele se atira ao chão sobre um ursinho de pelúcia, chorando desconsolado. Como estava de costas para mim, vira o rosto, olhando-me enquanto chora. Quando **C**, aproxima-se para consolá-lo, ele afasta seu rosto porque atrapalha que me veja. **B** se aproxima para acalmá-lo e ele faz um movimento corporal para ser segurado. Ante a sua insistência, ela pergunta à mãe se pode pegá-lo e esta permite com a condição que o segure nos braços sem soltá-lo. Nos braços de **B** chora, dizendo, 'mamã, mamã, e tenta descer ao chão. **B** não deixa e Carlos dirige seu olhar ao cercado, como desejando algo. **C** lhe traz um caminhão guindaste e a roda solta de outro carro. Ele se acalma e por um tempo de quinze minutos se entretém interessado em colocar a roda solta no lugar das outras. A mãe vem com a comida para as quatro crianças (torta de batatas e um pedaço de carne). Senta-se no sofá para dar comida a Carlos, mas ele não quer e diz: 'ali', indicando a mesa onde os irmãos estão sentados. Continua com o caminhão na mão, mas ao perder a roda solta diz: 'caiu'. A mãe o anima para que não se assuste porque não vai cair, e percebe que se refere à roda que perdeu e que pede para que ela pegue para ele."

Em primeiro lugar, consideramos que o desenvolvimento de Carlos, sua compreensão e habilidades para comunicar-se, tanto com a mãe como com seus irmãos, é grande. Ele pode pensar e prever o que vai acontecer; portanto, quando a mãe comunica-lhe que vai colocá-lo no cercado, entende-a perfeitamente, e procura evitar da maneira que lhe é mais possível, empurrando o cercado para outro lugar. Isso nos permite de-duzir que ele está expressando-se em um nível tridimensional[1], parecendo entender a mãe quando, ante tal comportamento, ela ri compreensiva e impressionada. Uma vez no cercado, ele se atira sobre o ursinho, algo similar ao peito ou a mãe, sobre quem chora e ao qual se agarra com seu corpo. Também se adere ao observador através do olhar para conter-se e evitar a sensação de queda ou perda, mas sem ter introjetado, porque do contrário o choro já teria parado. Realizou uma *identificação adesiva*, correspondente à *visão bidimensional*.

C vem consolá-lo docemente como já o fez em várias ocasiões, pois ela ainda é capaz de identificar-se com seu irmão pequeno, mas ele a afasta, para continuar olhando-me porque necessita estar 'preso' a mim. Quando B se aproxima, com uma linguagem pré-verbal (não-verbal), pede para ser tirado, não para estar em seu colo, senão para utilizar suas pernas e ser livre. Como B não o deixa descer do colo, pede preverbalmente um brinquedo, que C lhe entrega. Ele toma o caminhão guindaste e se entretém por muito tempo em colocar a roda solta no lugar onde estão as outras e nos perguntamos qual o significado de tal brincadeira. Parece termos encontrado a pista no momento que diz "cai", pois ele esteve pendendo todo o tempo, permanecendo preso ao olhar do observador. Quer dizer, não através da *identificação introjetiva*, senão pela *identificação adesiva*. Tem sido necessário reunir vários elementos para inferir o significado. A princípio, ele se agarra ansioso nas pernas da mãe e estas adquirem uma importância considerá-vel. Em segundo lugar, o sentimento de abandono e de queda no cercado, quando a mãe o deixa e aparece a necessidade de agarrar-se corporalmente ao urso e olhar para o observador. Em terceiro lugar, a necessidade de pegar o caminhão e colocar a roda solta onde havia uma outra roda. Quer dizer, grudar-se de ser o mesmo, de estar no mesmo lugar, de não cair, mas ele diz "cai". Se não existem pernas, caise, perde-se, por isso Carlos se preocupa em colocar a roda solta, por temor de chegar a perder uma parte de seu corpo. Ele quer ser o mesmo e não diferente, porque se não o é nessa situação de perseguição perde sua identidade, de modo que, quando a mãe tenta dar a ele o jantar em outro lugar diferente do lugar que os irmãos estão, não quer, porque deseja ser exatamente igual a eles e a mãe o entende e verbaliza[2].

A *identificação introjetiva* tem lugar através de uma aprendizagem real diferente do que pode acontecer pela imitação através da *identificação adesiva*, como parece insinuar a continuação da observação.

"A criança pega algumas porções de carne e torta que a mãe lhe oferece; ao se afastar, a mãe pede a **A** que continue ajudando o menino. **A**, em uma ocasião, com o intuito de enganá-lo faz de conta que espeta a carne mas lhe oferece o garfo vazio. Carlos se dá conta e o devolve para que coloque mais alimento. A mãe volta, senta-o em seu colo e ele se interessa em fazer correr o caminhão pela mesa. Ela entre contrariada e contente, diz que ele voltou a ser travesso e que não a deixa tranqüila, mas que progrediu na linguagem. Diz corretamente as palavras: 'traz, tem, me dá, toma', e chama a sua irmã **B** 'Quiss'[3]. Mas também a **C**, ainda que seu nome seja muito difícil. **B** se junta à conversa para informar que Carlos diz também 'papai' e 'mamãe' e a mãe pontua que isso faz muito tempo, e a menina se dá conta de que é verdade. A mãe também explica que no dia anterior quando os aviões passavam ela os nomeou e no lugar de dizer 'on', como normalmente faz, disse 'teen'. A criança, que percebe que falamos dele, responde com fisionomia satisfeita. Pede 'água', claramente, quando a mãe serve os irmãos."

Sobre a base da *identificação projetiva*, pois ele introjetou seu irmão **A** ou os outros meninos, ele deseja competir com eles e realiza uma aprendizagem real e não uma mera cópia imitação. Isso observamos quando **A** tenta comprovar, intuitivamente, se ele se expressa num nível bidimensional, oferecendo-lhe o garfo vazio, e Carlos recusa. Progresso que a mãe confirma ao nos manifestar a sua riqueza de linguagem, ou ao nos informar de que dizer o nome de sua irmã etc. A causa do aprendizado não só acontece em função de certo grau de maturidade biológica, senão também pelo desejo de manter uma comunicação com a mãe e com os irmãos. Esse fato se evidencia sobretudo quando ele percebe que todos prestam atenção nele e o observam, experiência que ele introjeta e lhe dá segurança para conseguir o que deseja da mãe, que ficou mais tolerante com ele e com os irmãos. A ajuda do observador representa, entre outras coisas, a possibilidade de que a mãe focalize sua atenção sobre a criança, além de sentir-se protegida com a presença de um adulto, diante de seus temores de regredir a posições infantis. Temores de regressão presentes em todos os membros da família, ou desejos de progressos e de identificação com aspectos adultos[4].

"C protesta porque os pedaços de carne são grandes, e a mãe os corta e os aproxima dela dizendo: 'Agora você já está de acordo?'. Ela, decidida, responde: 'Sempre estou de acordo'. Provocando risadas na mãe e o comentário de que C tem expressões de uma pessoa maior, e o exemplifica com outros fatos similares. Carlos aperta a cabeça sobre o peito da mãe e esta, que o está alimentando, decide colocá-lo na cadeira que estava A. C decide não continuar comendo, contrariando a mãe. Porém, ao aceitar, me conta das correrias dele pelo campo, subindo escadas sem ajuda, caminhando para a rua, montando na bicicleta etc. O pai chega e Carlos o chama 'papai'; e quando o pai passa perto dele, pega sua mão e o cumprimenta entusiasmado, desce da cadeira, vem até mim, diz 'papai', tocando minhas pernas. Em seguida, dirige-se ao pai e contacta mais amplamente com ele; acaba subindo no banquinho para ficar perto da mãe. C está apontando um lápis com um apontador em forma de revólver e chora porque depois de várias tentativas não consegue apontá-lo. A mãe afirma que é sua grande afeição e com esse movimento acalmará seus nervos.

Carlos quando vê segura o revólver-apontador dirigindo-se para mim dizendo 'pá, pá, pá, pá', imitando o som de vários disparos. O pai observa o que aprendeu sem que ninguém tenha ensinado. Diz que ele não gosta de armas e portanto não aprendeu com ele. Como vê que C conseguiu outro apontador, Carlos sobe na mesa para reclamar com os gritos de 'me, me, me'. Acaba conseguindo o lápis e o apontador e utilizando-os corretamente aproxima-se de mim. Quando digo que vou embora, ele sobe imediatamente no sofá para recostar-se sobre meu lado esquerdo, como querendo impedir que eu vá embora. Volto a repetir para ele e ele desce complacente, oferecendo-me a mão direita e dizendo adeus. Os pais sorriem e me acompanham até a porta, mas nesse momento ele diz 'vai, vai, vai', e a mãe satisfeita lhe diz que sabe muito bem que irei de qualquer forma.

Há em Carlos uma profunda preocupação em atrair para o círculo de seus afetos e interesses as figuras do pai, do observador e da mãe com a intenção de unir e integrar, com a possibilidade de repetir a *unidade originária* com suas características diferenciais, depois de superados os obstáculos da *identificação adesiva* e entrar na identificação introjetiva. Dessa forma, ele não os perde; essa é uma das funções da *unidade orginária* particularmente importante depois da experiência anterior de separação, incluídas as mudanças pelas férias ou algum outro acontecimento que desconhecemos.

Para a mãe é C quem tem expressões de adultos e "quer ser como a mamãe e não uma criança". Mas depois nega que C não quer mais comida. Da mesma forma, recusa dar o colo a seu filho, quando este lhe pressiona o peito, porque isso lhe faz reviver angústias primitivas de quando o amamentava e teve que desmamá-lo precocemente.

É óbvio que a criança quer ser como seus irmãos maiores. Mas, através do brincar com o revólver, Carlos não estará fazendo uma reafirmação masculina, para utilizar depois corretamente o lápis e o apontador e assim reafirmar sua identidade (o "me, me, me", que quer dizer "meu") que vê em perigo? Pelo menos, nos momentos finais de separação, pelo que foram despertadas novamente ansiedades de ser abandonado, pelo que, baseado em experiências anteriores, recosta-se sobre mim para evitar que o deixe ou se lamenta quando me vê sair ("vai, vai, vai", que quer dizer "vai embora, vai embora"). Esse momento pode ser comparado com a brincadeira do caminhão e da roda que simbolizava a perda de uma parte dele, que caía e se separava e que ele firmemente desejava unir de novo.

Conflito edípico

De alguma forma, no final da observação anterior com a brincadeira do revólver, estaria Carlos elaborando através do brincar os conflitos edípicos e a obtenção de uma primazia genital, para poder assim estabelecer dentro dele seus objetos bons e poder desenvolver uma relação estável com os pais, segundo sugere M. Klein?[5]

Ela diz: "a predominância das tendências genitais implicam um grande progresso na integração do ego, como capacidade para receber, em primeiro lugar, 'bondade', alimento e amor da mãe tão desejados, e a necessidade de corresponder a ela e dessa forma restaurá-la, base das sublimações orais".

"Carlos, dezenove meses e três semanas. Ao tocar a campainha, ouço a mãe pedir à criança que a acompanhe até a porta para abri-la. Ele me cumprimenta dando-me a mão tímido e sorridente, agarrando-se nas pernas da mãe. O pai está sentado na sala de jantar, levanta a cabeça para me cumprimentar, pois está lendo uma revista. A mãe senta-se em frente à criança e lhe dá pedaços de presunto com a mão, enquanto me informa que agora tem que lhe dar de comer dessa forma. A criança aproxima-se de uma almofada pequena e encosta docemente sua cabeça sobre ela, perto de onde estou e me olha enquanto é alimentado. Quando a mãe acaba, vai perto do pai para olhar a revista, fazendo comentários e rindo. A criança segura um folheto e finge que está lendo, mostrando-me e rindo como fazem os pais; de novo, encosta-se sobre a almofada e me dá o folheto. A passa de um cômodo da casa para outro e me cumprimenta; ao responder, a criança interpreta que o cumprimento é para ele e responde. A mãe lhe oferece um copo de leite que ele aceita com satisfação; depois pede água: 'água'. Como continua sobre a almofada, o pai pergunta se ele não dormiu, e a mãe responde que não o necessário, e que desde que acordou não parou de tomar leite. As crianças brigam, a mãe as repreende. Ele fica de pé e dirige-se aos seus irmãos e os repreende em um tom similar ao da mãe, com: 'jala, jala, jala, quele, quele, quele', gesticulando com os braços e o corpo. Quando a mãe vai embora, Carlos corre pelo sofá, me aproximo para protegê-lo, se necessário, mas o pai afirma que não acontecerá nada. A mãe volta, ele dirige o olhar à cadeirinha onde iria sentá-lo, ela oferece para ele e ele tira o assento de plástico, ficando descoberto um buraco para colocar o penico. A mãe me explica que o perderam em uma viagem e que precisa de outro, porque já está na hora de aprender a controlar o cocô. Quando o põe de vez em quando, ele o toma na brincadeira e não consegue ensiná-lo. Carlos sobe na cadeirinha e põe os pés no buraco; como pode cair, a mãe o ajuda. Informa-me que ele incomoda muito as irmãs, chegando inclusive a mordê-las. C diz que está cheia dessa criança de merda e que tem atormentado uma menininha do lugar onde passam os fins de semana. A mãe segura o caminhão, o testa e diz que lhe pareceu que uma roda não funciona; estende o caminhão e ele põe sobre a minha mão. A mãe lembra o pai que no dia seguinte é o "Dia da Rosa", e pergunta-lhe se lhe comprará uma; ele responde que são demasiado caras e ela diz que, se ele não trouxer, ela comprará ou pedirá que alguém o faça. A criança faz um gesto com o carro, como se fosse jogar em mim, mas, ao levantar minha mão para me proteger, ele o roda sobre a palma da minha mão. A mãe o pega para ir ao banheiro. Incomoda-se, faz o gesto de chamar-me e ao segui-lo, sorri. A mãe afirma que ele gosta de água, mas tem pânico quando está na banheira e que não tem conseguido tirar-lhe esse medo. Tira-lhe a roupa inferior, rapidamente lava-o na pia e o envolve na toalha; ele quer vir comigo, mas a mãe não percebe. Como digo que tenho que ir embora, ele insiste com mais veemência e ela deixa. Pede para que me deixe ir embora e ele responde 'Não', afastando-a com a mão. O pai tem que ir à uma reunião do colégio dos filhos, dá um beijo na mãe e ele dirige seu rosto para o pai para que o beije também. Com desagrado, deixa-se segurar pela mãe, mas quando lhe pede que se despeça de nós ele o faz complacente."

Na observação anterior vimos que quando ele queria encostar sua cabeça sobre o peito da mãe, ela não quis. Sugerimos que hoje, ao encostar sua cabeça sobre a almofada, está apoiando-a sobre o peito, e espera ser alimentado pela mãe e receber seu afeto, como uma forma de enfrentar a situação edípica. Assim, quando o pai e a mãe estão juntos lendo e rindo, formam um casal que se entende. Ele se sente afastado e tenta defender-se formando um par comigo, fazendo o mesmo que eles e sendo igual a eles. A situação edípica volta a apresentar-se quando a mãe repreende os irmãos e então ele se levanta decidido a protestar contra eles. Depois de haver incorporado o leite tão desejado, os cuidados e atenções da mãe, ele se torna vigoroso e já pode deixar de imitar. A mãe lembra como suas irmãs e uma criança do campo têm medo dele. Mais tarde, quando os pais se aproximam para tratar do incidente do Dia da Rosa, ele faz o gesto de me jogar o caminhão, representando um ataque ao pai. Mais que um verdadeiro ataque - *que por outra parte pode dominar* - é uma reafirmação de sua personalidade, diante das ansiedades produzidas pelo conflito edípico, pois ele, apesar de rejeitar a mãe ao final da observação, pode aceitá-la ao sentir que é necessário que o faça. Também no banheiro se deixa tomar pela ansiedade . Nesse momento, precisa tanto do suplemento do leite, um bom peito e cuidados da mãe, como do vigor e da fortaleza do pai, que ele está disposto a reconhecer. É por isso que a mãe se mostra mais tolerante com ele que com seus irmãos. Carlos está restaurando e está sublimando suas tendências orais com ela.

No mesmo sentido de reafirmação pessoal, podemos entender sua sagacidade para evitar sentar-se no penico, tomando por brincadeira algo que seus outros irmãos não fazem, o que acrescenta uma dificuldade a mais para enfrentar o treinamento dos esfíncteres. Como em outras ocasiões, nos perguntamos por que essa mãe não tenta outros procedimentos, como por exemplo levá-lo ao banheiro junto com C e assim, quem sabe, queira fazer o mesmo que ela. É possível que, se o coloca sozinho, ele se sinta perseguido, e não quer fazê-lo por ser um lugar tão grande e aterrador como é o lavatório.

A primazia genital

Mencionamos o esforço de Carlos para reafirmar-se no seu papel masculino através da brincadeira com o revólver-apontador. Uma brincadeira que foi repetida na observação de hoje, de uma forma mais clara, através da atividade de fantasia e formação de símbolos. Isso tem um papel fundamental para elaborar tendências contrapostas ao tentar integrar os sentimentos de amor e ódio, os aspectos bons e maus do objeto e incorporá-los ao ego levando ao *self* uma maior confiança e coerência. O resultado é uma identidade genital mais firme, que inclusive pode influir na modificação do comportamento da mãe que coincide com o critério de M. Klein[6].

"Carlos, *dezenove meses e quatro semanas*. A mãe abre a porta e a criança está atrás dela. Pede-lhe para cumprimentar-me, estende-me a mão e propõe para ele que me acompanhe à sala de jantar. Sentamos no sofá, eu em meu lugar, ele no meio. Com um suave movimento dirige o olho até a parede oposta. Dá-me as costas, mas me olha de esguelha e vai se aproximando até se encostar em mim. A mãe anuncia-lhe que se prepare porque vai lhe dar banho, já que terminou o jantar. Ele continua na mesma atitude; desce do sofá, olha pela porta da sala de jantar para fora e volta para o meu lado sorridente; repete esse comportamento várias vezes. Quando a mãe vai até o dormitório para buscar a roupa, ele a segue e vem com um autêntico revólver antigo, gritando 'pá, pá, pá'; a mãe volta, tira-lhe o revólver e coloca-o sobre o móvel. Ele chora reclamando, se acalma quando a mãe fala para ele palavras carinhosas, ao mesmo tempo que lhe pede ajuda para colocar no cercado os brinquedos que estão esparramados pelo chão e ele o faz. Vamos ao banheiro, olha alvoroçado a água que cai e emite vários sons. Quando a mãe o pega para tirar-lhe a roupa, chora, grita 'mamãe, mamãe'. Depois de tirar-lhe a roupa da parte inferior do corpo e ao comprovar que suas mãos estão frias, ela as aquece na água e tira o restante da roupa com cuidado. A criança grita no momento em que vai colocá-lo na banheira e se agarra nas bordas da mesma. Ela o estimula com palavras carinhosas, beijando seu rosto, até que o choro se converte em um lamento. Ensaboa seu corpo, pede seu pé e ele lhe oferece o direito, frente ao novo pedido, estende o esquerdo. Sugere que saia do canto da banheira e deixe de agarrar-se às torneiras, mas ele chora tão alto que desiste. Ao jogar água na sua cabeça, para tirar o sabão, o seu choro aumenta, geme e pronuncia a palavra 'cai, cai, cai'. Ao tentar sentá-lo, ele resiste; tira-o da banheira e ela o envolve em uma toalha; uma vez seco, deseja vir em meus braços. A mãe me pede que lhe aproxime o secador e ele deixa fazê-lo contente, enquanto ela me confessa que não sabe o que acontece no banho, pois cada dia está mais assustado e que possivelmente seja porque ela foi muito bruta, já que no começo o colocou debaixo da ducha sem que ele tivesse olhado o suficiente. Esclareço que, apesar de tudo, parece que está menos assustado que da última vez que eu o vi tomar banho. Como ela não lembra, me comunica muito animada que estou ligado nos mínimos detalhes e, além disso, posso lembrá-los.[7] Ele deixa cortar suas unhas, até que lá pelo terceiro ou quarto dedo da mão direita começa a choramingar; a mãe propõe que me cumprimente e deixa que ela corte as duas unhas restantes. Com a mão esquerda é mais trabalhoso, ela se queixa do quanto é difícil fazê-lo, pois tem reumatismo e sente dor nas mãos. Para que lhe deixe cortar as unhas dos pés, põe talco nos genitais e lhe sugere que continue colocando o talco. Quando termina, me diz que ainda não havia conseguido fazer isso completamente nenhum dia. Veste-o e, ao ver-se no espelho, diz 'queco'. Ela lhe diz que não é um boneco e o incentiva para que se despeça daquele menino com um beijo, mas ele só aproxima o rosto. Vamos para a sala de jantar, a mãe pretende colocá-lo no cercado, mas ele não quer e vem sentar-se ao meu lado, contactando direta e abertamente com meu corpo; a mãe está no outro lado do sofá. A criança pega um trem de madeira e se entretém com a bolinha existente na corda usada para puxar o trem, dizendo 'pá, pá'. A mãe supõe que talvez diga 'pá' porque lembra-se da bola. O pai chega, a mãe vai abrir a porta lamentando-se de que não o viu desde manhã; ele estranha ao me ver, porque não lembrava que era o dia da observação. A criança nada mais vê e o chama 'papai'; diante da sua insistência, o pai se aproxima e o beija. C sai chorando do quarto, a mãe diz que está desesperada com as crianças, a situação lhe sufoca e hoje teve que bater em todos. A criança continua expressando 'pá, pá, pá' para a bolinha vermelha e também 'ten, ten' (para o trem). A mãe liga a televisão. Está passando um filme interpretado por artistas famosos. Ela graceja com o pai sobre a protagonista feminina ser interessante, mas que o masculino a supera. Como a criança continua dizendo 'pá, pá', a mãe decide averiguar se o que ele realmente quer é o revólver, e o traz. O pai, indignado, exige saber quem lhe deu, ela explica que foi ele mesmo que o pegou da mesa de cabeceira. O pai quer saber quem o deixou ali e a mãe aponta a possibilidade de ter sido A. A criança coloca o revólver perto do olho para fazer pontaria. Enquanto o filme na televisão trata de temas de guerra, ele não presta atenção e só pára a brincadeira com o revólver quando vê um carro muito suntuoso e que saúde com o conhecido 'brrr, brrr'. Está sentado perto de mim, no sofá, levanta-se e continua entretido com o revólver, a mãe lhe pede o revólver e ele diz 'não'. Quer colocá-lo em um dos vagões do trem, mas não cabe. A mãe une dois vagões e assim pode colocá-lo. Na tela aparece uma piscina, a criança olha para ela e a mãe graceja com a possibilidade de dar-lhe outro banho e ele assustado diz 'Não', enquanto dá voltas no carregador do revólver. Agora a mãe pede o revólver e ele lhe entrega, entretendo-se com o trem. Ao anunciar que vou embora, Carlos aproxima seu rosto para que eu lhe dê um beijo. Os pais se dão conta do gesto e riem muito da atitude espontânea, doce e carinhosa do filho. Realmente, permaneceu calmo e sossegado quase o tempo todo. Diante da evidência, o pai afirma que hoje o filho está mais tranqüilo. Os pais o animam a dizer adeus; ele se encosta sobre a almofada do sofá, dizendo-me 'adeus'.

A princípio há uma tímida aproximação de Carlos comigo, que se faz mais aberto no momento em que, perspicaz, consegue apropriar-se do revólver do pai. Uma atividade da fantasia para a formação de símbolos, que conduz a que, diante da contrariedade de ser desprotegido dela, pode enfrentar a frustração, cooperando com a mãe em reordenar e arrumar o quarto. Uma seqüência que indubitavelmente influi na mãe para que esta adote um comportamento novo e tome consciência das dificuldades a respeito do banho. Ela esquenta suas mãos frias na água e o aproxima bastante e ternamente. Tem um conhecimento mais claro dos temores do filho. Por exemplo, percebe que tirar a sua roupa de repente é como deixá-lo desprotegido e sem pele; quando se mantém distante de seu corpo se sente perdido. Ainda que a criança grite "mamãe" ao tirar-lhe a roupa e se agarre assustado à banheira, seu temor persecutório é menor que em outras ocasiões. Recorre por um momento à resposta bidimensional com seu pranto monótono, como se não tivesse força, até que o medo o faz gritar "cai, cai". Não poderia ter dito melhor, porque com isso nos exterioriza o conteúdo e o significado da ansiedade subjacente de poder perder-se ou drenar-se. Mas a mãe, o peito, a almofada que habitualmente utiliza, estão ali próximos e não cortaram a relação com ele, e por isso presta-se a colaborar com a mãe quando esta corta-lhe as unhas, operação essa que ela prevê ser difícil e pensa que colocá-lo em contato comigo lhe ajudará e o tornará mais tolerante. Presume que o passo seguinte será mais trabalhoso, pois recorre a colocar talco nos genitais; facilitando-lhe a tarefa, intuindo acertadamente que, por intermédio do contato corporal e dada a primazia genital que ele está vivendo, poderá suportá-lo melhor.

Ela não admite que quando o filho fala "pá, pá" para a bola vermelha está se referindo ao revólver, porque isso significa ruídos anais ou ataques violentos, e então interpreta que quer dizer bola. Mas quando chega o pai e se sente apoiada, se atreve a comprovar o que quer dizer "pá, pá", dando-lhe finalmente o revólver. O pai, também temeroso, negou, no dia anterior, sua participação na aprendizagem dessa brincadeira violenta. Ambos são incapazes de reconhecer que essa utilização também tem um significado positivo de reafirmação sexual e integração da agressão. Em um momento de compreensão, a mãe o ajuda a sustentar o revólver entre os dois vagões unidos (os dois pais fortes que não temem a agressão?).

Por último, constataremos com que facilidade Carlos negocia com a mãe a entrega do revólver, diante do temor do banho na piscina, e também como pode mudar de brincadeira e despedir-se de mim desde a almofada, o "peito bom" que ele retém com prazer.

---

1 A tridimensionalidade é algo que constitui a essência do ser humano, diferentemente dos animais, que se comportam a um nível bidimensional. No entanto, resolvemos muitas situações com um pensamento bidimensional, onde praticamente não pensamos, ou não nos preocupamos, apenas que copiamos ou respondemos automática e mecanicamente com idéias aprendidas. Do contrário sobre/carregamos nossas capacidades mentais com um peso demasiado. A tridimensionalidade e a bidimensionalidade de certa maneira caminham juntas. Com a idade, a tridimensionalidade diminui ou desaparece. Por exemplo, no velho, para que se dê a tridimensionalidade, necessita de uma freqüente introjeção, assim como as crianças, os bebês ou o adolescente. O velho necessita contactar com pessoas que o venham ver, preste atenção e o ame, então introjeta e pode funcionar por certo tempo em tridimensionalidade, mas não pode fazê-lo por períodos longos. Sem assistência, cai em estados depressivos.
2 A presença do observador permite que a mãe identifique-se com ele, no sentido de que o observador olha, presta atenção. É provável que se o observador não estivesse ali, ela, ocupada nas suas muitas tarefas, não se sentiria tão estimulada para fixar-se em detalhes, aparentemente tão pequenos.
3 Uma pronúncia que é similar ao nome da irmã.
4 Esta poderia ser uma das razões do porquê de muitas mães insistirem em querer deixar sua tarefa maternal para voltar rapidamente ao trabalho - *pelo terror de regredir* -, de tal forma que nunca mais serão adultas.
5 M. Klein: "Vida emocional do bebê". Em: *Desenvolvimento em psicanálise*, Buenos Aires, Paidós, 1962.
6 M. Klein; *op. cit*
7 Assinalaremos que minha resposta não é um mero reasseguramento para tranqüilizá-la, senão um dado preciso de observação que ela valoriza profundamente.

CAPÍTULO 9

21 MESES

A superação da fobia ao banho

De alguma forma, a modificação das condições internas de Carlos (que por meio de sua reafirmação genital influem sobre o mundo externo, principalmente na mãe) coincide com as das condições externas (mudança na atitude da mãe, que, na presença do pai e do observador, influi no mundo interno da criança para que ela possa superar sua fobia ao banho). M. Klein[1] considera que "um aspecto característico da neurose infantil é constituído pelas fobias arcaicas, que se iniciam durante o primeiro ano de vida e, mudando em forma e conteúdo, aparecem e reaparecem através dos anos da infância". Também Joan Rivière[2] afirma que: "O drama é representado em termos de boas e más condições internas e boas e más condições externas, enquanto as relações objetais nascem, em parte, da apreensão de tais condições e, em parte, claro, da resposta às satisfações e ao amor que a criança experimenta, oriundo da mãe. É neste período intermediário (digamos, desde os primeiros meses até aos dois ou três anos de idade), entre o estado de identificação primária e o de plena consideração dos objetos reais e o desenvolvimento de um superego integrado, quando a criança revela as suas principais ansiedades (fobias de perigos externos)".

"Carlos, *vinte meses, cinco dias*. O pai abre a porta. A mãe está sentada em frente à mesa de jantar com o menino no colo, dando-lhe de comer. Ele me vê, começa a mover os braços e a sorrir, indicando que quer vir comigo, insistindo para que a mãe não lhe dê mais comida, até que o consegue. Como tem a boca gordurosa, a mãe pede-lhe para limpá-la e ele passa o babador por todo o rosto, especialmente pelos olhos. Ele sobe no sofá e se recosta sobre o meu lado esquerdo. Traz um bonequinho e me dá. Logo vai buscar o caminhão-guindaste, colocando-o sobre minha mão. Tem três lápis na mão direita e sorri durante todo o tempo. A mãe lhe pergunta se já terminou o que tinha na boca, ele a abre e, como ainda resta algo, ela desiste de dar-lhe mais. A mãe lhe diz que se prepare para o banho e ele reponde resolutamente: "não". Ela afirma que o havia entendido perfeitamente. Olho em direção ao móvel da sala de jantar onde tem uma fotografia bem grande. Pareceu-me reconhecer duas crianças. A mãe pergunta-me se estou olhando a fotografia de Carlos e C. Respondo assustado que me parece uma criança maior. Ele, olhando, e com um gesto de alegria, diz: "neném". Ela explica-me que a fotografia foi um presente que lhe deram no Dia das Mães. B sai de seu quarto para dirigir-se ao de A, a mãe a repreende e a menina aproveita para meter-se no quarto e na cama de B, a mãe vai tirá-lo e ele esboça um movimento de mordê-la. Ela comenta que muito lhe agrada a cama de seu irmão maior. A mãe vai preparar o banho e a criança fica comigo. Me dá os lápis, porém, como minhas mãos estão ocupadas com o caminhão e o bonequinho, pega o bonequinho, atirando-o atrás do sofá. Exclama surpreendido que ele desapareceu e não pode recuperá-lo. Vai contemplar como a banheira se enche de água e volta sorrindo. Quando a mãe tem tudo preparado, pede ao menino para acompanhá-la. Porém, ele senta-se no sofá e me convida para que também o faça. Sento-me e ele se refugia da mãe no meu colo. A mãe usa um lenço em volta do pescoço por causa de um torcicolo e me pergunta se sua dor pode ser devida ao frio. Respondo-lhe que é possível. Pega o menino com dificuldade e este protesta quando ela vai tirar sua roupa. Ela fala com ele, o entretém, tocando-o com tanta habilidade e ele se mostra contente. Coloca-o na água com muito cuidado e ele só se queixa uma vez; ela, então, fala com ele até que ele se acalma e sorri. Pede para ele esfregar a barriga e ele o faz. Ao passar o sabão pelas axilas, ele dá gargalhadas. Ela fala com ele e ele responde com sons, gestos e risadas. Ao enxaguá-lo, ele responde da mesma maneira. Ela se prepara como pode para ensaboar sua cabeça, porém o faz de tal forma que ele segue seus movimentos muito tranqüilo; logo, oferece espontaneamente um pé e depois o outro. Ela pede-lhe que se agarre à torneira da ducha e ele a satisfaz. A mãe exclama que gostaria de tirar-lhe o medo do banho de uma vez. Não sabe o que fazer para lavar-lhe o cabelo, já que, até o momento, tudo está indo bem. Prepara a ducha com habilidade, porém, no momento em que ele se dá conta, tenta sair do banho pelo degrau; ela passa-lhe a ducha um instante e, para não pôr a perder o conseguido, efetua o resto da operação com rapidez. Pela primeira vez o menino não expressa medo, nem grita, nem protesta. A mãe envolve-o na toalha, ele choraminga, porém logo se acalma. Seca o cabelo dele com o secador e ele ri quando o ar passa pelo seu rosto. Enquanto o está vestindo, ele exclama: "oooooh!". A mãe o chama "guapo" (corajoso, galante), e ele responde "apa". Quando termina de vesti-lo, lhe diz que se dê um beijo no espelho, mas, novamente, ele só põe perto o rosto. Depois quer vir comigo. Pego-o. No sofá, ele desce do meu colo e olha embaixo e por detrás, buscando o bonequinho que havia atirado. Indica-me que vai resgatá-lo e, ao consegui-lo, devolve-me. Pede-me o caminhão para oferecê-lo à mãe, porém, em seguida, pede-o de volta e me devolve".

Não vamos comentar em detalhe esta observação, já que ela mesma por si só explica a situação. A princípio, a criança interrompe a comida que a mãe está lhe oferecendo e decide vir comigo, sem terminar de mastigar o que resta na boca. Entrega-me dois objetos que, segundo pensamos, o representam – *o bonequinho e o caminhão* –; com este último, ele havia tentado um jogo de recuperação da roda. Ao anúncio do banho, ele rechaça, com um não; se reconhece na foto como o "neném"; se identifica com B, metendo-se em sua cama; faz desaparecer o bonequinho e, ao não poder recuperá-lo, vai se olhar no espelho do banheiro, numa tentativa de elaborar seu medo de perda e, para retomar força, se refugia da mãe em meus braços. A mãe se comporta de uma maneira totalmente diferente de quando o pai está presente e também na presença do observador, que lhe dá segurança e confiança. Recordemos como este, no dia anterior, lhe assinalou a melhora de Carlos, através do contraste com os dois últimos banhos. Ela não está tão insegura, mas ciente de que pode fazer melhor a tarefa, com menos problema. Criou-se uma inter-relação mãe-criança de influências benéficas: quando ela pode fazer mais, ele responde melhor; ao mesmo tempo, decrescem as ansiedades mútuas. Isto ficou comprovado depois do banho, porque, embora em outras ocasiões ele tentasse fugir da mãe, hoje ela chama-o de "guapo" e ele responde "apa" (guapa). Como temos visto em várias ocasiões, a atitude da mãe é singular. Superados determinados momentos de ansiedade, ela estimula o menino para que se olhe e se beije no espelho. Será que ela deseja que a criança se reafirme em sua identidade ou em seu narcisismo? Uma vez a salvo, ele vem a mim para que eu recupere o bonequinho perdido. Pede-me o caminhão para oferecê-lo à mãe, expressando com isto que, para ele, os dois são bons. Tranqüilamente, acompanha-me até a porta e se despede de mim sem dificuldades."

Mundo interno e mundo externo
(noção de interioridade e a capacidade para experimentar)

Acreditamos ter assistido à reafirmação pessoal de Carlos que, entre outras coisas, por introjeção de uma realidade externa mais tranqüilizadora, fez progredir o seu mundo interno, que, por sua vez, por projeção, melhora a imagem do mundo externo. É difícil assinalar de onde surge o ponto de inflexão inicial, que dá lugar a uma mudança mais prospectiva e saudável. Dentro da criança, dentro da mãe? Ou, então, da conjunção de dois mundos, com uma inclinação mais satisfatória e adequada? Desde o narcisismo até as relações de objeto? Seja o que for, nos interessa ver o desenvolvimento dessas relações no cotidiano, para ver se nos chegam mais luzes. Sugere Meltzer[3], que M. Klein fez um acréscimo revolucionário ao modelo da mente proposto por Freud, ao assinalar que não vivemos em um só mundo, mas em dois. É dizer, o mundo interno, como um autêntico lugar de vida, tanto quanto pode ser o mundo externo. Para ilustrá-lo, argumenta que Freud não interpretou da mesma forma de M. Klein o relato do Pequeno Hans[4], quando este disse a seu pai que, antes do seu nascimento, ele e sua irmã estavam juntos dentro da caixa que a cegonha trazia, e que esta relação rompeu-se quando ele nasceu. Isto implica, segundo Klein, uma noção de interioridade -- do corpo da criança e do da mãe --, distinta do modelo neurofisiológico de Freud. Isto levou M. Klein a uma nova visão do conceito de fantasia inconsciente, considerada uma transação real que tem lugar dentro do mundo interno. Assim, ela descobriu a mente, tratando com significados e valores, como uma oscilação entre as relações narcisistas e as de objeto; que o significado é gerado no mundo interno das relações e se desenvolve em relações com o mundo externo.

"Carlos, *vinte meses e doze dias*. Recebem-me as irmãs do menino, que está atrás da porta. Involuntariamente, batem com a porta em sua cabeça e ele chora. A mãe vem cumprimentar-me, acolhe-o nos braços e, sem deixar de falar, leva-o junto à janela porque ainda tem claridade. Ele se acalma e se entretém, vendo voar os pássaros sobre o céu ocre; emite algumas vocalizações. A mãe acende a luz, deixa a criança no chão, ele começa a brincar, reconhecendo objetos, pondo-os dentro de um cubo grande de papelão; logo vem até mim, sorrindo. A mãe, preocupada, vai ao telefone, mas, ao não receber resposta, sai ao terraço, olhando como se estivesse esperando alguém. Entra e me comunica que está nervosa e irritada, porque A ainda não voltou da casa de um amigo; o seu pai não permite que ele vá lá, porque este amigo faz tudo o que quer. Sugiro-lhe, de forma desculpável e tranqüilizadora, que talvez **A** pense que é cedo, pois ainda tem luz do dia. Ela não aceita e acrescenta que ele sabe muito bem que horas são. Carlos tem na mão uma pequena roda, atravessada por um fio de arame, que gira sobre o seu eixo dando voltas. Move-a com intensidade, sem conseguir fazê-la funcionar corretamente. Nessas tentativas, dá um forte golpe no rosto, mas não chora. Vem **C** e senta-se no outro extremo do sofá. O menino põe em minha mão um carro e uma caixa com algo dentro que soa. Em cima dela coloca uma bolinha na qual dá golpes com uma varinha de tambor, até que a atira ao chão; recolhe-a e repete o jogo. **C** lhe dá uma caixa maior e ele repete a mesma operação de pôr a bolinha, golpeá-la e derrubá-la. Como a mãe teme que machuque a mão, entrega-lhe um cubo grande de papelão e ele o põe de boca para baixo. Bate nele, como se fosse um tambor, e **C** faz o mesmo, com um batedor de tambor. A mãe tira a bagunça da porta; **A** sobe as escadas. Finalmente, a mãe fala ao telefone com o amigo, dizendo-lhe, muito seriamente, para não convidar mais o seu filho. Briga com **A**, exigindo-lhe que suba rápido. Quando este entra em casa, ela lhe diz para nunca mais voltar a pedir para ir à casa desse amigo. **A** tenta replicar, mas ela o ameaça, dizendo-lhe que não quer mais ouvir nem uma só palavra, porque, do contrário, tomará outras medidas. Ordena-lhe para lavar as mãos, ir para a cozinha jantar e depois deitar, sem reclamar. Ele sai sem dar boa-noite, deixa o casaco em seu quarto e entra na cozinha. A mãe pede a **C** que se despeça de mim e que vá para o seu quarto; nos damos boa-noite. Durante esse tempo, Carlos está subindo e descendo do sofá, pegando o cubo grande e colocando-o ao meu lado. A mãe comenta que o menino a tem esgotado; ele desce novamente do sofá, lhe dá um carrinho, pede-o e me devolve; senta-se no meu colo e se atira sobre o meu corpo. Ela lhe diz que ele está sujando o seu amigo, que tenha cuidado; depois, lamenta-se do quanto as crianças a têm deixado nervosa e cansada. Ante os gritos de **B**, porque **C** não deixa colocar o pijama, ela as ameaça, subindo o tom da voz, pedido-lhes que se comportem, como se não tivesse crianças pequenas. Carlos passa um carrinho pela borda posterior do sofá, que fica atrás de mim, baixando-o até ao chão. A mãe propõe que ele coloque todos os objetos do cercado dentro do depósito grande de papelão; ele se nega. Com a desculpa de que está me incomodando, tenta, sem êxito, colocá-lo no cercado. A mãe tira uma bola de dentro do cercado e ele ri; dirige-se até ela e tenta pegá-la com a mão; mas, como a rede o impede, se apóia na banqueta para aproximar-se, coisa que repete duas ou três vezes, para aproximar-se de mim e dela, que lhe toma no colo. A mãe comenta que tem amigas que lhe asseguram que seus filhos sempre são obedientes, não mexem nas coisas da casa, ficando tudo bem organizado; porém, ao indagar-lhes mais, se dá conta de que elas conseguem isto mantendo-os presos em um quarto, como galinhas. Lamenta não ter uma sala somente para ela e, finalmente, reconhece ser impossível ter tudo em seu lugar quando se tem crianças. Ele desce do seu colo para subir no meu, porém seu rosto roça contra o botão da minha jaqueta e ele volta a chorar; coloca aquele lado do rosto sobre a perna da mãe e diz "mamá"; pede "água" e a mãe traz o seu copo de leite; ele o toma entre as mãos, bebe e fala "leche". A mãe vai ao quarto de A para falar-lhe, mas não posso entender o que ela diz, porque Carlos atira o conteúdo do cubo de papelão no chão e, depois, coloca os objetos dentro dele. Pressiona sua mão sobre o meu colo e eu compreendo o seu desejo de que eu olhe dentro do cubo para ver o que ele tinha feito. Ele se aplaude com alvoroço: "eeeeh.... eeeeh......". Quando toca a campainha, o menino reconhece a chamada e diz: "papá, papá ". A mãe recebe o pai sorridente, ao mesmo tempo em que pega o menino para lavar-lhe as mãos e deitá-lo. Tira dele um carrinho que leva na mão e ele reclama: "ame"("dá-me"); se conforma ao ensaboar as mãos e dirige-se a mim, como que para iniciar uma conversa. A mãe aproxima-se dele e pega-o com uma das mãos para lavar-lhe o bumbum; mas, ante a posição incômoda, ele exclama: "cai, cai"; a mãe apóia-o melhor e diz que não acontecerá nada. Leva-o para frente do espelho para que ele diga algo ao menino que ele vê diante de si. Despeço-me. O pai, a mãe e a criança acompanham-me até a porta para dizer-me adeus."

Quando a porta lhe bate à cabeça, chora, mas, em seguida, se acalma quando a mãe o pega e lhe fala de maneira continuada. É a contenção e a continuidade da contenção, através da palavra que ele precisa para introjetá-la e que lhe permite olhar fora, projetando sobre os pássaros a calma e a alegria que recuperou. Depois desse episódio, a criança pode colocar objetos dentro do cubo de papelão, tendo agora uma noção de interioridade. Da mesma maneira, reproduz, através do brincar, a sensação de sentir-se a salvo nos braços da mãe, depois da batida na porta.

Entretanto, a mãe está ansiosa devido ao atraso de **A**; e, à sua chegada, não tolera a menor explicação. É como se ela tivesse aniquilado completamente a criança, não considerando que ela também tem uma interioridade. Suprime sua identidade, quando não a deixa expressar a sua razão, desculpa ou opinião.

De sua parte, Carlos parece estar experimentando algo. Embora se bata com força no rosto, não chora, porque não se trata de um jogo banal, mas do desejo de fazer algo. Nesse caso, podemos dizer que ele investiga a roda que se move ou como deve fazer para movê-la, o que dá no mesmo, o que seria uma maneira de encontrar uma forma de relacionar-se com os objetos do mundo externo.

O menino está perto de mim, mas não fica assim todo o tempo. Se prestarmos atenção e observarmos as diferentes seqüências, diremos que ele não vai sem sentido de uma pessoa para outra, mas que isto tem um significado interno. Em outras palavras, vem comigo porque a mãe, em questão de segundos, muda de humor. Ela passa da mãe acolhedora àquela que anula o irmão **A**, ou a que grita de forma estridente; a situação o assusta. Como costuma acontecer nos pesadelos onde os espaços se tornam aterradores. Por esse motivo, fica bastante tempo comigo, me dá brinquedos e logo reproduz o jogo da bola, pondo em cima da caixa e deixando-a cair; manifesta o que pensa que lhe sucede quando está no banho. Agora, comigo, sente-se protegido; conta com um colo que o "contém" e pode reproduzir a fantasia do seu mundo interno, como se quisesse constatar, dizendo: "não vá cair no buraco e sumir para sempre". Essa seria a fantasia, que gera a força para superar a fobia ao banho.

Em outro momento, a mãe lhe fala em tal tom que ele entende que ela o está rechaçando. O motivo é porque ela se encontra esgotada com ele. Tenta manter contato com ela dando-lhe um carrinho, porém vem comigo e se atira sobre o meu corpo. Então, ela protesta contra as meninas, dizendo-lhes que se comportem como se não tivesse nenhuma criança pequena, anseia ter um espaço para ela, deseja livrar-se do menino e quer colocá-lo no cercado, mesmo sem forçá-lo. É notável a maneira como ele responde para tirar a bola que ela joga dentro do cercado. É dizer: quando não consegue com as mãos, experimenta com as varetas. É uma forma de tratar a realidade externa como um trabalho real, depois de ter se livrado de estar dentro.

É interessante seguir o desenvolvimento das reflexões da mãe sobre o comportamento de outras mães e o cuidado das crianças e como ela chega a elaborar o seu próprio pensamento. Deduzimos que resulta-lhe fácil, porque o observador a escuta sem contradizê-la, sem reprová-la ou dar-lhe opiniões e conselhos, mas, ao contrário, permite que desabafe.

Quando o menino está no colo da mãe e ela não lhe dá atenção, ele vem para mim, presumindo encontrar o peito ou mamilo brando, mas em seu lugar recebe o atrito do botão duro; volta então para ela, chamando-a: "mamá", tentando curar-se com a suavidade do contato. Ela pergunta-lhe se quer água ou leite e ele manifesta o seu desejo. Depois de haver tomado o conteúdo do copo, expressa o seu conhecimento de que o líquido que ingeriu é "leche" e não água como havia pedido. Continua cansando-se, colocando coisas, fazendo-me reconhecer, utilizando sua linguagem pré-verbal, empurrando-me com sua mão, comunicando-me dessa forma sua *noção de interior*, causando-lhe uma grande alegria o fato de eu poder compreendê-lo. Por último, reaparece de forma clara e evidente seu temor de "cair" no banho, que antes havia elaborado comigo. Depois dessa situação de ansiedade, a mãe recorre ao espelho para que o menino fale com a sua própria imagem. Pensamos que isto se relaciona com sua insegurança, relativamente ao fato de o menino vir a possuir um mundo interno suficientemente seguro para enfrentar seus temores.

Autonomia do desenvolvimento mental

Uma das constantes que vimos expressando desde o princípio, por intermédio do conceito de *identidade no menino*, é a de uma *autonomia de desenvolvimento de sua mente*. Neste sentido, Bion[5] disse: "o desenvolvimento mental, como o físico, depende do funcionamento de um sistema alimentar mental". E mais adiante: "o componente mental, amor, segurança, ansiedade, diferente do somático, requer um processo análogo de digestão". Segundo Meltzer[6], Bion introduz uma modificação na ênfase que M. Klein dava à relação do bebê com o seio da mãe, considerado o grande modulador mental, por entender que o bebê é capaz de prosseguir com o complicado processo de desenvolvimento de sua mente, em algum sentido autônomo, e que a mãe se constitui a si mesma, pouco a pouco e por digestão de experiências[7]. Uma vez adquirida certa noção do mundo interno e externo, Carlos desenvolve as funções de seu Eu (pensamento, memória, atenção, verbalização, ação, juízo) com a intenção de recuperar autonomia e identidade.

"Carlos, *vinte meses, três semanas*. A mãe abre-me a porta. Neste momento estava colocando os irmãos na cama. Carlos me saúda com um 'olá', me aponta com um dedo e articula uma espécie de conversação com os sons: 'que, que, que, de, de, de, de, que, que, que'. Ela sai com os irmãos, ele se aproxima e me dá uns guizos. Vem a mãe, queixa-se de muito calor e abre a porta do terraço. O menino aproveita para sair e corre entre as mantas que estão penduradas, esfrega seu rosto e corpo, aparece e desaparece. A mãe o chama, ele, porém, continua brincando de esconder. Saímos ao terraço; ele corre de um lado para o outro contente, ela lhe pergunta se quer ver os carros que passam pela rua e o toma nos braços para mostrar-lhe. Do outro lado da rua tem uma casa com um grande jardim e no terraço um cachorro. Ela me conta que iam dar-lhe uma cria daquela cadela, porém ela morreu. O menino, ao ouvi-la, olha para a casa e, acenando, diz: 'au, au'. A mãe deixa-o no chão, e ao perder a visão da casa, ele exclama: 'não, não'. Ela pega-o novamente para mostrar-lhe a cachorra e volta para dentro de casa, ele choraminga. Convida-o para prestar atenção em mim, porque sou seu amigo e vim vê-lo e ele deve estar comigo. Dá a ele um caminhão de bombeiros, ele me mostra e se acalma. Aproxima-se sorrindo, coloca-o sobre minha mão, porém, acidentalmente, este cai, batendo na mão dele. Volta a entregar-me e pronuncia o vocábulo 'ma' (de toma), esperando agora que o solte sobre sua mão. Deixo-o cair com cuidado e ele o recolhe, repetindo a operação várias vezes. Os meninos pedem para ir ao banheiro, a mãe diz que o façam rapidamente, porque tem que dar o banho de Carlos; este pede água com insistência e lhe trazem um copo de leite, que pouco a pouco ele toma inteiro. Ficamos sós e ele tenta ficar no mesmo lado, apoiando-se na parede; logo, em posição a cavalo sobre o respaldo posterior, baixa-se pelo vão que fica entre a parede e, na ponta dos pés sobre a almofada, brinca de aparecer e desaparecer, acompanhando-se de uma jubilosa expressão: 'eeeeeh, que, que, que, te, te, te, te'. Do meu assento vejo a mãe, que está preparando o banho; ouve-se o ruído da água. Com destreza, sai do esconderijo e com satisfação vai olhar a banheira enchendo, emite sons similares aos anteriores e volta para o meu lado. Quando a mãe passa para recolher a roupa do dormitório, ele a segue e diz 'caca', e ela lhe responde que não é caca. Ao sair, a mãe me explica que ele se refere a umas sandálias que hoje havia colocado pela primeira vez e não sabia por que ele as recusava e por que, quando as põem, ele perde o equilíbrio; talvez seja porque esteja acostumado com as botas, diz a mãe, no momento em que o menino mostra com alegria os meus sapatos. Quase arrastando, a mãe leva-o até ao banho, porém, uma vez em seu colo, apontando-me com o dedo, emite e modula, em um tom muito coloquial, um largo: 'que-que-que-que-que'; a mãe dirige-lhe a palavra e ele a contesta com suas vocalizações. Novamente, sobre o degrau do banho, a mãe o convida a entrar ali e ele, sorridente, tranqüilo e pausadamente a contesta: 'cai'. Ela lhe assegura que não cairá e ele aceita sentar no degrau como ela pede, mas não no chão da banheira. A mãe quer ensaboar os pés e ele os aproxima; anima-o a pôr-se de pé e a pular um lance. Teme sua reação ao ensaboar-lhe as costas, vira-o e lhe sugere que se agarre à torneira e ele faz isto, confiante. A mãe não sabe como tirar-lhe o sabão; ao dirigir-se para pegar a ducha, ele se interpõe enérgico com um 'não, não'. Ela utiliza a concavidade de sua mão para verter-lhe água e tomar-lhe o sabão, enquanto lhe fala, o beija, o elogia, dizendo que ele 'é muito bonito', e comenta que ele terminará gostando de água. Ante o seu pedido para colocar a cabeça para trás, ele a obedece e, finalmente, coopera, pegando com suas mãos a água da torneira para limpar-se do sabão. A mãe tira a tampa da banheira para sair a água suja, enquanto ele se entretém feliz com a água que flui da torneira. Tranqüilo e sossegado, deixa-se envolver na toalha, o que me impulsiona a dizer que hoje foi melhor do que no dia anterior. A mãe, muito aliviada, responde que assim foi. O menino aponta o secador, pedindo que ele o entregue; a mãe, muito emocionada, exclama: 'quanto você sabe'. Vai secar o cabelo dele, porém sente calor e decide abrir a porta, mas, antes quer colocar-lhe a camiseta, ele diz 'não', afastando suas mãos. Ela imobiliza-o com força e ele se solta, chorando. Em um descuido dele, ela enfia a cabeça e logo os braços; vestido, pára de chorar. Aberta a porta, a mãe continua secando-lhe e ele colabora com suas mãos. A mãe, satisfeita, assegura que ele é muito mau, e, precisamente por isso, ela gosta tanto dele.

Dirige-se a mim para esclarecer que prefere assim, porque não gostaria de uma criança quietinha. Ao levantar-se com ele nos braços, se vê no espelho e quer dar-se um beijo; logo deseja vir comigo, porém ela adverte-o de que ainda tem que terminar de vesti-lo. No dormitório, sobre a cama, ao pretender colocar-lhe as fraldas, ele se vira para escapar, porém ela pega-o entre as pernas e o consegue. Na sala de jantar, o menino vem para o meu lado, logo sobe num extremo do sofá a cavalo e fica atrás de mim na altura dos ombros. A mãe lhe traz um iogurte, ele se abaixa até a altura da mesa onde ela está e sobe em seu colo; enquanto mexe no açúcar, ele quer uma colher, expressando isto com sons coloquiais, similares aos anteriores. Ela lhe diz que não, porque o recipiente é muito pequeno para duas colheres e ele decide meter o dedo indicador esquerdo e chupá-lo; ao tentar alimentá-lo, ele reclama uma colher e a mãe tem que pedir a uma das meninas para ir buscá-la para poder alimentá-lo, coisa que ainda está na metade. O menino vem até mim e se mete entre o sofá e a parede, como havia feito antes, porém, nesta ocasião, num lugar mais estreito. Fica preso e começa a chorar. A mãe e eu o ajudamos, e ele sai logo. Ela adverte para ele não voltar a fazer isto, porém ele vai resoluto com a intenção de repetir a operação. A mãe lhe dá um tapa, ele insiste e, ante um novo golpe, chora desconsolado em meus braços. Ao diminuir seu pranto, dirige-se até a mãe e esta, ao ver o seu gesto, se balança sobre ele, dando-lhe beijos, acariciando-lhe e falando-lhe baixinho: 'você é tão lindo e precioso'. Ele volta para o meu lado e, ao comunicar-lhes que está na hora de ir embora, se aproxima de mim, dizendo: 'não'. A mãe se surpreende pelo fato de ter passado a hora, e o menino, apontando o relógio em meu pulso, emite um expressivo: 'eeeeeh'. Ela, admirada, declara quão esperto ele está e como sabe que a minha ida é uma questão que tem a ver com a hora. Quando digo novamente que vou embora, ele se retira, dando-me passagem e dizendo adeus. A mãe, com ele nos braços, vem despedir-se. Ela pede-lhe para me dar a mão e ele o faz."

Um dos traços característicos desta observação, poderíamos dizer, é a autonomia da criança, que desenvolve toda sua capacidade egóica. Primeiro, com esse tipo de conversação curta e rápida, mostrando-me alguma coisa que tem a ver com suas irmãs e, mais tarde, quando está fazendo algo tão emocionante, como subir e descer do sofá, subindo na borda, apoiando-se na parede, colocando-se detrás deste e, a partir dali, articulando uma espécie de conversação na qual me comunica sua excitante experiência. Corresponderia ao que uma criança maior nos contaria, com toda riqueza de detalhes, sobre uma excursão apaixonante, sobre o que havia feito, como o tinha feito e o que sucedeu. Porém, examinaremos passo a passo a observação. Ele sai ao terraço, com grande facilidade de movimentos, corre por entre as mantas, como se quisesse sentir seu corpo; brinca de esconder, aparecendo e desaparecendo. Nos braços da mãe, se sente seguro e interessado no que ela e eu olhamos, participando da conversa, ainda que somente com a palavra "uau-uau", dando a parecer que entende a história do cachorro que eles iam ganhar. Exige ficar ali fora, porém respeita o desejo da mãe de atender-me, encontrando significado com sua própria capacidade na caída casual do caminhão, que me oferece, acompanhando-se da minipalavra "ma" (toma). Pede-me reproduzir a brincadeira da caída do caminhão, numa reedição mais tranqüilizadora. É dizer, desejando que ele caia para recuperá-lo com a mão. Ante o anúncio do banho, pede água insistentemente e, em seu lugar, aceita o leite que a mãe lhe dá para iniciar com vigor uma aventura árdua. Sobe no sofá e escorrega com habilidade por um vão, iniciando a brincadeira de aparecer e desaparecer, com alegres sons de comunicação, que ele reforça para afrontar o temor do banho; por isso está atento, e, ao ouvir o barulho da água, aproxima-se para contemplá-la. Em outras palavras, recordando Bion, *ele está tomando seu componente mental de ansiedade e segurança para digeri-lo.* Porém, antes do banho, comprovamos o que o menino diz acerca da palavra "caca". Chama "caca" às sandálias que não lhe contêm, com as quais não se sente firme e ereto; "caca", portanto, é a ansiedade, o medo de cair. Valorizamos também sua atenção, sua compreensão da linguagem e da situação, quando aponta meus sapatos, ainda que a mãe se referisse às botas. Depois, vem a negativa ao banho e a recuperação no colo da mãe, que, junto à "conversação" comunicativa comigo, permite-lhe dizer um sorridente e tranqüilizador "cai", como o que havia vivido comigo na queda casual do caminhão, que ele repete para salvar-se e assim poder entrar no banho. Aceita de bom grado o tolerável e rejeita, com a ação, o intolerável, como a ducha, valendo-se de sua atenção, memória e verbalização. Modifica o comportamento da mãe, que agora é doce e o ajuda carinhosamente. Retoma dela o componente amoroso e o digere, para segurança e autonomia de sua mente, tendo seu pensamento próprio; algo que A, por exemplo, não pôde ter com sua mãe, porque não possui a mesma segurança interior, ficando diante dela anulado e sem expressão. Apreciamos como ele observa os menores detalhes, por exemplo, adiantando-se para pedir o secador, para admiração da mãe. Esta atitude é devida ao fato de que ele sabe o que vai vir depois e com seu "discernimento" poderá influir sobre a mãe.

Após o momento final, no qual a mãe sente-se sufocada internamente e tem que abrir a porta do banho e o força com a camiseta e as fraldas, ele sente-se forte para empreender uma experiência algo mais perigosa: subir ao sofá e deslizar depois por um vão mais estreito. Por que razão insiste? O que existe no vão? Que motivação inconsciente pode ter? Poderíamos aventurar que, uma vez tendo lugar uma verdadeira incorporação da experiência dolorosa mental e uma vez transformada em prazerosa, através da digestão, ele se sente capaz de investigar acerca do corpo da mãe, onde ele esteve e já não pode estar. Poderíamos dizer que este seria um novo estímulo para prosseguir na linha do desenvolvimento e do crescimento mental. Ela o impede, batendo nele, ele se refugia em meus braços e se recupera rapidamente, esquece o castigo, sente por sua mãe e vai consolá-la; ela agradece-lhe de todo coração. Tanto o menino como a mãe apreciam minha presença[8] e pensam que o tempo havia passado muito depressa. A mãe elogia a inteligência de seu filho, quando aponta o meu relógio no momento de minha partida. Se compararmos com o irmão **A**, duvidaríamos que **A** seja menos inteligente, ou, ao menos, não dispomos de dados. Porém, sabemos que Carlos pode utilizar sua inteligência livremente, assim como todas suas funções egóicas – a fim de explorar com propósitos prazerosos –, porque interiorizou uma mãe e um pai bons (seu mundo interno é saudável). Tudo indica que **A** incorporou uma mãe e um pai completamente diferentes. Na observação anterior, quando **A** quis expressar-se, ela o ameaçou. Dessa maneira, **A** deve ter utilizado a inteligência para atacar a mãe – *interiormente* – com propósitos defensivos, com a conseqüente formação de sintomas. Quanto a ele, a mãe nos tem contado que sofre terrores e medos. Ao contrário, com Carlos temos assistido à luta pela superação de uma fobia; é dizer, uma constituição muito diferente de seu mundo interno ou de sua mente e o desejo de arriscar-se a experimentar o mundo externo.

Progressos na linguagem

Não é de estranhar que na observação seguinte Carlos mostre uma avanço considerável no terreno da linguagem, como meio de comunicar suas emoções.

"Carlos, *vinte meses e vinte e sete dias*. Abre-me a porta a mãe com a criança a seu lado. Diz-lhe que me saúde, ele me dá a mão, ao mesmo tempo em que pronuncia: 'olá'. Deixa subir as fivelas das botas, coisa que, segundo ela, não havia permitido antes. O pai recebe-me afetuosamente e sugere, caso eu sinta calor, abrir a janela. O menino aproxima-se de mim, contrariamente ao desejo da mãe, porque estava sujo e cheirando mal, e ela acrescenta que não permite que ele se aproxime quando está assim; porém ele insiste em dar-me um carrinho de plástico. Enquanto isso, **A** sai do seu quarto e vai até o banheiro; a mãe, olhando-o, admirada, comenta com o pai que as calças do pijama dele já estão curtas; quando **A** sai novamente, olho-o, cumprimento-o e ele me responde, sorrindo. Com dificuldade, a mãe leva o menino até o banheiro e ele solta uma espécie de discurso com diferentes tonalidades e, depois, para mim no mesmo sentido. Na pia, deixa-se lavar a parte inferior, rindo e emitindo alegres vocalizações todo o tempo. O rosto da mãe se reflete no espelho e ele aproxima o seu rosto para ser beijado. Ela enumera as palavras que ele já pronuncia e cita o exemplo da manhã, quando ele foi despertar a sua irmã C, dizendo: 'erta' (desperta), 'anta' (levanta). Vamos à sala de jantar, a mãe senta-o no sofá para buscar a roupa, ele sai da toalha e se acomoda no meu colo. Ao voltar, pega-o rapidamente para vesti-lo, com medo que ele faça pipi em cima de mim; ele protesta, porém ela, bruscamente, consegue-o; vestido, ele vem até onde estou, apegando-se totalmente ao meu corpo. A mãe decide colocar-lhe as sandálias, ele as rechaça e se mantém sobre o sofá, ela consegue calçar-lhe uma e depois a outra; ele continua estendido como se não pudesse levantar-se, eleva os pés, como para livrá-los. A mãe lhe pergunta se quer as botas, ele, animado, responde: 'otas'. Descalço, entrega-me um carrinho e, como está entre-tido, o pai sugere que não lhe ponha as botas, mas ela contesta, dizendo que, estando distraído ele irá querê-las. Esconde-as atrás de seu corpo e ele as pede. Calçado de um pé, sorri. Vem C, reclamando algo que B lhe fez, eu o saúdo e ela me responde. A mãe beija-a carinhosamente e suplica a B que lhe devolva o que lhe tirou. Ao sair C, a mãe põe a outra bota no menino e ele salta rápido para conseguir entrar no quarto das irmãs, gritando alvoroçado. A mãe vai atrás, lhe dá uns livrinhos de estórias e pede-lhe que me conte. Na estória do carrinho diz 'gui, gui'; na do elefante, 'guau, guau', para passar a emitir uma série de vocalizações, como 'paaaaa, tetetete, eeeeeh, iii-iih', etc. em diferentes entonações e sempre simulando uma conversação. Ela lhe conta a do elefante que chora e pede-lhe para beijá-lo porque está triste; ele encosta o rosto, mas imediatamente deixa-o para ocupar-se mais detidamente da estória do carro e, depois, de outra sobre passarinhos. O pai, que tinha estado todo o tempo muito sério, preocupado com dificuldades administrativas que vem atravessando, levanta-se para ir à cozinha, volta e liga a televisão, distraindo-se com ela; o menino a olha por um momento, porém segue interessado nas estórias. B insulta C com a palavra 'imbecil', a mãe roga-lhe que seja mais doce. Apesar do chamado do porteiro para recolher o lixo, o menino continua absorto com as estórias; imita como lhe contam, com suas diferentes vocalizações, o que leva o pai a dizer-lhe que vai me enjoar com tanta conversação. A mãe alcança para ele um brinquedo do 'cercado' e o pai lhe adverte que não seja de ferro para não machucar-se. O objeto é um telefone de plástico que ela lhe dá para falar com a avó; ao utilizá-lo, percebendo que é de brinquedo, atira-o com menosprezo. O pai anuncia que a próxima segunda-feira será feriado e eu aproveito para comunicar-lhes que nesse dia não poderei vir por ter que assistir a uma reunião científica; o pai não encontra inconveniente, mas a mãe acrescenta um cortante: 'como você quiser', que me faz sentir-me incomodado. O menino está olhando uma estória junto a mim, tira-a e nega outra que a mãe põe ao lado, repetindo isto várias vezes. Parece que as botas o incomodam, a mãe passa o dedo por dentro delas; porém, ele termina tirando-as e me entrega; quando a mãe lhe pergunta se ele me entregou para que eu as regule, ele toma de mim, joga-as no chão e continua com as estórias, muito agarrado ao meu corpo. A mãe me informa que hoje o menino jantou completamente só, sentado na mesa junto a seus irmãos, já que ela estava tão nervosa que necessitou ir à cozinha para comer algo para se fortalecer. Olho-a com um gesto de consentimento, mas o pai sorri, considerando isto uma desculpa. O menino se propõe a alcançar a maçaneta do quarto de suas irmãs, agachando-se e dando impulsos para consegui-lo, causando muita graça aos pais. A mãe lhe traz um iogurte, ele participa com sua colher, removendo-o e deixa que a mãe lhe dê. Quando termina o iogurte, anuncio que vou embora e ele diz: 'não', aproximando-se com uma estória para contar-me. Eles asseguram que o menino não quer saber nada sobre o fato de eu ter que ir. Ao reafirmar a minha ida, ele diz que 'não', porém levanto-me com cuidado e ele me dá a sua mão para despedir-se, descendo do sofá. Na ante-sala, ele dirige-se a uma cadeira nova de veludo vermelho, mostrando-me e dizendo: 'adeus'. No último momento, segura minha mão para segurar-me e puxa-me para dentro com um sorriso. Ao despedir-me, volto a lembrar-lhes que não poderei vir no próximo dia. A mãe sugere que eu posso trocar de dia. Como não me é possível, comunico-lhe isto e agradeço. Ela acrescenta: "bom, como queira".

Somente diremos que, hoje, Carlos utiliza a linguagem de uma maneira mais clara. À parte das informações que a mãe nos dá sobre a ampliação do seu vocabulário e seu correto emprego, ele se utiliza de uns contos para verbalizar e transmitir de alguma forma as "estórias" ou argumentos que, segundo pensamos, se referem ao seu mundo interno. Não alcançamos o seu significado, porém o que parece evidente é que o menino tem consciência da eficácia real das palavras, quando as utiliza para segurar-me durante muito tempo junto a ele ou, no momento final, para evitar que eu vá embora. Com um conhecimento aparente da realidade, recorre às estórias para distrair-me, mostrando-me a vistosa cadeira, também para entreter-me, como possivelmente faz a mãe para distraí-lo, segurando lisonjeiramente a minha mão para atrair-me até ele. Tudo isto, com suficiente conhecimento e amadurecimento, haja vista ter rechaçado, com menosprezo, o telefone de brinquedo para falar com a avó.

A mãe valoriza o suporte que eu dou ao menino, reconhecendo que na minha presença ele se sente protegido. Por exemplo, ele deixa que eu suba as fivelas das botas, situação positiva que ele introjeta e transfere à mãe para que ela se sinta melhor durante toda a observação. Ela aprecia, com satisfação, como A cresce; permite que o menino tire as sandálias, porque com elas ele se sente perdido e inerte; lhe põe as botas, que reforçam sua segurança e lhe fazem sentir-se livre para saltar e continuar explorando. Previamente, antes da chegada do observador, a mãe se sente perseguida pelas crianças, que lhe pedem demasiado e lhe vão "devorar", razão pela qual ela tem necessidade de comer; também influi a depressão do pai, que tem problemas administrativos. Este, para fugir destas dificuldades e não sentir-se excluído da relação que a criança e a mãe mantêm com o observador, se isola na televisão. A mãe se ressente pela anunciada ausência do observador na próxima semana; ao perder essa ajuda, responde com desagrado.

1 M.Klein. "Algumas considerações teóricas sobre a vida emocional do bebê.", em *Os progressos da psicanálise*. Zahar Ed., RJ, 1978.
2 Joan Rivière. "Sobre a gênese do conflito psíquico nos primórdios da infância", em *Os progressos da psicanálise*. Zahar Ed. RJ., 1978.
3 D. Meltzer. *Dream Life*, Londres, Clunie Press, 1984.
4 S. Freud. *Análise da Fobia de um menino de cinco anos*. "O Pequeno Hans" Standard Ed. Vol X.
5 W. Bion. *Aprendendo com a experiência*, RJ, Imago Ed., 1991.
6 D. Meltzer. *op. cit.*
7 Esta visão de Bion, longe de implicar um extraordinário respeito pela identidade do outro, pode ser de grande utilidade nas tarefas de educação e terapia. Ele mesmo assinala em suas "Conferências do Rio de Janeiro" (Conferências Brasileiras) que: "Quase todos os psicanalistas estariam de acordo com o fato de que não manejamos nossas próprias vidas tão bem para manejarmos as dos outros. Por isso, o psicanalista deve ter uma idéia básica de sua capacidade e das limitações de seu conhecimento psicanalítico. Esse conhecimento pode evitar o perigo de ensinar aos demais como viver em lugar de tratar de demonstrar-lhes como pensam".
8 Temos de valorizar a presença do observador como um elemento de ajuda e suporte para a criança e para a mãe, pelo simples fato de escutar e atender sem interferir, sem nenhum desejo modificador. Recordemos como, no dia anterior, que eu ajudei A, desculpando-o, a mãe me rechaçou e foi dura e desagradável com ele. Do nosso ponto de vista de observador, temos de confessar que é fascinante e prazeroso poder assistir a uma experiência tão radiante como é o do crescimento de uma criança e da mãe, evoluindo com ele.

CAPÍTULO 10

22 MESES

Tolerância à frustração

"A capacidade para tolerar a frustração permite à psique desenvolver pensamentos como meio através do qual a frustração que é tolerada se torne mais tolerável."[1] Bion recorda o estado descrito por Freud em *Os dois princípios do funcionamento mental*, no qual o predomínio do princípio da realidade é sincrônico com o desenvolvimento de uma capacidade para pensar, e, deste modo, se fecha o espaço da frustração que é produzida entre o momento em que se sente um desejo e o momento no qual a ação apropriada para satisfazer o desejo culmina em sua satisfação. Carlos, de acordo com o princípio da realidade, que desde de algum tempo percebe e conhece, pode utilizar o pensamento com qualidade de perseverança e tolerância para fechar o espaço entre seus desejos e as ações conducentes, até conseguir a satisfação ou projeto de futura realização.

"Carlos, *vinte meses e dez dias*. Quando toco a campainha, o menino está chorando e abre-me a porta B, sorrindo; escuto a mãe na cozinha preparando o jantar. Na sala de jantar está o pai com o menino entre as suas pernas, que cala e sorri ao ver-me. Ele pede-lhe que me dê a mão e ele o faz. C está ao seu lado, sorri para mim e eu lhe dou a mão, ela me oferece a esquerda por ter a direita ocupada, e o pai a corrige. O menino **A** vem por trás, cumprimento-o com um sorriso e ele me corresponde. O pai afirma que este tempo é ruim, porque ainda tem luz do dia, embora seja muito tarde e as crianças ainda estão acordadas esperando o jantar. Pergunta-me animado se eu vim andando e eu digo que não, que ainda foi difícil estacionar. **B** está sentada à mesa, disposta para jantar, e o menino, que estava todo o tempo com o pai, senta-se em um tamborete junto a **B**. Coloca os quatro copos de água de boca para baixo e volta a dispô-los corretamente, ao mesmo tempo que emite alegres sons. **C** quer sentar-se em seu lugar que está ocupado pelo menino, e decide descê-lo, apesar de sua oposição e da advertência do pai de que tenha cuidado para não deixá-lo cair no chão. Por algum incidente, **B** pega o lugar de **C**; em compensação, o pai pede a **C** que acenda a luz. Como **B** tenta adiantar-se, **C** reclama seus direitos, pulando para acender primeiro. O menino se coloca entre as pernas do pai e logo senta-se ao seu lado no sofá, sem ficar contrariado pela interferência de **C**, que tirou-o da mesa. Aparece a mãe com a comida para **A**, **B** e o menino; ele se dá conta de que está tudo preparado e vai sentar-se junto a seus irmãos; **C** protesta porque seu prato ainda não chegou e a mãe pede-lhe que espere. A mãe constata que as mãos do menino estão sujas e, ainda que chorando, leva-o ao lavabo, porém, como eu os sigo, ele se cala. **C** quer vir conosco para fazer o mesmo. O menino senta-se à mesa. A mãe estende os braços por cima de sua cabeça para cortar-lhe a carne e ele se vira empurrando-a, até que ela se coloca de lado. Ele vai comendo pedaços de carne e batatas fritas. A mãe vai pôr a comida de **C**, salada de legumes e tomates. O menino pega as batatas, mas como não pode triturar bem a carne, depois de mastigá-la um pouco, expulsa-a da boca e estica sua mão até a salada, pega uma rodela de tomate e come com grande facilidade. Os pais protestam porque ele pega a salada com a mão, e, quando a retiram, ele se inclina sobre o prato para pegar mais; oferecem-lhe uma colher que ele usa com a ajuda da mãe. O menino **A** pede água, a mãe se queixa, acrescentando que não param de pedir-lhe coisas. Ao voltar com a água e servi-la aos seus irmãos, ele aponta com o dedo o conteúdo da jarra e o seu copo para ser também servido. Os pais, vaidosos, riem de sua atitude, colocam para ele, que a toma. Continua pegando as batatas e os tomates com as mãos, porém a carne, depois de mastigar e não conseguir reduzir o seu tamanho, joga-a fora. A mãe retira a salada e ele reclama, levantando-se para alcançá-la. Ela tenta dar-lhe a carne e ele se nega. Retiram-lhe o prato e ele, irritado, se joga no chão, chorando. Aos poucos se levanta, sobe no tamborete e, dirigindo-se ao rosto da mãe, faz carinho, aproximando o seu rosto. Ela responde, dizendo-lhe que ele deseja convencê-la. Ele dirige sua mão ao prato, pega batatas e as põe na boca, aproximando-se da mãe para que ela o veja, e quando ela lhe diz que ele quer enganá-la, ele joga o conteúdo da boca fora e ela lhe tira o prato. Para que o menino continue comendo, a mãe pede a **A** para ir à cozinha para pegar a sobremesa. Carlos põe a mão na salada e ela lhe serve um pouco no prato, enquanto ele coloca as mãos dentro do copo e a mãe, nervosa, diz que já não agüenta mais. Ele bebe o conteúdo e todos exclamam: 'Que nojo!'. A mãe traz outro copo limpo e lhe explica que este é para beber e o outro é para as mãos, ao que ele responde, em tom de remendar a mãe, com um: 'tatatatata'. Ela muda de conversa e me conta que, ontem, estiveram na praia e que o menino gostou da água, segurando a sua mão para entrar até a altura das pernas. O menino desce do tamborete, acocora-se como para fazer cocô, e o pai afirma que isso é mau e a mãe se lamenta que não encontra maneira para ensinar-lhe a sentar-se no penico. A mãe se decide a partir a carne com os seus dedos em pedaços menores e o menino começa a comer. Ela pede ao pai que lhe compre um triturador de carnes, pois do contrário o menino não comerá. **A** está com **B** no quarto tocando um instrumento musical. Carlos vai correndo até a porta de **A** e escuta atentamente, e a mãe comenta que ele reconhece que **A** está tocando em seu acordeão. Ele vem para a sala de jantar e a mãe lhe dá pequenos pedacinhos de carne, ele os pega e dirige-se a mim para pedir-me um beijo aproximando o rosto. Depois, faz o mesmo com a mãe e, em seguida, com o pai. O pai sai ao terraço e ele o chama "papá", e a mãe aconselha o pai a voltar, para que o menino coma, porém, logo em seguida, com a chegada do porteiro, ele deixa de jantar. Ela lhe trás um prato de salada de morangos com bananas. Ele pega uma colherada e cospe. Ela pede ao pai para prová-la, mas ele igualmente a rejeita e o menino vem para mim para dar-me um beijo. Ao final da observação, os pais comentam que na próxima quinta feira será feriado e que B organizará uma festa de aniversário no campo e, possivelmente, na sexta-feira não irá ao colégio. Aproveito para lembrá-los que faltam muito pouco para as férias. É quando agradeço-lhes por tudo que tenho aprendido com a observação, o quanto tem me interessado e me entusiasmado, e o significado que tem tido para mim poder ser recebido na casa deles durante todo esse tempo, acompanhando com satisfação o progresso de Carlos. Acrescento que, se eles acharem por bem, eu poderei continuar vindo uma vez ao mês – já que, a partir de agora, não me será possível vir a cada semana –, ficando por isso igualmente reconhecido[2]. Tanto a resposta da mãe quanto a do pai é a de que tenho liberdade absoluta para continuar vindo durante todo o tempo que desejar. A mãe acrescenta que a visita nem a incomoda nem a perturba. Agradeço-lhes novamente e eles me respondem com prazer."

Assinalaremos brevemente a importância do pai para os três irmãos e para o menino, que está todo o tempo com ele sem sentir necessidade de vir para mim. No dia anterior, quando o pai se encontrava deprimido, o menino nem chegou perto dele. Hoje, parece que ele superou suas dificuldades, tratando de relacionar-se bem com seus filhos. Indica a C que tenha cuidado ao descer o menino do tamborete e, quando B pega o lugar de C, trata de contentá-la, pedindo-lhe que acenda a luz, algo que ela considera importante que o papai lhe peça, haja vista que pula para fazê-lo, e B, para não sentir-se excluída, quer também adiantar-se. Quando em uma família todas as crianças estão presentes, a ansiedade de ser deixado de fora surge em cada um, não importando a idade que tenha. Isto é mais evidente e significativo com o pai do que com a mãe, que está todo o dia com elas, enquanto o pai, no pouco tempo que lhes dedica, só quer relacionar-se bem, sem ocupar-se de outros assuntos, coisas que elas valorizam. De outro lado, o pai não se sente tão esgotado e cansado pelas demandas do cotidiano, o que faz com que as crianças tenham uma melhor imagem dele. Até agora, têm sido muito poucas as ocasiões nas quais todos os filhos estão presentes. Acreditamos que a preocupação pelo crescimento de Carlos, assim como as depressões e ansiedades da mãe, não têm permitido a ocorrência de uma situação tão relaxada como a de hoje. Parece que os pais querem ensinar bons modos aos filhos. Não sabemos se isso só ocorre quando eu estou presente ou se eles a intensificam nesse momento, não permitindo assim que Carlos se identifique com mais liberdade com seus irmãos.

O que é significativo é a habilidade do menino para esperar, tolerar e ser perseverante. Da forma como ele olha pacientemente a mãe pondo água em cada um dos copos dos irmãos. Outra criança talvez gritasse, pedindo insistentemente que o servisse, enquanto ele se limita a apontar com seu dedo, fato que desperta admiração dos pais. Outro aspecto importante é o da relação do menino com os demais membros da família. Ele se sente integrado, tolera que C lhe tire da mesa e, novamente, volta a sentar-se em seu lugar, para tentar fazer tudo igual aos demais. Parece que é difícil para ele mastigar a carne, ou porque não tem dentes suficientes, ou porque a carne é dura, ou o pedaço é demasiadamente grande. Provavelmente, outra criança teria jogado fora imediatamente, porém ele, ao contrário, tentou uma e outra vez, esforçando-se, quer dizer, mostrando perseverança e tolerância às dificuldades, com um desejo inconsciente de preparar-se para uma boa digestão de suas emoções, no sentido proposto por Bion. Tem confiança em si mesmo, intui que, se não fizer agora, será capaz de fazê-lo depois quando o tempo passar, demonstrando ter uma certa concepção do que será seu futuro. Presumimos que assim seja, porque ele persiste, sem necessidade de recorrer à mãe para que ela o faça. Com sua atitude, manifesta saber que no final conseguirá, como quando esperou que a mãe lhe enchesse o copo com água. Porém, sua tolerância não é uma manifestação de passividade, pois, quando não pode agüentar uma situação, o faz notar, como no momento em que se irrita porque lhe retiram o prato arbitrariamente e ele se joga no chão, chorando, para rapidamente confiar em suas capacidades, subir à cadeira, aproximar-se lisonjeiramente de sua mãe, digerindo seu componente mental amoroso e conseguindo evocar na mãe amor e admiração para com ele, até o ponto de fazê-la perceber que ele quer convencê-la. Porque ela aprecia o seu amor, seu cuidado, o que ele está fazendo e sua capacidade para perseverar, esperar e tolerar a frustração. Por exemplo, depois que a mãe volta a retirar-lhe o prato, ele insiste, até que consegue que ela lhe sirva salada, deixando-o comer com as mãos.

Diríamos que Carlos tem os fundamentos internos suficientes para ser capaz de ter boas relações, para se conectar com as pessoas e com as coisas. Mencionamos coisas, porque o que ele fez com a comida é um bom exemplo disto, já que não a expulsou imediatamente da boca, mas tentou tratá-la como trata as pessoas, como se dissesse: vou tentar uma e outra vez e vou comê-la. É princípio para a digestão de uma boa experiência poder introjetá-la para incorporá-la depois.

Somente diremos duas palavras sobre o erro de começar o treinamento dos esfíncteres muito tarde, pois já foi tratado em outra ocasião. No momento em que os processos de identificação com seus irmãos são tão fundamentais, ele tem dificuldade para fazer uma coisa diferente deles, como sentar-se num penico para fazer cocô. Também é exemplificador o fato de que esteja tão interessado em sua mobilidade e liberdade corporal, quando rechaça que lhe coloquem no cercado ou lhe submetam a uma situação de perseguição.

Quiséramos contrastar o desenvolvimento do menino e de sua capacidade para aprender em oposição às dificuldades da mãe de encontrar uma maneira para ensinar-lhe. Para isto, veremos algumas contradições que se deram na observação. Por exemplo, a identificação do instrumento musical que A está tocando. É uma demonstração de que o menino conhece e pensa. Ele percebe um instrumento musical no quarto de **A** e recorda que tem um acordeão, e então diz: "ah!, é meu acordeão"; quer dizer, uma observação do conhecimento que tem para saber que seu acordeão está ali, razão pela qual se dirige para buscá-lo, ou, pelo menos, ficar próximo dele, fato que a mãe verbaliza. Ao contrário, ela observa que, quando lhe dá a comida aos pedacinhos, ele a come, porém, logo acrescenta que, se não a tritura, ele não a come, coisa que não está certa, porque o menino está comendo; porém, ela não pode unir observação externa com conhecimento interno. O que dará lugar a outra dimensionalidade do pensamento é quando ela se reduz, exigindo do pai uma trituradora, enquanto o menino, que pensou, deixa o seu acordeão com os irmãos, demonstrando gratidão quando recebe o alimento da forma que lhe agrada, dando um beijo no observador, na mãe e no pai, em sinal de reconhecimento. Outra contradição é quando ela pretende ensinar-lhe bons modos à mesa, proibindo-lhe de comer com as mãos, enquanto ela não apenas o está alimentando assim, como também permite que ele defeque nas fraldas, sem ter pensado antes numa maneira adequada de treinar os seus esfíncteres.

Ainda que tenhamos dito que ele aceita bem o alimento, quando ele não quer algo, recusa-o claramente. Por alguma razão que desconhecemos, ele rechaça os morangos com bananas que a mãe lhe oferece e, depois, o pai; ele sente que fez algo mau e que perdeu aos dois, então vem beijar-me para contar com alguém bom.

Imitação e identificação

Nos limitaremos a expor alguns comportamentos de Carlos que nos parecem significativos quanto à imitação e identificação em diferentes níveis.

"Carlos, *vinte e um meses e dezessete dias*. Recebe-me **B**, acompanhada de Carlos e da mãe, que está atrás deles. O menino me saúda, dando-me a mão, como também a mãe, que me convida para entrar para a sala de jantar onde está C. A mãe vai até a cozinha e o menino, com um balão amarelo na boca, que não pode encher, senta-se no sofá ao lado das irmãs, olha-me como também a B, que tem um balão vermelho na boca. B pede a C que se afaste para não interferir na visão do menino e se dispõe a encher o balão, fazendo ruído com a boca, o menino a imita. B apanha uma almofada que está no sofá para colocá-la atrás das costas e ele faz o mesmo pondo outra almofada, continuando com a operação, com pouco êxito, de encher o balão. Enquanto ele continua ocupado com sua tarefa, B se aproxima com o balão e tira-lhe o ar entre as pernas, ele emite um forte grito, acompanhado com risos e a expressão "aaaaaaaaghhh"; ao fazê-lo sobre o rosto, faz gestos e gritos similares. Chega a mãe, reclina sua cabeça sobre a palma das mãos com ar de cansaço e se queixa de dores nas pernas, que atribui à umidade. A mãe se dirige ao menino, a quem diz palavras, como "feio, porco, sujo", e ele tenta repetir os finais das palavras; logo, ela troca para "corajoso, lindo, bonito", e ele igualmente imita com suas terminações. Ele continua infrutiferamente com seu balão, ela lhe pede para fazê-lo e ele diz "não". Ao insistir com a explicação de que é para inflá-lo, ele concorda e lhe entrega, porém, no último momento, volta atrás. Ela toma dele para enchê-lo e ele chora. Diz que, primeiramente, o lavará porque está sujo, porém se decide a inflá-lo; parece-lhe que está furado e o devolve ao menino que o apanha e se aproxima de mim, apegando-se a meu corpo. A mãe, que se dá conta da reação, deseja atraí-lo: se põe diante dele e o estimula a que se atire em seus braços. Somente quando ela o pega entre as mãos é que ele se decide a pular no chão e, depois, quer repetir isso várias vezes."

No início, tão logo a mãe vai para a cozinha, B adota o papel maternal, chamando a atenção de sua irmã C para que não interfira na observação, porque pensa que é o que a sua mãe faria. Porém, a conduta que desejamos examinar com mais detalhes se refere ao menino. Ele sustenta o balão com sua boca e deseja conhecer como se enche, porque sozinho não pode fazê-lo. Observa atentamente o que B faz e a imita em cada detalhe, nos menores gestos. Diríamos que sente que é mágico, obtém um "seio" de repente, para o qual deve seguir todo o ritual, olhando e imitando o ruído sonoro com o ar de sua boca, ou colocando a almofada detrás de suas costas como ela o fez, porque pensa que, se fizer todas as operações prescritas, ele também será capaz de conseguir esse objeto maravilhoso. A mãe vai à cozinha, possivelmente como uma forma de manifestar seu ressentimento, porque, agora, vou vir somente uma vez por mês e, quando diz ter dores nas pernas, sua expressão é de lamento e tristeza. Dirige ao menino uma série de palavras carinhosas, que ele se esforça em reproduzir à sua maneira, porém ela lhe pede o balão e ele se mantém firme, dizendo que não. Não pode, para ele um "seio" é algo muito especial, ainda mais tendo em conta que é ele quem o cria. Por isso, quando o tiram, ele chora; não se acalma até que o devolvam. Viveu aquilo como uma injustiça tão grande, que se afasta dela e vem para perto de mim. A mãe percebe a sua reação, porém ele não se atreve a pular, não sabemos se é porque não se atreve a enfrentar a distância física ou porque não quer aproximar-se da "mãe má", que lhe tirou o balão e quer afastá-lo de mim, ou talvez seja uma mescla de ambas as coisas, porém, depois de realizar o primeiro salto exitosamente, se anima a repeti-lo com perseverança igual a que tinha com o balão.

"A mãe comunica ao menino que vai banhá-lo e ele responde 'não', ela insiste para que diga que sim e ele, ao final, diz 'ti'. A mãe esclarece que é difícil para ele dizer sim e que, em seu lugar, diz ti; acrescenta, com um sorriso de satisfação, como ele é mau, que no campo corre por cima dos muros que são perigosos. Ela lhe pede que repita o nome do cachorro que tem no campo e ele emite uma palavra similar àquela que a mãe diz depois. Ela dirige-se para preparar o banho e ele a segue. Ela abre a torneira de água quente e ele a da fria; a mãe adverte que não o faça e ele, sorrindo, volta a fazê-lo. Ela vai buscar a roupa e ele sai para atirar-se sobre o sofá, e, voltando à torneira, faz o gesto de que vai abri-la, porém não chega a fazê-lo. Vem a mãe e vai ao seu encontro. Ela lhe diz que deve ir para o banho, porém ele a contesta que "não" e se abaixa como se fosse fazer cocô. Ela lhe estimula para que não o faça. Ao mesmo tempo em que faz com o rosto um gesto de apertar, sopra, olha para a mãe e diz 'mamá', como um lamento, e logo me olha, sorrindo. A mãe me informa que, quando está fazendo cocô, não quer ser tocado. Pega o menino, que está próximo à banheira, tira-lhe o balão e coloca-o na água; ele chora e não se deixa desnudar até recuperá-lo. Nu e já dentro da banheira, pára de chorar, sorrindo pega a esponja e se dispõe a tirar a tampa da banheira, porém, ante à advertência da mãe de que aquilo não se toca, limita-se a imitá-la, proferindo palavras similares as que ela pronunciou. Molha a esponja na água e a escorre, tentando recolher a água com a outra mão, enquanto ela o ensaboa. Ao pedir-lhe que se sente no degrau, ele o faz, porém, ao tentar colocá-lo no piso, reage, levantando-se, aterrorizado e disposto a sair. Sobre os degraus, oferece gentilmente seus pés à mãe, para que os ensaboe; segue, ensopando a esponja para escorrê-la sobre sua mão. Depois de limpá-lo com suavidade, a mãe quer tirá-lo, porém ele não deixa. A mãe tira a tampa da banheira e ele obstrui o buraco com a esponja; como resta pouca água, se dispõe a abrir a torneira e a mãe aproveita para tirar-lhe um pouco de sabão; não sai da água, decide sentar-se no fundo. Entretido em ver sair a água da torneira, não quer sair e a mãe substitui a esponja pelo balão, e sua atitude torna-se doce e encantada, o que impulsiona a mãe a dar-lhe beijos e a acariciá-lo. Ela pega-o em seus braços para secá-lo e lhe pede um pé para comê-lo. Ele lhe oferece, porém o balão cai e ele o reclama com a palavra 'lolo'. Depois do banho, vamos à sala de jantar. Ela deixa-o no sofá e ele vem comigo. A mãe vai à cozinha. Vê uma casca de banana no chão, que **A** deve ter jogado. Dirige-se ao quarto dele e, carinhosamente, lhe diz: 'quando você comer uma banana não jogue a casca no chão'. **A** admite a sua falta e reconhece que a mãe tem razão e lhe promete que não voltará a fazê-lo. A mãe vem com uma banana para dar ao menino, ele se aproxima para pegá-la e volta para mim, porém, antes de sentar-se ao meu lado, dirige-se até ela, que, ao ver o seu gesto, se reclina sobre ele, lhe dá beijos e elogia a sua capacidade amorosa, acrescentando que ele se comporta assim para que ela não se aborreça porque ele está comigo. Toca o telefone, é o pai que quer dar-lhe um recado, enquanto ela vai buscar um lápis, o menino pega o telefone, deixa-o e volta para mim, manchando-me ostensivamente com a banana. Ao terminar, a mãe se oferece para limpar-me com água e colônia, digo-lhe que não se preocupe e limpo-me com meu lenço. Comunico que está na hora, o menino me dá a mão para despedir-se. Na porta, lembro à mãe de que na próxima vez será um dia diferente do previsto, porque eles devem ir a uma festa. Ela responde que ainda não sabe se estarão porque o melhor seria ficar no campo, porém, neste caso, me comunicará. Comento que, a partir do próximo dia, eles começarão as férias no campo e que, a partir de então, virei uma vez por mês. Ela diz que eu não me preocupe, que eu poderei vir a sua casa durante o tempo que eu quiser. Diante disso, nós dois rimos de uma maneira expressiva. Ao querer entrar em detalhes sobre os meses de férias, ela diz que, no máximo, ela e ao marido irão à Maiorca".

Além de outras idéias implícitas no material, muito sugestivas para emitir conjecturas imaginativas no sentido proposto por Bion[3], limitaremos nossos comentários, como em outras ocasiões, a alguns pontos. Um dos medos fundamentais do menino é o temor de desaparecer pelo buraco, drenar-se ou liquefazer-se[4], porém, agora, ele adota outra atitude, pretende identificar-se com a água que emana da torneira, e pode interpor a esponja para evitar sua saída, ficando muito reconfortado, e podendo sentar-se no fundo quando a banheira está vazia. Desde o início, se interessa por abrir a outra torneira de água fria, a mãe o proíbe, porém, igualmente o faz quando ela está fora. Com um sorriso, simula que vai abri-la, sem, contudo, a-trever-se, porque sente dentro dele a voz da mãe dizendo-lhe que não o faça. Poderíamos dizer que este é um *superego*. Como se a mãe, ao ir-se, deixasse com ele, por identificação projetiva, a instância superegóica, guardada em forma de voz não permissiva. Ele guarda dentro de si a mãe e o que ela disse; isso tem um peso muito grande, por isso, quando ela volta, dirige-se a ela para que o cuide. Porém, como ela o ameaça com o banho, ele não tem resposta e se dispõe a fazer cocô. O que ele quer defecar? Porque está claro que ele quer jogar algo fora. A mãe que proíbe ou a mãe que vai pô-lo no banho? A conclusão da mãe é que ele não quer que nada se aproxime dele quando faz cocô e, no momento de fazer o esforço, ele diz "mamá", ou, em outras palavras, ele sente que está fazendo algo perigoso e necessita o suporte da mãe e do observador, a quem olha, para superar esta situação perigosa. A mãe observa que ele está muito apegado ao balão e o atira na banheira, pensando que desta forma ficará mais fácil fazê-lo entrar. Porém, ele o reclama e não cala até tê-lo em suas mãos, agarrando-se como se fosse um seio, com o qual cessa o seu temor de drenar-se e passa a se interessar pela água e pela torneira. Sentindo-se seguro na banheira, é capaz de gracejar com a mãe, como ela também graceja com ele, a ameaça de tirar a tampa da banheira e a imita, utilizando suas mesmas palavras. Porém, ao mesmo tempo, ele ensaia com constância outro experimento, que reside em ensopar a esponja e escorrê-la sobre sua mão. Poderíamos dizer que está expressando ou reproduzindo outro processo interno, que é a maneira pela qual a boca escorre o seio e o verte em seu interior. Quando a mãe lhe pede um pé para comê-lo, está utilizando uma espécie de fantasia canibalística, para tratar de expressar inconscientemente o medo que o menino tem sentido de ser tragado, porém transformada agora em uma expressão amorosa. Depois, a mãe é capaz de dirigir-se a A, pedindo-lhe para não atirar as cascas da banana, atitude que a criança reconhece e valoriza, prometendo não voltar a repeti-la[5]. Logo se dá essa situação terna, quando a mãe é "tocada" pela doçura e atenção do menino que, ao invés de ir com o observador, aproxima-se dela e ela responde, incrementando-se o amor mútuo[6]. Agora, bem no momento em que a mãe vai ao telefone, o menino comprova que ela não está se dedicando a ele, produz-se um acontecimento que a nosso modo de ver não é acidental: ele se sente excluído pela situação edípica, vem até mim e me suja. Ela observa isso e, querendo ser atenciosa comigo, se oferece para limpar a mancha. Ressente-se com uma ferida, que lhe recorda a mudança de ritmo nas observações, contestando-me, Distante e desinteressada, que não sabe se estará no próximo dia ou durante as férias[7].

Violência em relação a mudanças e separação

Depois desse dia, a reação da mãe à mudança no ritmo das observações, junto à partida ao lugar das férias, se fará sentir claramente.

"Carlos, *vinte e um meses e vinte e cinco dias*. A mãe recebe-me, A está presente, dá-me a mão e fica indeciso. Eu a ofereço e ele sorri amavelmente. Na sala de jantar, o pai convida-me para sentar-me, B aponta sua cabeça em seu quarto e a mãe anima-o a vir cumprimentar-me. Carlos sai detrás dela e se agarra às pernas do pai, que lhe pergunta se não me conhece, ele me da mão e vai sentar-se no outro extremo do sofá. Os pais olham uns medicamentos que as crianças tomaram quando estavam enfermas, especialmente A, que teve uma congestão pulmonar. B diz algum palavrão a C e a mãe bate-lhe violentamente. Quando ela sai, B repete o palavrão e a mãe, irada e gritando que aquilo não pode acontecer, bate várias vezes na boca dela. O menino começa a emitir umas gargalhadas especiais, motivadas, me parece, por angústia. Ao voltar, a mãe se justifica pelo que ela fez, dizendo que o pai teria batido com mais força, e ele se dirige ao quarto das meninas, eu não ouço nada. A mãe decide dar o banho no menino, com o pretexto de que está suado. O pai está na porta do quarto das irmãs e, quando vê que o menino deseja entrar, lhe interpõe uma mão, que ele retira e o pai chama-o de teimoso. Como não pode entrar, ele se dirige ao banheiro. Encosta a orelha na porta para ouvir o que faz a mãe, o pai comenta que ele é muito curioso. Ele consegue abrir a porta. Entra e sai até o *hall* e se urina. Ante o aviso do pai, a mãe vem limpá-lo, advertindo-o de que aquilo não se faz, e ele vai contemplar a água. Vem a mãe e começa a despi-lo, enquanto ele mostra a banheira e diz: 'aqui'. Ela vai beijando-o, porém, ao tentar colocá-lo, ele deseja sair, consentindo em sentar-se no degrau, porém se opõe com um redondo 'não' para ser ensaboado. Se entretém com a ducha, porém, ante a ameaça da mãe de utilizá-la, ele deixa-a fazer, tornando-se a situação um tanto angustiante. Ao tirá-lo e ir vesti-lo, ele se lança contra o peito da mãe para mordê-lo e ela se esquiva. A mãe comenta que ele é um caprichoso e que tem uma ferida num lábio por causa de um golpe que ele se deu na borda da cama; talvez esteja inquieto porque estão saindo os molares. Ela desiste de colocar-lhe a camiseta e vai buscar outra roupa mais fácil, deixando-o sentado em uma banqueta, chorando. Vestido, no sofá se recosta sobre uma almofada pedindo 'água'. Ela dá e ele a bebe sorrindo. Pede mais e ela lhe oferece um iogurte que ele recusa, insistindo no seu desejo de água, que, depois, não toma. Ao colocar-lhe o babador, ele o recusa. O pai o retira e, então, ele pede para ele mesmo pôr. A mãe explica-me que este é o método que empregam para que ele se decida a pegar alguma coisa. Tirá-la ou dizer-lhe que não. Acalma-se pouco a pouco e deixa-se alimentar, participando com outra colher. O pai vai buscar alguns amigos. A mãe roga-lhe que não os traga à casa, porque não tem muito espaço. Ele responde que fará o possível. Ao despedir-nos, ele me diz "até a semana que vem" e eu lhe digo que será até o próximo mês, em razão das férias. Vai, e o menino lhe dá um beijo. A mãe está num extremo do sofá e eu no outro. O menino dirige-se até mim e senta-se no meu colo, depois, vai até a mãe para fazer o mesmo, repetindo o intercâmbio por várias vezes. Ela lhe sugere ver um conto comigo e ele diz 'uento' (de *cuento*). A mãe dá a **A** a oportunidade de vir conosco, ele vem, e ela lhe pergunta se quer que lhe prepare algo para jantar, ao que ele responde que já o fez. Carlos, muito perto de mim, conta-me a estória e exclama um 'oooooh', ao ver aparecer as imagens na televisão que **A** acaba de ligar. Levanto-me, disposto a ir embora e ele me detém, mostrando-me a televisão e o lugar onde eu estava sentado. A mãe comenta que ele não quer que eu vá embora, e ele novamente aponta-me o lugar. A mãe insiste para que ele me dê a mão, eu lhe correspondo e me despeço dos três, desejando boas férias."

Hoje termina para todos um período importante de visitas semanais à casa, para iniciar o espaço de quase um ano de visitas mensais, e deduzimos que isso influiu consideravelmente na atitude violenta da mãe, que, por sua vez, repercutiu no comportamento de Carlos, mais ansioso e agressivo. Violência da mãe que não havíamos observado anteriormente. Pensamos que a mãe deve ter se sentido bastante mal e culpada, necessitando desculpar-se, dizendo que seu pai tinha sido bem mais enérgico. Também está muito sensível e a incomoda o mau cheiro do menino e os palavrões de B. Não resta a menor dúvida de que as gargalhadas do menino são uma expressão de ansiedade, pelo pânico que é produzido pela violência presenciada. Está muito dependente da situação e demonstra-o, desejando ver como estão as irmãs, colocando o ouvido atento à porta do banheiro para ouvir a mãe. Depois, sente necessidade de evacuar sua maldade e a da mãe, que, de repente, se converteu em alguém que ataca as crianças e as assusta, e ele se urina no *hall*. Inclusive no banho, a mãe, ainda que começando a beijá-lo, é pouco tolerante com ele e, como se sente mal, chega a ameaçá-lo com a ducha, porque sabe que o aterroriza. Ele acaba submetendo-se. É uma situação perturbada na qual a violência da mãe é contestada com a violência de Carlos, que se lança contra o peito dela para mordê-lo. Ela, então, a minimiza, trata-o de caprichoso, buscando justificativa nos molares. A mãe se converte em perigosa, persecutória e ferina. Ele está assustado com ela e protesta quando ela vai vesti-lo. Quando a mãe se comporta de forma tão estranha, chegando a bater nas crianças, ele suspeita dela, e, diante de qualquer coisa que ela lhe ofereça ou lhe sugere, ele responde com uma negativa. Esta é a armadilha que ela propõe, enganar-lhe, negando-lhe algo para que assim o aceite. Ele sente-se a salvo ao fazer o contrário do que ela lhe propõe, sente que se fizer o que ela diz, de repente , ela pode pegá-lo e feri-lo. Por último, depois de estar sobre o meu colo, pode voltar para a mãe e fazer o mesmo com ela. É dizer, havendo-me incorporado como "bom", pode projetar-me sobre a mãe e convertê-la em "boa", encontrando-se então com sua mãe habitual, boa e cuidadosa. Em cada situação, na qual ele se sente assustado e perseguido pela mãe enfadada, recorre à dissociação do mundo externo em bom e mau para, mais tarde, integrá-lo, convertendo os dois pólos em bons e unindo-os através de suas contínuas idas e vindas de um ao outro.

---

1 W.Bion. "Uma teoria do pensamento", em *Volviendo a pensar*, Buenos Aires, Ed. Hormé, 1972.
2 Este é um posicionamento correto: manifestar-lhes o agradecimento e a ajuda recebida. Recordamos que a observação foi combinada para um ano e ampliada por outro mais, porém pensamos que, diante de todos os conceitos, seria útil continuar por um tempo mais, ainda que somente uma vez por mês.
3 W. Bion: "Conferências de São Paulo 1978", em *La tabla e la cesura*, Buenos Aires, Ed. Gedisa, 1982.
4 Este é um dos medos descritos por E. Bick nos primeiros estágios do desenvolvimento. Veja-se nosso trabalho: *Observação de bebês*.
5 É importante se levar em conta o tom e a maneira com que se fala ou se comunica algo, tanto com crianças como com qualquer pessoa. Não é a mesma coisa falar com voz e maneiras calmas, que em si pode ter uma capacidade de "contenção", do que com voz e maneira rudes e atacantes, que batem, cortam ou ferem. Supostamente, seria hipócrita falar com voz doce quando se está zangado, além do mais, se daria a impressão à criança de que se tem medo ou está assustado pela agressão. Neste caso, seria necessário dizê-lo com voz firme, que é tanto como demonstrar que não se perdeu o controle ou que não é uma coisa tão terrível que não se pode suportar.
6 Sublinharemos que, neste momento e depois de superar uma situação angustiante, como em tantas outras ocasiões, se reproduz a unidade originária (entre a mãe, o observador e a criança) para voltar a romper-se no instante seguinte pelo conflito edípico e pela separação. Como se a unidade originária fosse um lugar de encontro para se retomar vigor e energia.
7 Aqui podemos ver a importância de se preparar com tempo qualquer troca no ritmo das observações, ao mesmo tempo em que se deve manifestar os agradecimentos, dizendo como tem sido útil aquela experiência para o observador.

CAPÍTULO 11

23 MESES

A consciência de si mesmo: a identidade

Começamos o estudo do segundo ano de vida falando acerca da incipiente identidade da criança nesse seu estágio maturacional. Dissemos que a identidade se configura desde o nascimento, a partir do qual o bebê, em seu intercâmbio com o meio que o cerca, começa a desenvolver as relações de objeto que lhe são características. O meio em que está inserido lhe fornece as múltiplas experiências, suporte e ajuda para seu desenvolvimento pessoal.

Depois de quase dois anos de observação, temos podido perceber as potencialidades emocionais e relacionais da vida mental de Carlos, as quais ele agora pode, graças a uma identidade mais bem formada, abranger através do uso da palavra "EU". Isso supõe um tomar consciência de si mesmo e encarregar-se mais de si, ou, em outras palavras, ter que recorrer menos à identificação adesiva ou projetiva, podendo assim empregar mais a identificação introjetiva.

"Carlos, *vinte e dois meses e vinte e dois dias*. A observação se dá no mesmo lugar em que ocorreu no ano anterior. Ao chegarmos no pequeno povoado, notamos que na porta de quase todas as casas há pessoas sentadas. Encontro-me com **A,** que me dá a mão, e em seguida com a mãe que está sentada na porta de sua casa. Cumprimenta-me dizendo que me esperava no dia anterior (falamos dessa possibilidade, mas finalmente acertamos a visita para hoje), quero esclarecer a questão, mas ela argumenta dizendo que não se lembrava bem. Acrescenta ainda que o filho está dormindo e que não quer acordá-lo, pois isso o deixa mal-humorado. Levanta a questão de acertarmos quando será a próxima observação, tento oferecer uma possibilidade, mas ela se opõe, argumentando que irá uns dias a Maiorca com seu marido, pois com os filhos não consegue descansar. Informa-me que as crianças enjoam ao andar na caminhonete. Ocorre-me intervir para lembrá-la das numerosas curvas que existem na estrada que leva a essa estação de veraneio. Ela rebate dizendo que C enjoa sempre que viaja num automóvel. E, conta que há alguns dias tiveram que levar o filho para Barcelona, devido a uma erupção na pele, que eles temiam que fosse varicela. No caminho ele enjoou e vomitou tanto que, mesmo usando muitas toalhas, deixou-as totalmente ensopadas. Prossegue comentando que à noite Carlos ainda se sentia mal, doía-lhe os ouvidos e na medida em que a dor não passava com aspirina, tiveram que lhe administrar uma "cibalgina". Por alguns instantes deixa de se lamentar para reconhecer que tenho que percorrer uma longa distância, desde onde estou passando férias até ali, para ver o menino. Quando já se passaram uns vinte minutos, B vem me cumprimentar, e uma vizinha nos avisa que Carlos está saindo pela porta (estamos sentados num ângulo que nos impossibilita avistá-lo). Encaminhamo-nos para onde Carlos se encontra, e constatamos que ele se levantou sozinho. Quando ele nos vê, vai até a mãe e lhe pede um caminhãozinho (refere-se a um caminhãozinho grande de plástico, no qual ele pode subir). Olha para mim e se joga nos braços da mãe. Essa percebe que ele está molhado e entramos na casa a fim de que ela possa colocar-lhe roupas secas. Carlos me sorri continuamente e se dirige à mãe com muito carinho. Ele quer sair para a rua e eu o acompanho enquanto a mãe prepara seu lanche. Pega o caminhãozinho plástico que está na porta, e como tem uma escada fica um tanto difícil para ele descer segurando o brinquedo (limito-me a estar próximo para protegê-lo caso venha a cair); mas ele consegue arrastar o brinquedo até chegar a uma pequena área com escadas também, que dá para a rua. Diante da impossibilidade de sair desse local, ele pede a minha ajuda. Já na rua, ele se senta em seu caminhãozinho e nisso a mãe chega com chocolate, biscoitos e leite, o qual ele toma imediatamente. Perto dele passa uma vizinha, um pouco menor que ele, junto com uma irmãzinha de mais ou menos 3 anos. Ele acaricia a pequena com as mãozinhas. A mãe oferece umas bolachas para as meninas e ele se levanta reclamando 'eu, eu, eu', e a mãe tem que lhe dar outra. A mãe das meninas vem pegá-las e ele lhe diz: 'olá', de forma muito clara, e quando elas saem com a mãe, ele deixa seu caminhão para segui-las até a casa vizinha. A menina de 3 anos carrega um tubo respirador de pesca que Carlos reclama para ele e ela lhe dá, e ele passa a usar como se fosse um bastão. A mãe havia se retirado para o lugar em que estava quando cheguei e eu me encontro sozinho, no meio da rua. As vizinhas permanecem nas portas de suas casas, e isso faz com que essa observação seja a mais embaraçosa das feitas ao longo desses dois anos. C se aproxima da mãe chamando-a de 'mamãe', o menino a ouve e grita igualmente 'mamãe'; ela, lá de longe, lhe diz que é doído para ele que a sua irmã a chame de mamãe também. Logo Carlos vai atrás das vizinhas. Aproxima-se deles uma menina de mais ou menos 5 anos com sua merenda (pelo visto essa menina não come bem e passa a repartir o lanche com as demais crianças). Apesar de distante, a mãe de Carlos pode ver o que a menina fazia e lhe sugere que coma, mas o menino se dirige a ela várias vezes para pedir um pouco do seu lanche. Aproxima-se deles um garoto maior, de mais ou menos 6-7 anos e toma-lhe o caminhãozinho, mas Carlos grita de tal maneira que o menino lhe devolve o brinquedo. Com freqüência ele se atém a outras coisas, procurando seguir outras crianças. Ao ver as irmãs, que estão um pouco mais longe, se propõe a segui-las também, mas a mãe se levanta para impedi-lo. Alcança uma menina maior, que está montada em um triciclo e que carrega um cubo com ela, o qual ele tenta tomar. A menina se opõe e Carlos lhe morde o braço e chora quando a mãe intervém e segura-lhe a boca. Ela então o pega pelas mãos a fim de levá-lo para casa, e ele reclama o ca-

minhãozinho, que a mãe também tem que arrastar. Ela diz que tudo isso se deve ao fato de o filho não estar se sentindo bem, e que talvez esteja com um pouco de febre. Uma vizinha que passa por ali conversa carinhosamente com o menino dizendo para ele parar de chorar, e confirma as palavras da mãe, dizendo que hoje Carlos está com o olhar mais triste que outros dias, e dirige-se a mim, para saber de mim, como médico, o que poderiam ser as pequenas vesículas que o menino teve outro dia. A mãe decide lhe dar um pouco de água e ele se alegra e sorri.
Vou partir e é a vizinha quem estimula Carlos a me dar a mão, e assim me despeço de todos."

É óbvia a reação negativa da mãe ao observador depois das mudanças no ritmo das observações e da grande separação. Ela comenta que me esperava no dia anterior, e com isso vem me dizer que eu a deixei ou esqueci. Em seguida se queixa dos filhos, que enjoam quando viajam. Quer dizer, a contrariedade e infortúnio que lhe proporcionei foi de tal ordem que, quando falo da próxima observação, ela me ignora. Isso produz uma reação de mal-estar no observador (que parece que não aprendeu a lição mesmo após dois anos de trabalho), e aventura-se a relacionar os enjôos às curvas da estrada que conduz à estação de veraneio, ao que ela responde com descaso[1]. Ao mesmo tempo insiste na reclamação de que o menino esteve enfermo, com pequenas vesículas pelo corpo e, na viagem, a inundou com seus vômitos e dores de ouvido.

Ela me esperava ontem e não hoje como havíamos combinado, e essa confusão se deve ao fato de que ela aprecia e até entende que eu venha por causa do menino e não por causa dela, mas, por outro lado, põe o menino para dormir no horário da visita – coisa que ocorreu, dessa maneira tão clara, pela primeira vez – pois isso é algo que em certa medida responde à minha mudança no ritmo da observação. Então o menino acorda e ela não pode impedir que eu o veja, mas, no entanto, me deixa a sós com ele, como se me dissesse: "Você veio para ver o menino, pois então se veja com ele" – uma reação inconsciente que procura expressar": "Se você não me quer, eu tampouco te quero também".

Como a mãe pode falar de seu mal-estar, a animosidade

diminui um pouco e ela inclusive reconhece o meu esforço percorrendo uma longa distância a fim de ver o menino. Desse modo, pode estar carinhosa com o filho e atendê-lo, de tal modo que esse, sentindo-se atendido, responde sendo carinhoso com ela e comigo também. Carlos arrasta seu caminhãozinho e, quando não pode passar pelo degrau, me olha como que considerando que eu estou ali e posso ajudá-lo. Diferente do comportamento que mais tarde ele vai ter com a menina de sua idade. Carlos se aproxima dela e a acaricia porque é muito prazeroso encontrar-se com alguém de tamanho igual ou semelhante ao seu, e não como os adultos que se elevam ao seu lado como se fossem gigantes. É alguém com quem pode se identificar e assim ter conhecimento de sua identidade. Quando a mãe oferece uma bolacha à menina e outra à irmãzinha dela, Carlos não se limita a falar, mas, pela primeira vez, diz: "eu", "eu", "eu". Esse é um passo importante porque quando a criança fala e sabe que "eu sou eu" – que "eu é alguém diferente dos outros, ainda que os outros tenham uma identidade semelhante" –, ele está saindo da identificação adesiva ou da identificação projetiva, quer dizer, deixa de estar aderido ou dentro do outro, e passa a prestar atenção a si mesmo. Por que agora ele é capaz de dar esse passo? Tem podido falar de si mesmo durante todo este tempo em que não temos assistido às observações? Por que a mãe não parece ser sensível ou estar interessada nesse desenvolvimento? Por que não me comunicou isso, como costuma fazer quando nasce um dente? Nesses casos ela me assinala o fato como um progresso. Antes a criança só utilizava o "olhar" para pedir ajuda, tanto à mãe quanto ao observador, mas agora diz "eu" diante do perigo de ser deixado pela mãe que alimenta outras crianças. Nessa experiência, que poderíamos considerar catastrófica, a criança recorre a todo seu equipamento de sentimentos e inteligência, resumindo-os na palavra "eu", o que é o mesmo que dizer "eu estou aqui, você me deixou, cuida de outro, mas o que foi feito de mim?". Pela primeira vez chega a tornar-se consciente de que é diferente do "bebê da mamãe", diferente da mãe. Consciente de que está só e tem que fazer algo com o fato de se sentir como um ser separado. Sentindo-se mais seguro de sua identidade, pode se afastar de casa, seguir as vizinhas, apropriar-se do tubo que usa como bastão; estar atento para reivindicar o seu direito de chamar a mãe de "mamãe" quando C a chama; comer do lanche da vizinha e defender a posse do seu caminhãozinho diante de uma criança maior. Mesmo estando um tanto afastado de sua casa quer arrancar o cubo de uma menina, e a morde numa atitude agressiva, estimulada por um desejo de sobrevivência.

Vamos voltar a pensar no comportamento dessa mãe que se sentiu abandonada pelo observador, o qual é visto como se interessando exclusivamente na criança. Podemos notar então que ela "se vinga", saindo em busca das vizinhas, deixando assim o observador abandonado e fazendo com que esse experimente sentimentos semelhantes aos que ela sentiu: "O que será de mim, observador, agora quando me sinto posta de fora daquele lugar importante e apreciado, que sempre tive durante as observações?". Aqui o que a mãe sente é exatamente o mesmo que o filho sentiu, embora que para a mãe, e para o observador, sentirem-se amados ou rejeitados implica regressão, enquanto que para a criança é questão de vida ou morte, e exige que se use todos os instrumentos para o progresso e a sobrevivência.

Valeu a pena o esforço implicado nessa observação e a longa distância que tive que percorrer. Isso nos permitiu entender um pouco mais como podem ser os sentimentos da criança e da mãe, através do entendimento dos sentimentos e dificuldades vividas pelo observador.

---

1 Recordemos, uma vez mais, que o observador não está ali para opinar, aconselhar, orientar, etc. A única coisa que as mães querem é ser escutadas quando falam de seus problemas e preocupações, e que as compreendam quando explicam como tais problemas são insolúveis, que elas têm uma vida terrível, etc. Têm que aceitar a situação e não dizer nada. Apontar soluções é o mesmo que sugerir que elas não vão mais precisar do observador, porque não terão mais dificuldades e assim abandoná-las. É o sentimento infantil de que iremos nos ocupar de outras crianças e elas não terão mais ninguém, podem morrer, enfim. O medo reside em aceitar nossa sugestão e que a partir daí iremos embora e não voltaremos mais.

CAPÍTULO 12

24 MESES

Início do maternal: o desenvolvimento da linguagem e a elaboração da separação

Perguntamo-nos qual a razão pela qual a criança foi enviada para a escola maternal, no término das férias. Deve-se ao fato de que a identidade de Carlos está mais consolidada e isso dá confiança à mãe para tomar tal decisão? Ou, ao mesmo tempo, e em conexão com o anterior, é a mudança que significa o espaçar das observações, com o qual a mãe já não se sente a mãe-de-um-bebê (mudança na identidade da mãe)?[1] De qualquer forma, a criança reage, avançando e progredindo, mas não confia em unir-se através de uma olhada à mãe ou ao observador (utilizando a *identificação adesiva* ou *projetiva*), já que considera que é um tipo de relação mais primitiva e recorre por isto à palavra "eu" ("eu sou eu") do dia anterior, ou a novas palavras e habilidades estimuladas por sua estada na escola.

"Carlos, *dois anos e dezoito dias*[2]. (Chamo por telefone no dia em que voltaram de férias). O pai atende o telefone e lhe peço para falar com a mãe. Esta me explica que acabaram de chegar e me sugere que seria mais cômodo combinar a observação para daqui a três dias. A mãe me recebe sorridente e seguida por **A**; ambas me cumprimentam. Ela chama a criança, anunciando-lhe que havia chegado seu amigo. Ele me olha retraído, dando mostras de conhecer-me; também me saúdam **B** e **C**. Como havia pouco tempo em que se comemorou o aniversário de Carlos, achei conveniente levar-lhe um pequeno presente, apesar de que se entreterá com ele e interferirá que veja outras condutas mais espontâneas. Ao dar-lhe o presente, os outros irmãos pedem permissão para ficarem para que possam ver o brinquedo. A menina **B** me comunica que Carlos já vai ao colégio e a mãe explica que começou no mesmo dia em que voltaram das férias, porque ele queria ir ao colégio como seus irmãos; repetia constantemente 'cole, cole, cole' e ainda ao chegar lá dizia 'calle, calle, calle' (rua, rua, rua). A mãe me informa do muito que ele tem progredido na linguagem, inclusive constrói algumas frases, como por exemplo: 'onde está mamãe?'. A criança abre o pacote, que contém um caminhão com um reboque que leva dois carrinhos dentro. Ao vê-lo me olha e diz 'carro' e o faz rodar sobre o sofá. Como o reboque se desengancha, entretém-se em colocar e tirar os carros dele, operação que repete com grande perseverança. As crianças vão para a cama. A mãe estimula Carlos para que me dê um beijo, ele somente me aproxima o rosto, mas, diante da insistência da mãe, acaba beijando-me. Ela lhe pede os carros e ele os entrega, incluindo a caixa. Pergunta-lhe de quem são e ele me aponta com o dedo indicador; ela os devolve e segue, entretendo-se com o reboque, tratando de conectar ambos os veículos pelo buraco adequado. A mãe comenta que parece que tem sono, já que agora se levanta às oito, como seus irmãos, para ir ao colégio. Ao ouvir a palavra, ele diz animado 'cole, cole, cole' (escola). Ela acentua que o leva às nove e trinta e às doze e trinta vai buscá-lo para lhe dar comida, e o devolve ao colégio às três. Acrescenta que lhe dá pena deixá-lo, que ele é a primeira criança que sai a seu encontro quando vai buscá-lo, e que a professora disse que, ao ser deixado na escola, somente no início reclama um pouco. A criança continua pondo e tirando os carros do reboque uma e outra vez, enquanto abre e fecha os ferros que o contêm. A mãe lhe pede que me ensine o funcionamento e ele os entrega a mim, dirigindo-se à extremidade do sofá; ante a insistência da mãe, recolhe-os de meu colo e volta ao sofá com todos eles, sorridente e alegre. A mãe quer saber como o percebo depois de tanto tempo, e opino que está muito crescido, que tem mais habilidades para mover-se, mais destreza para manipular as coisas e uma atitude de entender melhor o que se diz. Ela volta a recordar o tanto que fala e compreende. Explica-me que, por exemplo, esta manhã, brincando de esconde-esconde com sua irmã C, ele se escondeu e ela não quis ir procurá-lo, ele se irritou e disse: 'não brinco'. A mãe está descontraída, serena, bem-humorada, e carinhosamente bate no bumbum de Carlos, e ele ri. Também me diz que ele é muito 'mau' e muito caprichoso, que exige que se façam as coisas como ele quer; na hora de comer, não permite de maneira alguma que ela pegue a colher, e, se o faz, bate no prato, e se é sopa derrama-a. Recordo-lhe que já antes das férias queria comer sozinho, ela estranha e enfatiza que agora não o aceita de modo algum. Apesar de comer bem, exige que ela esteja presente, contemplando-o, até que termine. O pai chega, cumprimenta-me afetuosamente, interessa-se pelas minhas férias; respondo a ele, e ele comenta as dificuldades do trânsito. Ao ver o caminhão, o pai comenta que este não vai durar muito, e a criança diz 'papá carro'. O menino A chama seu pai para comunicar-lhe algo e este vai a seu quarto, logo volta e senta-se para falar com a mãe sobre um conjunto de estofados para a sala de jantar, cujo sofá pode converter-se em cama, e que o preço está muito bom. A mãe se pergunta o que poderiam fazer com o que têm atualmente, e ele sugere que poderiam levá-lo ao campo quando ampliarem a casa. Ela lhe diz que não é necessário que tenha a cama, porque não desejaria acolher ninguém, já que a casa é muito pequena. Ele retruca, irônico: 'é se por acaso eu não quiser dormir com você', ela o acompanha na brincadeira e comenta que nesse caso é diferente, ela poderia arrumar-lhe o sofá atual, ele não aceita o sofá velho, ela responde que não importa, que também pode utilizá-lo assim como está. Ele fala do aumento do custo de vida e ela das compras do mercado, mostrando-me que cada um tem que falar-me de seus assuntos. O pai me informa de seus onze dias de férias em Maiorca, e a mãe assinala que é a primeira viagem que fizeram desde que se casaram, e que foi muito boa. Não explicam com quem deixaram as crianças, nem como elas reagiram à separação, nem que Carlos esteve novamente doente, somente uma menção da mãe a respeito de que na noite do dia em que eu estive na observação Carlos teve febre, chorou muito, quem sabe por algo no ouvido; pergunto ao pai se por este motivo tiveram que levar a criança a Barcelona, mas não se lembrou. Os pais vão até a cozinha, argumentando que assim a criança recuperará mais confiança comigo. Pouco depois, o pai vem me explicar um caminho mais fácil e rápido para chegar a sua casa. A mãe decide lavar o 'bumbum' do menino antes de deitá-lo; ao tirar-lhe o caminhão ele protesta, o pai comenta que agora ficará 15 dias sem deixar o caminhão, a mãe diz que o dará a cada 2 ou 3 dias, para que não se canse e continue gostando dele. No banheiro tira-lhe a roupa da parte inferior e coloca-o na pia, ele sorri, olhando-se e olhando-me através do espelho. Logo que vamos ao dormitório, coloca-o sobre a cama e ele quer andar, mas ela o veste rápido, colocando-lhe o macacão. Pede ao filho que vá dar boa-noite ao pai, e ele diz 'noite', ela insiste para que o faça bem, como habitualmente faz. Deita-o no berço, com o caminhão na mão, e ele fica tranqüilo, pede a Carlos que se despeça de mim e eu respondo 'até o mês que vem'; o pai se surpreende e a mãe exclama que se é dentro de um mês o menino não me conhecerá, me pede que lhe avise previamente por telefone, para que não se esqueça. Percebo um sentimento de tristeza e depressão geral, como se, apesar de haver sido combinado há algum tempo, eles não pudessem aceitar a descontinuidade; despeço-me de todos."

Podemos constatar que a situação geral na observação é diferente que no dia anterior. A mãe se sentiu atendida por mim, uma vez que lhe escrevi uma carta desculpando-me e pedi para falar por telefone diretamente com ela. Esses detalhes confortaram-na e restituíram-lhe seu papel, e não somente aceita com prazer minha atenção de levar um presente para a criança, como tenta preencher o vazio que significou a falta de observação, dando-me informações dos progressos de Carlos na linguagem, como se ela desejasse se sobrepor aos maus momentos passados. Temos apontado a possibilidade de que a mãe estivesse reagindo inconscientemente ao fato de espaçar as observações e pensasse que eu já não estou interessado nela, porque já não é a mãe-do-bebê, e em conseqüência disso ela manda Carlos ao colégio. Mas, em contrapartida, também temos podido verificar pelos progressos de Carlos que sua identidade está mais firme. Quando B se adianta a informar-me que ele vai ao colégio, a mãe se apressa em dizer quantos progressos ele tem feito em sua linguagem, chegando a construir frases. É como se estivesse dizendo que Carlos é capaz de cobrir a distância e a separação dela e da casa por intermédio da linguagem. Quer dizer que o desenvolvimento da linguagem está conectado com a proximidade ou distância do objeto; se a mãe está longe, ele deve utilizar a voz para chamá-la, e tem conseguido se fazer entender com a palavra, já não está à mercê do sentimento catastrófico de depender da visão do objeto para agarrar-se com os olhos. Também verificamos a mudança na relação com sua mãe. Quando ela lhe pede o caminhão, ele o entrega como um reflexo de que necessita dela e a ama, mas reconhece claramente quem é a pessoa que o presenteou, mostrando-me, como expressão do sentimento de identidade, eu sou eu e tenho uma existência separada e reconheço os outros com suas características e qualidades. Algo que também reproduz, quando, depois de ter-se ocupado por um longo tempo em colocar os carrinhos dentro do reboque, que representaria a mamãe, o aproxima do caminhão-papai, para colocá-los juntos e enganchados. Mas havia reconhecido previamente que estavam separados; este conhecimento foi possível graças a um avanço na consciência de si mesmo. Quando há uma distância, uma separação e o medo da perda, a criança mobiliza e usa sua linguagem; a mãe volta a enfatizá-lo dando um exemplo, depois que assinalou o progresso, de sua compreeensão da brincadeira de esconde-esconde de sua irmã. Quando ele se esconde e C não quer ir buscá-lo, deixando-o só, se cria uma distância, um abandono, que ele comunica através da frase "não quero mais brincar". Ele dispõe de uma defesa, é como se dissesse "não é você quem vai me ferir, sou eu quem não quer mais brincar"; o que significa um grande desenvolvimento, porque antes talvez tivesse se jogado no chão ou gritado para chamar sua irmã. Entretanto, agora interrompe a brincadeira, mobiliza seus instrumentos e é capaz de progredir até uma medida defensiva mais madura; passa da identificação projetiva à introjetiva.

Há outro aspecto vinculado com a identidade de Carlos, que é o da alimentação. A mãe nos conta que ele não quer ser alimentado por ela, não quer ser o bebê-da-mamãe, deseja fazê-lo por ele mesmo, evitando ser dependente dela. Mas ao mesmo tempo ele insiste para que a mãe esteja ali, porque lhe produziria ansiedade o fato de que, ao demonstrar que ele pode cuidar de si mesmo, ela iria desaparecer. Portanto, lhe pede as duas coisas, que ela o deixe alimentar-se sozinho e que ela esteja presente.

O pai chega com atitude amistosa e diz: "o presente que você trouxe durará pouco", quer dizer uma referência indireta a que minhas visitas logo acabarão. Depois continua com a brincadeira do sofá, na qual de alguma forma ele está expressando inconscientemente o tema do abandono e a separação de um pelo outro, da mesma maneira que vou deixá-los. Em um momento eles o praticam quando me deixam a sós com a criança e se dirigem à cozinha. Voltam, retomam o tema da separação e o elaboram de novo. Um perceptível sentimento de tristeza e depressão nos invade no momento final da observação. A mãe tenta aliviá-lo comentando que ela, por sua vez, lhe dará o caminhão a cada dois ou três dias, com a finalidade de que ele não se canse de meu presente, ou, dito de outra forma: "eu não me cansaria se você continuasse vindo fazer as observações, mas é você que se cansou de vir, pensa que sou velha como o sofá". Então me avisa que a criança não vai me reconhecer e que provavelmente, se o abandono por tanto tempo, me considerará um estranho. Ainda que ela conscientemente aceite a separação, não pode fazê-lo emocionalmente, por isso torna a pedir-me que lhe telefone no dia anterior ao que combinamos para a próxima visita, para que não aconteça de se esquecer. Com isto, expressa que sente que eu estou me esquecendo dela.

O conjunto é um indicador do esforço e sofrimento que supõe enfrentar uma das experências mais dolorosas da vida, como é o sentimento de separação, que poderá ser retomado pelo espaço de quase um ano mais nas observações mensais.

Consideramos que a observação de bebês e de crianças constitui um "processo", no sentido de que vários elementos de uma relação se vão encaixando até constituir um todo, que evolui desde seu começo ou nascimento, seu crescimento ou desenvolvimento, até seu desenlace. "Processo" no qual os componentes da observação – criança, família e observador – assistem ao começo das primeiras relações e revivem nelas suas próprias ansiedades e expectativas. O observador, participante privilegiado e, portanto, agradecido, que assiste prazerosamente ao desenvolvimento da mesma; os familiares que se sentiram acompanhados e ajudados na possibilidade de ter conhecimento de aspectos particulares de seu próprio desenvolvimento, através das emoções nascentes, nem sempre fáceis, do novo membro da família.

Os sentimentos mais contraditórios, despertados pela ansiedade de separação, foram vividos em vários níveis e puderam ser elaborados de uma forma construtiva. Relataremos um único trecho da observação seguinte.

"A mãe me informa que a criança já começa a pedir 'para fazer caca', e um dia o fez no penico. O problema que já solucionou definitivamente -- esperamos que com a caca suceda o mesmo -- é o da chupeta. Faz três dias que a rechaçou, e, ainda que a mãe insista em colocá-la na boca, ele a cospe, o que deixa a mãe muito contente... e mais adiante acrescenta: 'ele me deixa sair...'."

É como se a mãe me comunicasse que também está solucionando comigo seus problemas de separação: ela, como Carlos, conseguem me deixar ir embora.

---

1 Freqüentemente acontece que, quando o observador termina suas observações, a mãe pode reproduzir com seu filho uma espécie de separação ou "desmame", este empregado num sentido amplo.
2 A observação do mês anterior não se pôde realizar no local das férias por dificuldades de meu trabalho. Ainda que pudesse ter telefonado ao pai em Barcelona, pensei que era mais conveniente dirigir-me à mãe, pelo que tive que escrever uma carta desculpando-me. A finalidade era que ela não se sentisse postergada, sensação que havia experimentado em uma ocasião anterior. Estes são aspectos técnicos que temos que cuidar.